القرآن؟ من أفضل المقدس الكتاب لماذا

DR. MAXWELL SHIMBA

للنشر شيمبا نيويورك بواسطة **شركة** ،تم النشر في **مانهاتن** **(Shimba Publishing, LLC).**

للنشر شيمبا (Shimba Publishing LLC)

المحتويات جدول

مقدمة

القرآن؟ من أفضل المقدس الكتاب لماذا

هناك اعتقاد شائع بين المسلمين بأن الكتاب المقدس قد تم تحريفه، وأنه لم يعد يحمل كلمة الله الأصلية. عندما يتحدث المسلمون والمسيحيون في أي نقاش ديني، غالبًا ما يبدأ المسلمون باتهام الكتاب المقدس بأنه قد تغير عبر الزمن. هذا الاعتقاد الخاطئ يجعل المسلمين يرفضون الكتاب المقدس ولا يعترفون به ككلمة الله الحقيقية. لذا، من الضروري توضيح هذه المسألة من البداية حتى يكون هناك حوار مثمر مع المسلمين.

البحث هذا هدف

الهدف من هذا البحث هو توضيح أن الاتهامات التي يوجهها المسلمون ضد الكتاب المقدس ليست فقط غير صحيحة، بل إنها تتعارض مع ما يقوله القرآن نفسه عن الكتاب المقدس. سنستخدم القرآن – وهو الكتاب المقدس عند المسلمين – لإثبات أن الكتاب المقدس لم يتغير، وأنه ما زال يحمل كلمة الله كما أُوحي بها في الأصل.

هذا المقال مهم جدًا لكل شخص يرغب في مشاركة رسالة الإنجيل مع المسلمين. كما أنه مهم لكل مسلم صادق يريد أن يعرف الحقيقة عن ما يقوله كتابه المقدس – القرآن – عن الكتاب المقدس.

بالطبع، المسيحيون لا يحتاجون إلى القرآن لإثبات صحة الكتاب المقدس، لأن لديهم أدلة قوية من التاريخ والمخطوطات والأدلة اللاهوتية. ولكن بما أن المسلمين يؤمنون بالقرآن، فإننا سنستخدمه هنا فقط لإثبات أن القرآن نفسه يعترف بصحة الكتاب المقدس.

إيماننا عن بالدفاع يأمرنا المقدس الكتاب

المقدس الكتاب يقول ،3:15 الأولى بطرس رسالة في:

ولكن ،فيكم الذي الرجاء سبب عن يسألكم من كل على للرد دائمًا مستعدين كونوا" 📖 وخوف بوداعة."

هذا يعني أن المسيحي يجب أن يكون مستعدًا للدفاع عن إيمانه وإثبات صحة الكتاب المقدس أمام من يشككون فيه.

القرآن؟ الله ألهم هل

المسيحيون يؤمنون أن الكتاب المقدس هو كلمة الله الحقيقية، ولكنهم لا يعتقدون أن "الله" المذكور في القرآن هو نفس الإله الذي ألهم الكتاب المقدس. الإله الحقيقي الذي كشف عن الكتاب المقدس هو **يهوه**، الإله الذي عبدته إسرائيل والذي أرسل يسوع المسيح ليخلّص العالم. ومع ذلك، ولأجل توضيح هذه الدراسة للمسلمين، سنأخذ ادعاء القرآن بأن التوراة والمزامير والإنجيل جاءت من عند الله، ونستخدم ذلك لإثبات أن الكتاب المقدس لم يتغير.

المقدس؟ الكتاب عن القرآن يقول ماذا

والإنجيل هي كتب أُوحي بها من الله، وأنها **والمزامير** يصرح القرآن بوضوح أن **التوراة** **ونور** للبشرية. في الحقيقة، هناك العديد من الآيات في القرآن التي تؤكد تحتوي على **هدى** صحة الكتاب المقدس، مثل:

:**46 المائدة سورة**

"وقفّينا على آثارهم بعيسى ابن مريم مصدقًا لما بين يديه من التوراة وآتيناه الإنجيل فيه هدى ونور ومصدقًا لما بين يديه من التوراة وهدى وموعظة للمتقين."

:**94 يونس سورة**

"فإن كنت في شك مما أنزلنا إليك فاسأل الذين يقرءون الكتاب من قبلك."

هذا يعني أن القرآن يأمر النبي محمد بأن يسأل أهل الكتاب - أي اليهود والمسيحيين - (إن كان لديه شك في وحيه).

هذه الآيات تثبت أن القرآن نفسه يعترف بأن الكتاب المقدس هو كلمة الله، فكيف يمكن للمسلمين أن يدّعوا أنه محرف؟ وإذا كان الله قد أعطى الكتاب المقدس، فكيف يسمح بتحريفه بينما يقول في القرآن:

:**34 الأنعام سورة**

"وَلا مُبَدِّلَ لِكَلِمَاتِ اللَّهِ."

إن كان المسلمون يؤمنون أن "لا مبدل لكلمات الله"، فكيف يمكنهم القول بأن الكتاب المقدس قد تحرف؟ هل غير الله رأيه بعد ذلك؟ هذا يضع المسلمين في تناقض كبير بين إيمانهم بالقرآن وبين اتهامهم للكتاب المقدس.

يُحرَّف ولم يتغير لم المقدس الكتاب

سوف نثبت في الفصول القادمة، من خلال الأدلة التاريخية واللاهوتية والعقلية، أن الكتاب المقدس لم يتغير أبدًا. سنناقش المخطوطات القديمة التي تؤكد أن النصوص التي لدينا اليوم هي نفس النصوص التي كُتبت منذ آلاف السنين. كما سنناقش كيف أن الله نفسه وعد بحفظ كلمته، ولم يسمح لأي شخص بتحريفها.

إذا أراد المسلمون معرفة الحقيقة، فعليهم أن يقرؤوا كتابهم المقدس – القرآن – جيدًا، وسيكتشفون بأنفسهم أن الله لم يقل أبدًا إن الكتاب المقدس قد تحرف، بل على العكس، أكد على صحته.

في النهاية، ندعو كل مسلم يبحث عن الحق أن يقرأ الإنجيل بنفسه، وأن يسأل الله أن يرشده إلى الحق. فالحقيقة واضحة، والكتاب المقدس هو كلمة الله الحقيقية التي لم تتغير، والتي تحمل رسالة الخلاص لجميع البشر.

تاريخياً المقدس الكتاب عصمة :المقدمة مواصلة

إن الادعاء بأن الكتاب المقدس قد تم تحريفه هو افتراض لا أساس له تاريخياً ولا علمياً. على العكس، فإن المخطوطات القديمة تثبت أن نصوص الكتاب المقدس قد تم حفظها بدقة عبر القرون. ومن أعظم الأدلة التي تثبت عدم تحريف الكتاب المقدس هي **مخطوطات البحر الميت**، التي تعد من أقدم المخطوطات العبرية التي تم اكتشافها حتى الآن.

المقدس الكتاب عصمة على تاريخي دليل :الميت البحر مخطوطات

تم اكتشاف مخطوطات البحر الميت بين عامي 1947 و1956 في كهوف قمران بالقرب من البحر الميت. هذه المخطوطات، التي تعود إلى ما بين القرن الثالث قبل الميلاد والقرن الأول الميلادي، تحتوي على نصوص من العهد القديم، بما في ذلك **سفر إشعياء وسفر التكوين وسفر المزامير وغيرها من الكتب المقدسة**. وعند مقارنة هذه المخطوطات بالنصوص الحديثة للكتاب المقدس، نجد أنها **متطابقة إلى حد بعيد**، مما يثبت أن الكتاب المقدس لم يتغير عبر الزمن كما يدّعي بعض المسلمين.

بين مذهلاً تطابقاً نجد فلماذا ،يزعمون كما تحريفه تم قد المقدس الكتاب كان إذا الحالية؟ هذا دليل قوي على أن العهد **المقدس الكتاب ونصوص الميت البحر مخطوطات** القديم لم يتعرض لأي تغيير جوهري، بل هو محفوظ كما أوحى به الله لأنبيائه.

الأصلية المخطوطات غياب :القرآن مع مقارنة

دون التاريخ عبر نقله تؤكد ميت بحر مخطوطات أي يملك لا على النقيض من ذلك، **القرآن تغيير**. في الواقع، لا توجد أي مخطوطة قرآنية قديمة تعود إلى زمن محمد تثبت أن القرآن الحالي هو نفسه الذي نزل أول مرة. على العكس، نجد اختلافات بين المصاحف القديمة **الدمشقي**، مما يشير إلى أن النص **والمصحف الحجاز ومصحف صنعاء** مثل **مصحف** القرآني قد تعرض للتغيير أو التحريف بمرور الوقت.

وإذا أضفنا إلى ذلك ما ورد في المصادر الإسلامية نفسها عن حرق المصاحف الأخرى في زمن الخليفة عثمان بن عفان، ندرك أن القرآن لم يكن له نص ثابت مثل الكتاب المقدس. فلو كان القرآن محفوظاً تماماً كما يدّعي المسلمون، لما احتاج عثمان إلى توحيد المصاحف وإتلاف القراءات الأخرى.

خاتمة

إن وجود مخطوطات البحر الميت هو دليل واضح على حفظ الكتاب المقدس على مدى القرون. في المقابل، لا يوجد أي دليل مماثل للقرآن. فكيف يمكن لمسلم أن يدعي أن الكتاب المقدس قد تحرف بينما نجد أن القرآن يفتقر إلى أي دليل تاريخي يثبت أنه بقي دون تغيير؟

يتعرض لم وأنه ،الحقيقية الله كلمة هو المقدس الكتاب أن سنثبت ،البحث هذا في التاريخية الأدلة إلى أيضاً ولكن ،نفسه المقدس الكتاب إلى فقط ليس مستندين ،للتحريف مصداقيته تؤكد التي.

القرآن في التوراة إلى الإشارة

التوراة أو كلمة "التوراة" في اللغة العربية تُعرف بـ **التوراة** (Taurat أو Tawrat).
يذكر القرآن الكريم التوراة ويؤكد أنها نزلت من عند الله وكانت تحتوي على **الهداية والنور**. كما جاء في سورة **المائدة (5:44):**

(بيكثال ترجمة) "وَنُورٌ هُدًى فِيهَا التَّوْرَاةَ أَنْزَلْنَا إِنَّا"
(ترجمة شاكير) "وَنُورٌ هُدًى فِيهَا التَّوْرَاةَ أَنْزَلْنَا إِنَّا"

الله وتحتوي على النور والهداية هذا يعني أن القرآن نفسه يشهد على أن التوراة هي **كلام** للناس.

القرآن في الزبور إلى الإشارة

(Zabur أو Zaboor). **زبور أو** كلمة "الزبور" في اللغة العربية تُعرف بـ **زبور**
السلام كما جاء في **سورة عليه داوود** يذكر القرآن الكريم أن الله أنزل الزبور على **النبي**
النساء (4:163):

(خان-هلالي ترجمة) **"زَبُورًا دَاوُودَ وَآتَيْنَا"**
"زَبُورًا دَاوُودَ وَآتَيْنَا ... بَعْدِهِ مِن وَالنَّبِيِّينَ نُوحٍ إِلَى أَوْحَيْنَا كَمَا أَوْحَيْنَا إِلَيْكَ"
(ترجمة يوسف علي)

الله وأنه كان وحياً منزلاً إلى النبي داوود هذا يؤكد أن القرآن يعترف بأن الزبور هو **كلام**.

القرآن في الإنجيل إلى الإشارة

(Injil أو Injeel). **إنجيل أو** كلمة "الإنجيل" في اللغة العربية تُعرف بـ **إنجيل**
السلام، وكان فيه **الهداية عليه عيسى** القرآن يعترف بأن الله أنزل الإنجيل على **النبي**
(3:2-4): عمران آل والنور. كما جاء في **سورة**

ترجمة يوسف) **"لِلنَّاسِ هُدًى قَبْلُ مِنْ وَالْإِنْجِيلَ التَّوْرَاةَ نَزَّلَ ... هُوَ إِلَّا إِلَٰهَ لَا اللَّهُ"**
علي(

(5:46): المائدة وكذلك في **سورة**

وَآتَيْنَاهُ التَّوْرَاةِ مِنَ يَدَيْهِ بَيْنَ لِّمَا مُصَدِّقًا مَرْيَمَ ابْنِ بِعِيسَى آثَارِهِم عَلَى وَقَفَّيْنَا"
(ترجمة بيكثال) **"وَنُورٌ هُدًى فِيهِ الْإِنْجِيلَ**

وَآتَيْنَاهُ التَّوْرَاةِ مِنَ يَدَيْهِ بَيْنَ لِّمَا مُصَدِّقًا مَرْيَمَ ابْنِ بِعِيسَى آثَارِهِم عَلَى وَقَفَّيْنَا'' 📖 (ترجمة شاكير) **''وَنُورٌ هُدًى فِيهِ الْإِنْجِيلَ**

هذه الآيات تدل بوضوح على أن الإنجيل كان وحياً إلهياً من عند الله، وكان يحتوي على النور والهداية للبشرية.

كتبه؟ بتحريف الله يسمح أن يمكن هل

والنور. **الله** وأنها تحتوي على **الهداية** القرآن يشهد بأن التوراة والزبور والإنجيل هي **كلام للبشرية**، فهل من المعقول أن يسمح **ونور** فإذا كان الله قد أرسل هذه الكتب كـ **هداية** بتحريفها؟

ورحمته، لأنه بذلك **لحكمته** لو كان الله قد سمح بتحريف هذه الكتب، لكان ذلك **مخالفًا** يكون قد سمح للبشرية بالسير في طريق الضلال. كيف يأمر الله الناس باتباع كتبه ثم يسمح بتحريفها؟

الإنجيل، بل على **أو التوراة تحريف على حقيقي دليل أي يوجد** علاوة على ذلك، **لا الكتب** ويؤكد على وجوب اتباعها **هذه صحة على يشهد نفسه** العكس، **القرآن**.

المقدس الكتاب حول القرآن في مهمة مصطلحات

قبل أن نواصل مناقشتنا، يجب أن نفهم بعض المصطلحات التي يستخدمها القرآن عند الإشارة إلى الكتاب المقدس:

والنصارى، أي يستخدم القرآن هذا المصطلح عند الإشارة إلى **اليهود** :**''الكتاب أهل''** 1 المؤمنين بالتوراة والإنجيل.

إلى **(Al-Kitab)** في القرآن، يشير مصطلح **الكتاب** :**''المقدس الكتاب'' أو ''الكتاب''** 2 **السابقة**، أي التوراة والزبور والإنجيل **السماوية الكتب**.

للقرآن الإنجليزية الترجمات في "الكتاب" لمصطلح المختلفة المعاني 📖:

- ☑ **Bible** (الكتاب المقدس)
- ☑ **Holy Scripture** (الكتابات المقدسة)
- ☑ **Scripture** (الكتاب السماوي)
- ☑ **Revelation** (الوحي)
- ☑ **Book** (الكتاب)

المقدس الكتاب صحة على يشهد القرآن

عند إعداد هذا المقال، قمنا بجمع العديد من الآيات القرآنية التي تثبت صحة الكتاب المقدس. هذه الآيات لا تؤكد فقط أن التوراة والزبور والإنجيل هي **كلام الله**، بل تثبت أيضًا أن **الكتاب المقدس سيبقى دائمًا غير محرف وغير متغير**.

لقد قمنا بتوثيق هذه الآيات القرآنية على أنها **شهادات**، والآن سنبدأ مناقشتنا بالنظر في العديد من **الشهادات القرآنية** التي تثبت أن الكتاب المقدس لم يتغير، ولن يتغير، ولا يمكن أن يتغير على مر الزمن.

القرآن؟ مؤلف هو من

"إذا بدأ الإنسان باليقين، فسينتهي بالشك؛ ولكن إذا رضي بأن يبدأ بالشك، فسينتهي إلى اليقين."

— **فرانسيس بيكون (1561-1626)** [مقتبس من *Milestones of Science* لكورت سوبلي، ص. 70، نشرته الجمعية الجغرافية الوطنية، 2000]

ملخص

يتناول هذا المقال مسألة **تأليف** القرآن الكريم من منظور جديد، حيث يتم تحليل **أصل القرآن باستخدام المنطق والتحليل التاريخي**، بدلاً من القبول الأعمى الذي يتبناه كثير من المؤمنين دون تحقيق أو تفكير نقدي. من خلال دراسة دقيقة لمحتوى **القرآن** **الأحاديث**

تم تحديد العديد من الأشخاص الذين ساهموا بلا ،(**محمد حياة) النبوية السيرة ،النبوية** شك في صياغة آيات القرآن.

تأليف من فالقرآن **ليس .ألفه من هو وحده محمد يكن ولم ،القرآن كتب من هو الله يكن لم ،والتعديل ،والكتابة ،أطراف في التأليف عدة فيه اشتركت بل ،واحد شخص أو واحد كيان والحذف ،والإضافة.**

القرآن من بين أهم الشخصيات التي شاركت في **صياغة**:

- **القيس إمرؤ**
- **عمرو بن زيد**
- **ثابت بن حسان**
- **الفارسي سلمان**
- **الراهب بحيرا**
- **قُمطى ابن**
- **نوفل بن ورقة**
- **كعب بن أُبيّ**

لقد كان لمحمد نفسه دور محدود في صياغة بعض الآيات، لكنه لم يكن العقل المدبر وراء **عمرو** - الذي كان يبشر بـ"الحنيفية" - هو **بن زيد كان** تكوين الإسلام أو كتابة القرآن. **بل محمد** في تطوير فكر الإسلام وصياغة القرآن. محمد، بعد **على تأثيرًا الأكثر الشخص الإسلام إلى الحنيفية** ذلك، **حول**.

الله كلام وليس ،بشري نص :القرآن

جديدة ليس دقيقًا تمامًا، إذ أن **القرآن** وبذلك، يمكننا القول إن الادعاء بأن الإسلام **ديانة الأخير الله الصنع**، حاول محمد تقديمه على أنه **كلام إلهياً**، بل هو كتاب **بشري وحياً ليس للبشرية**.

القديمة التي كانت **الديانات من** إحدى النتائج المهمة في هذا البحث هي أن القرآن **اقتبس الخمس الصابئة**. في الواقع، **الصلوات :الديانات هذه** موجودة في عهد محمد، ومن **أهم الصابئة من مقتبسة يومًا** لم تكن تعاليم جديدة، بل كانت **ممارسات 30 لمدة والصيام**.

في متداولة كانت التي المختلفة الدينية النصوص من لذلك، يمكن اعتبار القرآن **مجموعة النصوص وتعديل واختيار بجمع محمد.** لم يكن محمد مؤلفًا أصليًا للقرآن، لكنه **قام زمن المحرر هو محمد واحد.** في النهاية، وبعبارة بسيطة، **كان كتاب في** المختلفة **وصياغتها للقرآن الرئيسي.**

01 الفصل

القرآن؟ مؤلف هو من :الأول الفصل

عظيماً. بل **كفراً يُعتبر للقرآن المطلق المؤلف هو الله كون في** وفقًا للإسلام، فإن **التشكيك الإعدام**. فبالنسبة **القرآن** قد يواجه **عقوبة** إن الشخص الذي يُبدي أدنى شك **في أصالة منه أقدس شيء الله شيء**، ولا يوجد في **خلق كل فوق مقدس** للمسلمين، **القرآن**.

مصدر **في الحقيقة**، فقد بدأتُ **أشك عن وباحث** ولكن، بما أن الإنسان بطبيعته **فضوليٌ رسمية**. لقد **بطريقة المقدس الكتاب هذا طفولتي**—حينما بدأتُ بتعلم **تلاوة منذ القرآن معلم)** "**الحجُر**" **سنوات** في دراسة بعض الآيات التمهيدية تحت إشراف **أحد** قضيتُ **عدة المحلي المسجد في** (**إسلامي ديني**.

القرآن تعلم مع الأولى التجربة

الخيزران، والتي كانت تبدو لامعة **من عصًا يحمل كان** كان "الحجُر" يعلمنا القرآن **بينما يوم** قبل أن يصل طلابه إلى المسجد. أستطيع أن أشهد أن **أياً كل بالزيت** لأنه كان **يدهنها طفولتنا**. كنا **نحفظ في وألماً ملأً التجارب أكثر القرآن**—لقد كانت **دراسة يحب يكن لم منا معناها**، ولم يكن "الحجُر" نفسه يعرف معانيها **نفهم أن دون كالببغاوات الآيات بعض**.

"الحجُر" عصا من قاسية ضربات مجرد الجواب كان ،آية أي عن سؤالًا طرحنا كلما.

للأطفال. وهكذا، نشأت لدينا **النفسي والإيذاء الجسدي بالعقاب ارتبط القرآن تلاوة تعلم** "**المُلّات**" **الدين رجال من القرآن**، وبشكل عام، **نفور تلاوة تجاه شديدة كراهية**.

والتحقيق البحث مرحلة

وتأليف الأشخاص قد ساهموا في **جمع من الاستقصائية**، اكتشفتُ أن **العديد** خلال **رحلتي القرآن**. وعلى الرغم من أن الغالبية العظمى من المسلمين لا يعلمون ذلك، فإن **القرآن كلام هو القرآن أن فكرة تمامًا تدحض كثيرة أدلة على تحتوي النبوية والسيرة والأحاديث الله**.

من لأكثر البشرية لها تعرضت خدعة أكبر هو القرآن مؤلف هو الله بأن الادعاء ،**رأيي في عام ألف**.

للقرآن. في الواقع، **أغلب الوحيد المؤلف يكن لم نفسه** تام أن **محمدًا** يمكننا القول **بيقين آخرين أشخاص عدة قِبل من وكتابته إلهامه أو تأليفه تم القرآن**.

القرآن تأليف في ساهمت التي الشخصيات أهم

القرآن صياغة في شاركت التي الشخصيات من بين **أهم**:

- ☑ **القيس** – شاعر عربي قديم توفي قبل ولادة محمد بعدة عقود **إمرؤ**.
- ☑ "في عصره، وكان يبشر بـ"الحنيفية **"مرتدًا" نفيل** – كان يعتبر **بن عمرو بن زيد**.
- ☑ **لبيد** – شاعر آخر من العرب.
- ☑ **ثابت** – شاعر محمد الرسمي **بن حسان**.
- ☑ **الفارسي** – كان مستشارًا مقربًا من محمد **سلمان**.
- ☑ **بحيرا** – راهب نسطوري من الكنيسة السورية.
- ☑ **جبر** – جار مسيحي لمحمد.
- ☑ **قُمطى** – عبد مسيحي **ابن**.
- ☑ **خديجة** – الزوجة الأولى لمحمد.
- ☑ **نوفل** – ابن عم خديجة وكان مسيحيًا **بن ورقة**.
- ☑ **كعب** – كان كاتبًا للقرآن وسكرتيرًا لمحمد **بن أبي**.
- ☑ **نفسه** – لعب دورًا في صياغة بعض الآيات **محمد**.

القرآن صياغة في ساهمت أخرى أطراف

- **الصابئة** – كان لهم تأثير كبير، حيث اقتُبست منهم بعض العبادات مثل **الصلاة خمس مرات يوميًا والصيام لمدة 30 يومًا**.
- **عائشة** – زوجة محمد الصغيرة.
- **عبد الله بن سلام بن الحارث** – يهودي اعتنق الإسلام.
- **مُخيَريق** – حاخام يهودي آخر اعتنق الإسلام.

خاتمة

هذه بالطبع، **ليست القائمة شاملة تمامًا**. هناك **أشخاص آخرون قد يكون لهم دور في تأليف** القرآن، لكن القائمة أعلاه **تكفي لمناقشة القضية بإيجاز**.

في هذا المقال، قمت فقط بتوثيق مساهمة هذه الشخصيات في تأليف القرآن، وسأقوم بتقديم تحليل أعمق في الفصول القادمة حول دور كل شخصية في صياغة نصوص القرآن.

الفصل الأول: لفهم القرآن وكاتبه/كتّابه، يجب أولاً التعرف على خلفية محمد

وفقًا للإسلام، كان له **أصل مخلوقات وأفضل** محمد، الذي يُفترض أنه **أعظم** لا **الله** **وثني** **الدينية** يمكن إنكاره. لكي نفهم القرآن بشكل صحيح، من الضروري معرفة **الخلفية والثقافية** التي نشأ فيها محمد، والتي كان لها تأثير كبير على الأفكار التي نقلها لاحقًا في الإسلام.

لمحمد الوثني الأصل

الله ووالدته **وثنيين**. كان والده **عبد أبوين من وُلد تاريخيًا** أن **محمد** من الحقائق **المؤكدة المتعددة**. قضى محمد طفولته بأكملها (وربما **آمنة** كلاهما وثنيين، وكانا يعبدان **الأصنام خالصة وثنية بيئة** حتى سنوات مراهقته) **في**.

الإسلامية الحقيقة، لكن **المصادر هذه قبول في صعوبة المسلمين من** اليوم، قد يجد **الكثير الكلبي** في الصفحة 17 ما يلي **بن** يذكر **هشام** ،"**الأصنام كتاب**" **تؤكدها**. في كتابه **نفسها**:

،للعزى بيضاء شاة قدمت لقد' :قائلاً ،مرة ذات العزى ذكر الله رسول أن أخبرنا لقد" 🕮
قومي دين أتابع كنت بينما.'"
(17 .ص ،الأصنام كتاب ،الكلبي بن هشام)

السابق، وأنه كان يتبع دين قريش، **في وثنيًا كان أنه بنفسه محمد** في هذا الاعتراف، **يقر** الذي كان يقوم على عبادة الأصنام.

البداية في الوثنيين لآلهة محمد تمجيد

المهمة قريش الأصنام، بل قام بتمجيد **آلهة لعبادة معارضًا محمد يكن** في البداية، **لم الله**. يذكر هشام بن الكلبي في نفس الصفحة أن قريش كانوا يطوفون **عند** واعتبرها **شفعاء** حول الكعبة ويرددون:

،الأخرى الثالثة ومنات ،والعزى باللات" 🕮
،الغرانيق لأعلى إنهن
لترتجى شفاعتهن وإن."

الله. عندما بدأ محمد **عند** وكان يعتقد أنها **تشفع** ،"**الله بنات**" هذه الآلهة كانت تُعرف باسم دعوته، نزلت عليه الآيات التالية:

🕮 **النجم سورة (53:19-23):**
◈ **"أَفَرَأَيْتُمُ اللَّاتَ وَالْعُزَّى (19) وَمَنَاةَ الثَّالِثَةَ الْأُخْرَى (20) أَلَكُمُ الذَّكَرُ وَلَهُ الْأُنْثَى (21) تِلْكَ إِذًا قِسْمَةٌ ضِيزَى (22) إِنْ هِيَ إِلَّا أَسْمَاءٌ سَمَّيْتُمُوهَا أَنْتُمْ وَآبَاؤُكُمْ مَا أَنْزَلَ اللَّهُ بِهَا مِنْ سُلْطَانٍ إِنْ يَتَّبِعُونَ إِلَّا الظَّنَّ وَمَا تَهْوَى الْأَنْفُسُ وَلَقَدْ جَاءَهُمْ مِنْ رَبِّهِمُ الْهُدَى**

(23)"
(17 .ص ،الأصنام كتاب ،الكلبي بن هشام)

،لله شفعاء الآلهة هذه تكون أن على وافق البداية في هذه الآيات تُظهر كيف أن **محمد رفضها لاحقًا لكنه.**

عكاظ سوق بشعراء محمد تأثر

عكاظ. كان يتأثر بشدة **سوق في للشعراء السنوي التجمع يحضر** عندما كبر محمد، **بدأ عبادة في الحر**، مما جعله يبدأ في **التشكيك وتفكيرهم ،وفصاحتهم ،الشعراء هؤلاء بأفكار الأصنام.**

اليهود خالق، مستوحاة من مفاهيم **واحد إله عن جديدة فكرة إلى يدعو أن محمد أراد إلهه يكون أن يجب إله الوقت.** لكنه لم يكن متأكدًا **أي ذلك في والمسيحيين.**

هو الإله الأعلى عند الوثنيين. ولهذا السبب، **تُستخدم (القمر إله) الله** في ذلك الوقت، **كان الإسلامية** حتى يومنا هذا **المساجد في كرمز الهلال صورة.**

شفعاء تُعتبر كانت التي الأصغر الآلهة من مجموعة جانب كان الوثنيون يؤمنون بالله **إلى ومناة ،العزى ،اللات ،هُبَل مثل ،له.**

رئيسي كإله محمد ذهن في "الله" يكن لم ،البداية في.

البداية؟ في "الله" عبادة محمد رفض لماذا

الله اسم يستخدمون الشيطان عبدة وحتى ،العرافون ،الكهنة ،السحرة في ذلك الوقت، **كان الخاص كإلهه الله اتخاذ فكرة من بالاشمئزاز طقوسهم.** هذا جعل محمد **يشعر في**

اليهودية بالمعتقدات تدريجيًا لم يكن محمد مقتنعًا بـ"الله" كإله للكون، **ولكنه تأثر والمسيحية**، وبدأ في تبني مفهوم الإله الواحد بطريقة مختلفة.

لكن كيف انتهى به الأمر إلى اتخاذ "الله" كإلهه الوحيد؟ هذا ما سنناقشه في الفصول القادمة...

"الله" من بدلًا "الرحمن" لاسم محمد استخدام :الأول الفصل

اليمن يعبدون إلهًا آخر اسمه **الرحمن**. لفترة من الوقت، تبنى خلال الأيام الوثنية، كان **أهل**
كان أيضًا **كلمة "الرحمن" محمد** هذا الاسم للإله بدلاً من **الله**. ومن المثير للاهتمام أن
:نولدكه) **التلمودية** والتي كانت تُستخدم للإشارة إلى الله خلال **الفترة "رحمانا" يهودية**
القرآن أصول ،القرآن ،ص .53).

اليهود سيكون قادرًا على **جذب** ،"**الرحمن**" اعتقد محمد بذكاء أنه من خلال استخدام **اسم**
الجديد دينه إلى والوثنيين.

"الرحمن" تجاه قريش فعل رد

والارتباك، حيث لم يكونوا **بالحيرة الرحمن**، أصيبت **قريش** عندما أعلن محمد أنه **رسول**
اليمامة (وتشير بعض المصادر إلى أن الرحمن كان سوى **رحمن "رحمن"** يعرفون أي
إلهًا في اليمن وليس اليمامة فقط).

"الرحمن" حول قريش تحقيق

المدينة لمعرفة الحقيقة. كتب **يهود إلى** للتحقق من ادعاء **محمد**، أرسلت قريش **وفدًا**
ابن الإسلامي المؤرخ (**ابن** كتابه في **سعد سعد**، **ج 1**، **ص 189-190**):

يهود إلى وآخرين معيط أبي بن وعقبة علقمة بن الحارث بن النضر قريش أرسلت"
بيننا حدث لقد :لليهود وقالوا المدينة إلى فجاؤوا .محمد عن اسألوهم :لهم وقالوا يثرب
أي نعرف لا نحن بيننا ،الرحمن رسول أنه يدّعي متواضع يتيم هناك .عظيم أمر
،وصفوه وعندما .وصفه أعطونا :(اليهود) لهم فقالوا ."اليمامة رحمن" سوى "رحمن"
أحد ضحك عندها .بيننا والضعفاء الفقراء من هم :فقالوا أتباعه؟ هم من اليهود سأل
قومه أن أيضًا ونعلم ،كتبنا في مذكورة أوصافه نجد الذي النبي إنه :وقال علمائهم
."له عداوة الناس أكثر سيكونون

"الرحمن"و ،"الله"و ،"الرب" بين محمد ارتباك

استخدام في محمد نزولها، نلاحظ ارتباك **بترتيب القرآن من سورة 50** عند قراءة **أول الله لأسماء يعبده**. فيما يلي **ملخص أن يجب الذي الإله الله**. لم يكن متأكدًا تمامًا **من أسماء سورة 50 أول في المستخدمة**:

◈ **فقط الرب**: سورة (68، 92، 89، 94، 100، 108، 105، 114، 97، 106، 75) – **سورة 11**
◈ **الرب ،الرحمن**: سورة (55، 36) – **سورة 2**
◈ **الرب ،الله ،الرحمن**: سورة (20) – **سورة 1**
◈ **الرب**: سورة (96، 73، 74، 81، 87، 53، 85، 50، 38، 7، 72، 25، 35، **،الله** 56، 26، 27، 28، 17) – **سورة 18**

إلهه تحديد في محمد تخبط :الخلاصة

يعبده. في **أن يجب الذي الإله من متأكد وغير مترددًا** يُظهر هذا التحليل أن محمد **كان "الله"** وأخيرًا بدأ في استخدام ،**"الرحمن"** فقط، ثم **أدخل "الرب"** البداية، استخدم اسم.

في بداية دعوته، وكان **(الحقيقي إلهه) لإلهه واضح فهم لديه يكن لم** هذا يوضح أن **محمد الجديدة** لجذب أكبر عدد ممكن من الأتباع، سواء من **معتقداته يناسب** يبحث عن **اسم** الوثنيين أو اليهود.

الأول الفصل: أن يثبت القرآن أن محمد كان ضالًا وغير مدرك البداية في للدين

يكن ولم ،**مرتبكًا** ،**تائهًا كان** ،**الجديدة دعوته نشر في بدأ عندما** ،أن **محمد** يؤكد **القرآن الدين**. وهذه بعض الآيات التي تثبت ذلك **عن الكثير يعرف**:

📖 محمد كان ضالًا، ثم هداه الله – سورة الضحى (93:7)
"وَوَجَدَكَ ضَالًّا فَهَدَىٰ"

📖 في الماضي، كان محمد غافلًا عن الدين – سورة يوسف (12:3)، سورة الشورى (42:52)

◈ سورة يوسف (12:3):
"نَحْنُ نَقُصُّ عَلَيْكَ أَحْسَنَ الْقَصَصِ بِمَا أَوْحَيْنَا إِلَيْكَ هَٰذَا الْقُرْآنَ وَإِن كُنتَ مِن قَبْلِهِ لَمِنَ الْغَافِلِينَ"

◈ سورة الشورى (42:52):
"وَكَذَٰلِكَ أَوْحَيْنَا إِلَيْكَ رُوحًا مِّنْ أَمْرِنَا ۚ مَا كُنتَ تَدْرِي مَا ٱلْكِتَٰبُ وَلَا ٱلْإِيمَٰنُ وَلَٰكِن جَعَلْنَٰهُ نُورًا نَّهْدِي بِهِۦ مَن نَّشَآءُ مِنْ عِبَادِنَا ۚ وَإِنَّكَ لَتَهْدِيٓ إِلَىٰ صِرَٰطٍ مُّسْتَقِيمٍ"

هذه الآيات تشير بوضوح إلى أن **محمد لم يكن لديه معرفة مسبقة بالوحي أو بالإيمان**، مما يطرح تساؤلًا هامًا: **كيف تعلم محمد أساسيات دينه الجديد؟**

الإجابة تكمن في اثنين من الشخصيات البارزة: **إمرؤ القيس** و **زيد بن عمرو**.

إمرؤ القيس وتأثيره على محمد

كان **الشعر** هو **الشغف الأول** للعرب. في **الجزيرة العربية القديمة**، كان الشعراء يتمتعون بمكانة **رفيعة** **مقدسة**، حيث كانت كلماتهم تُعبر عن **شبه تُعتبر المجتمع**، وكانت **أشعارهم في الحكمة**، **العواطف**، **الحب**، **الحرب**، **والثأر**.

كان الشعر بالنسبة للعرب **غذاءً فكريًا وروحيًا**، وكانوا يحفظونه وينقلونه من جيل إلى جيل. كانت **أشعار سبعة شعراء منقوشة على جدران الكعبة**، وكان يُطلق عليها اسم خالدة **"المعلقات"**، أي الأشعار المعلقة.

يذكر **"قاموس الإسلام"** (**Hughe's Dictionary of Islam, p.460**) أن هذه القصائد كانت تُعرف أيضًا باسم **"المذهّبات"** لأنها **كُتبت بماء الذهب**. وكان من بين هؤلاء الشعراء السبعة:

- ☑ سلمى أبي بن زهير
- ☑ العبد بن طرفة
- ☑ القيس إمرؤ
- ☑ كلثوم بن عمرو
- ☑ حلزة بن الحارث
- ☑ شداد بن عنترة
- ☑ ربيعة بن لبيد

العربي للشعر المتوج غير الملك :القيس إمرؤ

وُلد ."العربي الشعر ملك" القيس أشهر هؤلاء الشعراء على الإطلاق، ويُعتبر كان إمرؤ حياته العربية، لكنه أبعد من القصر بسبب أسلوب القبائل لإحدى أميرًا لأن والده كان ملكًا والحب الشعر في المنغمس.

لشعره. عندما دخلت مخلصًا ظل لكنه ،والرعي التجوال حياة بعد طرده من القصر، عاش حزينة حياة وعاش متشردًا القيس إمرؤ قبيلته في حرب قبلية كادت أن تُفنيها، أصبح بالكآبة مليئة.

القسطنطينية، حيث تقول بعض الروايات إلى تجول في أنحاء الجزيرة العربية حتى وصل خلال من الرومانيات الأميرات إحدى بقلب فاز أن بعد بقتله أمر الروماني أن الحاكم ميلاديًا، أي قبل ولادة محمد 540-530 عامي شعره. يُعتقد أنه توفي بين.

قصائده من العديد حفظ قد العرب، ولا شك أن محمد ألسنة على منتشرة كانت أشعاره العرب، مما شعراء أعظم هو القيس إمرؤ أن بشدة. ويُقال أن محمد أعلن بها وتأثر القرآن من المبكرة القيس في الآيات إمرؤ أسلوب لتقليد يثبت أن محمد كان متحمسًا.

الخلاصة

أمره من حيرة في وكان ،بالدين مسبقة معرفة يمتلك يكن تكشف هذه الحقائق أن محمد لم الشعر مثل ،له المتاحة المصادر من الجديد دينه أفكار البداية. لذلك، بدأ في استلهام في السابقة والمعتقدات الجاهلي.

من الأولى كيف أن محمد ربما كان يستفيد القرآنية القيس على الآيات ويُظهر تأثير إمرؤ الجاهلي ليجذب انتباه الناس إلى رسالته الشعر أسلوب.

الجاهلي بالشعر وعلاقتها القرآنية السور أولى :الأول الفصل

محمد. على نزل وحي كانت أول (96) العلق الإسلاميون عادةً أن سورة يذكر المؤرخون تمامًا صحيحًا ليس هذا أن تكشف قد للقرآن المنهجية ومع ذلك، فإن الدراسة.

،(Hughes Dictionary of Islam, p.485) "الإسلام قاموس" في الواقع، وفقًا لـ يُرجِّح (العلق سورة نزول قبل) الأقدم السور إسلامية، فإن بعض مصادر إلى وبالاستناد تكون أن:

- ☑ الزلزلة سورة (99) – (الزلزال)
- ☑ العصر سورة (103) – (الزمن المتناقص)
- ☑ العاديات سورة (100) – (الخيل العادية)
- ☑ الفاتحة سورة (1) – (الافتتاح)

دعونا نلقي نظرة .للغاية ومؤثرة ،الروحية الناحية من عميقة ،قصيرة السور هذه كانت على اثنتين منها:

الجاهلي الشعر من واضح تأثير – (99) الزلزلة سورة

📖 "إِذَا زُلْزِلَتِ ٱلْأَرْضُ زِلْزَالَهَا (1) وَأَخْرَجَتِ ٱلْأَرْضُ أَثْقَالَهَا (2) وَقَالَ ٱلْإِنسَٰنُ مَا لَهَا (3) يَوْمَئِذٍ تُحَدِّثُ أَخْبَارَهَا (4) بِأَنَّ رَبَّكَ أَوْحَىٰ لَهَا (5) يَوْمَئِذٍ يَصْدُرُ ٱلنَّاسُ أَشْتَاتًا لِّيُرَوْا۟ أَعْمَٰلَهُمْ (6) فَمَن يَعْمَلْ مِثْقَالَ ذَرَّةٍ خَيْرًا يَرَهُۥ (7) وَمَن يَعْمَلْ مِثْقَالَ ذَرَّةٍ شَرًّا يَرَهُۥ (8)"

العربي للشعر الفلسفي التأثير - (103) العصر سورة

ٱلصَّٰلِحَٰتِ وَعَمِلُواْ ءَامَنُواْ ٱلَّذِينَ إِلَّا (2) خُسْرٍ لَفِى ٱلْإِنسَٰنَ إِنَّ (1) وَٱلْعَصْرِ" 📖
"(3) بِٱلصَّبْرِ وَتَوَاصَوْاْ بِٱلْحَقِّ وَتَوَاصَوْاْ

،التأكيد ،الجاهلي، حيث **الإيجاز بالأسلوب جدًا متأثرًا شعريًا نمطًا** هذه الآيات **تُظهر**
.الطبيعية والمشاهد بالزمن والقسم

المبكرة القرآنية والآيات الجاهلي الشعر بين العلاقة

(The "الإسلام أصول" مؤلف، **W. St. Clair-Tisdall** قام الباحث الشهير
Origins of the Koran, pp. 235-236)، **بمقارنة بعض آيات القرآن مع قصائد**
مذهلًا، من بينها ولاحظ **تشابهًا** ،**"السبع المعلقات" من:**

📖 (54:1) القمر سورة:
"ٱقْتَرَبَتِ ٱلسَّاعَةُ وَٱنشَقَّ ٱلْقَمَرُ" ◈

📖 (93:1) الضحى سورة:
"وَٱلضُّحَىٰ" ◈

وفي تعليقه على سورة **(54:1) القمر**، كتب **W. St. Clair-Tisdall**:

"السبع المعلقات أن ونعلم ،الكعبة على أعمالهم تعليق والشعراء الخطباء عادة من كان
إمرؤ بابنة فالتقت ،يوم ذات الآية هذه تتلو كانت محمد بنت فاطمة إن ويقال .هناك كانت
أنه ويدّعي ،أبي قصائد إحدى من والدك أخذه ما هذا ،آه' :قائلة صاحت التي ،القيس
".اليوم حتى العرب بين تُروى تزال لا القصة وهذه '!السماء من وحي

القيس؟ إمرؤ من محمد اقتبس هل

في المبكرة الآيات وبعض القيس إمرؤ **قصائد بين كبيرًا تشابهًا** من الواضح أن **هناك** القرآن. في هذا السياق، يضيف **W. St. Clair-Tisdall** في كتابه **(The Origins of the Koran, p.236)**:

يعتقدون المسلمين أن لدرجة ،جدًا واضح والقرآن القيس إمرؤ شعر بين التشابه" 📖
هذا؟ تفسير يمكن كيف ولكن !الأزل منذ المحفوظ اللوح في محفوظة كانت الآيات هذه أن
غير آخر شخصًا أن أم .مستحيل هذا القرآن؟ من مأخوذة القيس إمرؤ كلمات كانت هل
"!ذلك إثبات الصعب من سيكون القرآن؟ نزول بعد كتبها القيس إمرؤ

بن **لبيد الشاعر المعلقات** وفي **ديوان في** وُ**جدت نفسها** "الله" في الواقع، حتى **كلمة القيس؟ إمرؤ عن القرآن آيات ينقل ربيعة**. فهل كان الله

القرآن تأليف في ومساهمته عمرو بن زيد

نفيل في صياغة بعض **بن عمرو بن زيد القيس**، سنتناول الآن **دور** بعد تحليل تأثير **إمرؤ** الأفكار التي أصبحت جزءًا من القرآن.

02 الفصل

الله كلام في تغيير لا :الثاني الفصل
الله كلام في تغيير لا

المقدس اليوم قد تعرضا **والإنجيل** الموجودان في **الكتاب** يزعم المسلمون أن **التوراة**
نفسه في القرآن؟ للتحريف. ولكن ماذا **يقول الله**

:(10:64) يونس سورة
(علي يوسف ترجمة) **''ٱلْعَظِيمُ ٱلْفَوْزُ هُوَ ذَٰلِكَ ۚ اللَّهِ لِكَلِمَاتِ تَبْدِيلَ لَا''** ◆
(ترجمة بيكثال) **''ٱلْعَظِيمُ ٱلْفَوْزُ هُوَ ذَٰلِكَ ۚ ٱللَّهِ لِكَلِمَٰتِ تَبْدِيلَ لَا''** ◆

.''الله كلمات'' في تغيير هناك يكون أن يمكن ومباشر أنه **لا** توضح هذه الآية بشكل **صريح**
هي والإنجيل ،الزبور ،التوراة بأن يشهد نفسه وكما رأينا في بداية هذا الكتاب، فإن **القرآن**
.تتغير أن يمكن لا أنها وبالتالي، فإن الله **يضمن .''الله كلمات''**

والإنجيل. وبما **والزبور التوراة من فقط يتألف المقدس الكتاب** منذ البداية، كان **محتوى**
.فيها تغيير أي هناك يكون أن يمكن لا أنه يعني فهذا ،''الله كلمات'' بأنها يشهد أن **القرآن**
.مخطئ القرآن **أن يعني فهذا ،تغيير هناك كان وإذا**

القرآن مع الإسلامي الادعاء تناقض

صارخ مع تعاليم كتابهم المقدس، ولكن في **تناقض** ،"**الله كلام في تغيير لا**" **:**يقول **القرآن السماوية كتبهم حرّفوا والنصارى** يدّعي المسلمون أن **اليهود**.

القرآن يعلمها التي الأساسية النقاط:

1 **التوراة، الزبور، والإنجيل هي "الله كلمات".**
2 **"لا يمكن لأحد أن يغير كلمات الله".**

الاختيار بين أمرين **على** سواء قبل المسلمون هذا أم لا، فهم الآن **مجبرون**:

- حرّفوا العاديين البشر بأن **المسلمون المفسرون** يروجها التي **الأكاذيب** تصديق إما "الله كلمات" التي **لا يمكن تحريفها**.
- **لم المقدس الكتاب** إن تقول التي **القرآن في الواضحة الله شهادة** تصديق أو **يُحرّف**.

الله؟ من أقوى البشر هل

المقدس صحيحًا، فهذا يعني **الكتاب بتحريف قاموا والنصارى** إذا كان ادعاء أن **اليهود نفسه الله من أقوى أنهم**!

❌ **إذا كان الكتاب المقدس قد حُرّف، فهذا يعني أن الله لم يستطع حفظ كلمته.**
❌ **إذا كان الله قد فشل في حماية التوراة والإنجيل، فهذا يعني أنه ليس الله القادر على كل شيء.**
❌ **إذا كان القرآن يشهد أن التوراة والإنجيل هما "كلمات الله"، ولكن المسلمون يزعمون أنهما تغيرا، فهذا يجعل القرآن متناقضًا وكاذبًا.**

الكتاب تحريف فكرة يدحض نفسه القرآن :النهائية النتيجة المقدس

◈ **كلمته حفظ على القدرة لديه الله.**
◈ **نفسه القرآن مع يتعارض المقدس الكتاب تحريف ادعاء.**
◈ **يتغيرا لم والإنجيل التوراة أن يعني فهذا ،صحيحًا القرآن كان إذا.**
◈ **كله الإسلام وبالتالي ،خاطئ القرآن أن يعني فهذا ،حُرّفا قد والإنجيل التوراة كان إذا خطأ على مبني.**

إذا كان **نفسه القرآن لتعاليم إنكارٌ الواقع في هو تغير قد المقدس الكتاب بأن لذلك، القول** **نفسه الله** المسلمون يصرون على أن التوراة والإنجيل قد حُرّفا، فهذا يعني أنهم **يكذّبون** **بالتناقضات مليء بشري كتاب مجرد القرآن ويجعلون.**

الحقيقة من الفرار المسلمين محاولة :الثاني الفصل

أخرى. يحاولون **كذبة موقفهم، يخترعون عن الدفاع** عندما يدرك المسلمون **استحالة الله بهما أوحى اللذين الأصليين والإنجيل المشكلة** بالادعاء أن **التوراة هذه على الالتفاف تحرفا قد المقدس الكتاب في الموجودين والإنجيل التوراة ولكن ،يتغيرا لم.**

في موجودة كانت التي الوحيدة المقدسة صحيحًا عندما تكون **الكتب هذا يكون ولكن كيف في بالفعل كانا اللذان والإنجيل التوراة نفسها هي ،القرآن في الله أقرها والتي ،محمد زمن المقدس؟ الكتاب**

زمن في موجودة كانت التي المقدسة والكتب الحالي المقدس الكتاب بين بسيطة مقارنة تغير. ولهذا السبب، استطاع الله أن يقول **قد شيء محمد** تُظهر أن **لا:**

📖 **المائدة سورة (5:66):**
◈ **"فَوْقِهِمْ مِن لَأَكَلُواْ رَّبِّهِمْ مِّن إِلَيْهِم أُنزِلَ وَمَآ وَٱلْإِنجِيلَ ٱلتَّوْرَىٰةَ أَقَامُوا أَنَّهُمْ وَلَوْ" أَرْجُلِهِمْ تَحْتِ وَمِن"** (ترجمة وحيد الدين خان)

بأن الادعاء للمسلمين يمكن القرآن حتى اليوم. **فكيف في موجودًا يزال** هذا الأمر الإلهي **لا باتباعهما؟ يأمر نفسه الله أن حين في ،تغيرا قد والإنجيل التوراة**

المقدس بالكتاب يستشهدون عندما المسلمين تناقض

المقدس الإسلامي بوضوح عندما يستخدم المسلمون **الكتاب الادعاء هذا** يمكن رؤية **كذب نفسه** لإثبات نبوة محمد.

والمسيحية، فإنهم لا **اليهودية الكتب به تنبأت قد محمد مجيء أن المسلمون** كلما **زعم والإنجيل التوراة نفس مختلفين**، بل يقتبسون **من إنجيل أو** يستشهدون بأي **توراة الحالي المقدس الكتاب في الموجودين**!

نبوة لإثبات يستخدمونهما فلماذا ،تغيرا قد والإنجيل التوراة أن يؤمنون كانوا إذا محمد؟ ❓

الإسلام؟ لتأييد عليه يعتمدون فلماذا ،محرف المقدس الكتاب أن يعتقدون كانوا إذا ❓

محرّفة؟ أنها يزعمون كتب إلى استنادًا محمد نبوة يؤكدون بذلك أليسوا ❓

اليوم المقدس الكتاب في والإنجيل التوراة أن اعتقادهم في إذا كان المسلمون **صادقين الإسلام؟ لدعم منهما يقتبسون يزالون لا فلماذا ،الأصلية النسخ عن مختلفان**

الأصليان؟ والإنجيل التوراة هي أين

الأصليين لدعم **والإنجيل التوراة من واحدة نسخة تقديم المسلمون يستطيع لا** ✗ ادعائهم.

الكتب هذه تضيع أن يمكن فكيف ،يتغير أن يمكن لا الله كلام إن يقول القرآن كان إذا تمامًا؟ ✗

الضياع؟ من حفظها يتم لم إذا كتبه بحفظ الله وعد فائدة ما ✗

بالكامل؟ كلمته لفقدان الله يسمح أن يعقل هل ✗

تمامًا، فهذا يعني أنهم **ينكرون** إذا كان المسلمون يعتقدون أن التوراة والإنجيل قد **ضاعت تتغير ولا تضيع لا كلمته إن يقول الذي القرآن في الله كلام**.

◈ **خاطئ القرآن أن يعني فهذا ،تغير قد المقدس الكتاب كان إذا.**
◈ **كذبة على مبني الإسلام أن يعني فهذا ،يتغير لم المقدس الكتاب كان إذا.**

القرآن يدحضون أنفسهم المسلمون :النهائية النتيجة

الموجود أن على الأصليين، ويصرون والإنجيل التوراة من نسخة أي يملكون بينما **لا خطير محرف**، يضطر المسلمون إلى قبول استنتاج **كفري اليوم**:

☑ **بالكامل** (وهذا يناقض القرآن) **فُقدا قد والإنجيل** إما أن **التوراة**.
☑ **تحرفا** (وهذا أيضًا يناقض القرآن) **قد والإنجيل** أو أن **التوراة**.

نفسه القرآن صحة ينكرون في كلتا الحالتين، **المسلمون**.

📖 **تتحرف أو تضيع أن يمكن لا "الله كلمات" أن يشهد القرآن.**
📖 **ضاعا أو تغيرا قد والإنجيل التوراة إن يقولون المسلمون لكن.**
📖 **الله كلام ليس القرآن أن يثبتون أنفسهم المسلمون ،إذن.**

✗ **كاذب القرآن أن يعني فهذا ،تغير قد المقدس الكتاب كان إذا.**
✗ **كذبة على مبني الإسلام أن يعني فهذا ،يتغير لم المقدس الكتاب كان وإذا.**

الحقيقة مواجهة من للمسلمين مفر لذلك، **لا**:
الله كلام ليس القرآن بأن هو، أو **يقرّوا كما المقدس الكتاب** إما أن **يقبلوا**.

المسلمون يواجهه الذي المأزق :الثاني الفصل
خاطئ؟ القرآن أن يثبت الأصليين والإنجيل التوراة ضياع هل

والإنجيل جدلاً أن **التوراة افترضنا لو** المشكلة الكبرى التي يواجهها المسلمون هي أنه **حتى قد الأصلية النسخ هذه أن حقيقة فإن ،المقدس الكتاب في المسجلين هما ليسا الأصليين الأبد إلى ستُحفظ "الله كلمات" خاطئ**، لأنه يؤكد أن **القرآن أن تثبت ضاعت**.

أي يوجد لا ،المقدس الكتاب في المحفوظين والإنجيل التوراة ولكن الحقيقة هي أنه بخلاف اقتبسوا لكانوا ،وإلا .المسلمون يدّعي كما أصلي آخر إنجيل أو توراة وجود على دليل محمد نبوة لإثبات منهما.

اللذان هما المسلمون عليهما يعتمد اللذان الوحيدان والإنجيل ولهذا السبب، فإن التوراة الأصلية. وإذا رفض المسلمون هذه الحقيقة المقدس. هذه هي النسخ الكتاب في وردا قد الله بأن الإقرار هو لهم المتبقي الوحيد البسيطة، فإن الإسلام ينهار بالكامل، لأن الخيار كلمته بحفظ وعد عندما القرآن في كذب.

المقدس الكتاب من المسلمين موقف في التناقض

✗ صحيحة أنها على المقدس الكتاب أجزاء بعض من الغريب أن المسلمين يقبلون.
✓ محمد بمجيء تنبأت والإنجيل التوراة من أجزاء هناك بأن إنهم يؤمنون.
✗ محرّفة باعتبارها الأخرى الأجزاء لكنهم في نفس الوقت يرفضون.

ذاته الوقت في فسد، بينما يعترفون قد "الله كلمات" من جزءًا بأن هذا يعني أنهم يؤمنون المتاحة الوحيدة النسخ هما اليوم الموجودين والإنجيل التوراة بأن.

☞ يتهمون بل ،بالتحريف فقط المقدس الكتاب يتهمون لا المسلمين فإن ،وبالتالي صريح وهذا كفر !بالفساد نفسها الأصلية "الله كلمات".

؟"الله كلمات" تتحرّف أن يمكن هل

📖 القرآن يقول: "لا تبديل لكلمات الله".
📖 لكن المسلمون يقولون: "نعم، التوراة والإنجيل تحرفا".

💡 فإنهم ،تحرّف قد المقدس الكتاب أن المسلمون فيها يدّعي مرة كل أن يعني هذا يعلنون ضمنيًا أن القرآن نفسه كاذب!

المقدس؟ الكتاب تحريف فكرة على المسلمون يصرّ لماذا

بشأن والإنجيل، فلماذا يصرّ المسلمون على **الكذب التوراة صحة** إذا كان القرآن **يؤكد تحريفهما؟**

◈ **المقدس الكتاب صحة على تشهد نفسها القرآن** الحقيقة هي أن آيات.

◈ **القرآن نزول وقت في صحيحًا كان المقدس الكتاب** فإن ،لذا.

◈ **أن يمكن لا المقدس تغييره**، فإن **الكتاب يمكن لا الله كلام إن يقول** وبما أن **القرآن أيضًا ذلك بعد تغير قد يكون**.

✕ **الكتاب تعاليم أن وجدوا ،المسيحية الأراضي في المسلمون توسع عندما ،لاحقًا ولكن محمد تعاليم مع تتناقض المقدس.**

✕ **خيارين أمام جعلهم هذا:**

1 **تعاليمه في أخطأ قد محمد بأن يعترفوا أن إما.**

2 **تحرّف قد المقدس الكتاب أن يزعموا أن أو.**

⚠ **الثاني الخيار اختاروا ،للأسف!**

أدلة على وليس افتراضات على مبني المسلمين إيمان

أن مسبقًا مسبقة. إنهم **يقررون** المسلمون لا يستندون إلى أدلة حقيقية، بل إلى **افتراضات الادعاء هذا تثبت أدلة عن يبحثون ثم ،محرّف المقدس الكتاب.**

◈ **الله كلمة يعد لم** أنه تلقينه يتم ،**المقدس الكتاب** المسلم يقرأ أن قبل.

◈ **،تغير قد المقدس الكتاب أن على للإصرار** ولكن الحقيقة هي أن المسلمين **مضطرون مسلمين البقاء يستطيعون لا فإنهم وإلا!**

أبدًا يتغير لم المقدس الكتاب :النهائي الاستنتاج

📖 **الكتاب أن هي الممكنة الوحيدة النتيجة فإن ،وحيادية بصدق الأدلة دراسة عند الأصل في الله به أوحى الذي نفسه هو اليوم نمتلكه الذي المقدس.**

💡 **إلى والمحفوظة الحقيقية الله كلمة هو بل ،يُحرّف ولم ،يتغير لم المقدس الكتاب !نعم الأبد.**

كلمة هو اليوم أيدينا بين الذي المقدس الكتاب :الثاني الفصل المحرّفة غير الحقيقية الله

المحرّفة. **وغير ،المحفوظة ،الأصيلة الله كلمة** إن الكتاب المقدس الذي نملكه اليوم **هو** على مر العصور، سعى الكثيرون إلى التشكيك في مصداقيته، لكن الأدلة التاريخية **جوهري تحريف لأي يتعرض لم المقدس** والنصية تثبت بما لا يدع مجالًا للشك أن **الكتاب.**

◈ **للبشرية؟ الله رسالة تغيرت هل**

✕ **لأنبيائه الله به أوحى الذي نفسه هو أيدينا بين الذي المقدس الكتاب ،لا.**

📖 **المقدس الكتاب صحة يؤكد نفسه القرآن**

كلمات" هما والإنجيل القرآن تؤكد أن **التوراة في واضحة** كما سنرى لاحقًا، هناك **أدلة المقدس الكتاب صحة على الله.** وهذا دليل قرآني **يؤكد كلمات تتغير أن يمكن وأنه لا ،"الله تحريفه وعدم.**

المقدس الكتاب صحة على القرآن من أدلة

📖 **المائدة سورة (5:46):**

◈ **"وَءَاتَيْنَٰهُ ٱلتَّوْرَىٰةِ مِنَ يَدَيْهِ بَيْنَ لِّمَا مُصَدِّقًا مَرْيَمَ ٱبْنِ بِعِيسَى آثَارِهِم عَلَىٰ وَقَفَّيْنَا وَنُورٌ هُدًى فِيهِ ٱلْإِنجِيلَ"**

📖 **يونس سورة (10:64):**

◈ **"ٱلْعَظِيمُ ٱلْفَوْزُ هُوَ ذَٰلِكَ ۚ ٱللَّهِ لِكَلِمَاتِ تَبْدِيلَ لَا"**

لا الله الله، ويشهد أيضًا أن كلمات كلمات هما والإنجيل التوراة أن إذا كان القرآن يشهد ◈
تحرف؟ قد المقدس الكتاب أن يدّعوا أن للمسلمين يمكن تتغير، فكيف

🕮 المائدة سورة (5:68):
◈ "قُلْ يَٰٓأَهْلَ ٱلْكِتَٰبِ لَسْتُمْ عَلَىٰ شَىْءٍ حَتَّىٰ تُقِيمُوا۟ ٱلتَّوْرَىٰةَ وَٱلْإِنجِيلَ وَمَآ أُنزِلَ إِلَيْكُم مِّن رَّبِّكُمْ"

◈ به؟ بالتمسك الكتاب أهل القرآن يأمر فكيف ،محرّفًا المقدس الكتاب كان لو
◈ القرآن، نزول وقت بهما ومعترفًا صحيحين كانا والإنجيل هذا يعني أن التوراة
تحريف أي يحدث وبالتالي، لم.

المقدس الكتاب صحة تثبت المخطوطات أقدم

عبر يتغير لم المقدس قاطعة تثبت أن الكتاب تاريخية إلى جانب الأدلة القرآنية، لدينا أدلة العصور.

📜 المقدس الكتاب نص صحة تثبت التي القديمة المخطوطات:

1. مخطوطات البحر الميت (Dead Sea Scrolls) – تعود إلى القرن الثالث قبل الميلاد، وهي متطابقة مع النصوص الحديثة، وتحتوي على أجزاء كبيرة من العهد القديم.
2. المخطوطة السينائية (Codex Sinaiticus) – تعود إلى القرن الرابع الميلادي، وهي متطابقة مع النصوص الحديثة، وتحتوي على العهد الجديد بالكامل.
3. المخطوطة الفاتيكانية (Codex Vaticanus) – من القرن الرابع الميلادي، وتؤكد صحة الكتاب المقدس الحالي.

◈ السنين آلاف مدار على يتغير لم المقدس الكتاب نص أن تثبت المخطوطات هذه.
◈ تغير قد المقدس الكتاب بأن المسلمين ادعاء تثبت قديمة مخطوطة أي توجد لا.

الاستنتاج النهائي: الكتاب المقدس هو كلمة الله الحقيقية

لا يوجد أي دليل تاريخي أو قرآني أن يثبت الكتاب المقدس قد تغير أو تم تحريفه.

أقدم المخطوطات تثبت أن النص لم يتغير منذ أن أوحى الله به إلى أنبيائه.

حتى القرآن يشهد أن التوراة والإنجيل هما كلمات الله، وأن كلمات الله لا تتغير.

بالتالي، الكتاب المقدس الذي بين أيدينا اليوم هو كلمة الله الحقيقية، المحفوظة، والصحيحة.

03 الفصل

كَامِلَةٌ الرَّبِّ كَلِمَةُ :الثالث الفصل
تَغْيِيرُ هَا يُمْكِنُ وَلَا كَامِلَةٌ الرَّبِّ كَلِمَةُ

تتحرف أو تتغير أن يمكن لا الله واضحًا على أن **كلمة دليلًا نفسه** يقدم لنا **القرآن**.

(6:115) الأنعام سورة 🕮:

ترجمة) **"ٱلْعَلِيمُ ٱلسَّمِيعُ وَهُوَ ۚ لِكَلِمَاتِهِۦ مُبَدِّلَ لَا ۚ وَعَدْلًا صِدْقًا رَبِّكَ كَلِمَتُ وَتَمَّتْ"** ◈ (بيكثال

وهو كلماته؛ تغيير أحدٌ يستطيع لا والعدل؛ الصدق في ربّك كلماتُ هي كاملةٌ" ◈ (ترجمة آرثر آربيري) **".العليم السميع**

القرآنية الآية هذه تحرّف عليهم أن يقبلوا **أن قد المقدس** المسلمون الذين يدّعون أن **الكتاب** **"الرب كلمات" تغيير يمكنه أحد شرط أن لا أو استثناء خاطئة**. الآية تقول بوضوح **دون** **المقدسة الله كتب تغيير يمكن لا الأحوال من حال** وهذا يعني أنه **بأي**.

الأزمانـــــفي الماضي، أو **من زمن تحرّف في أي قد المقدس** إذا كان **الكتاب** ◈ **صحيح غير الآية هذه في الله** الحاضر، أو المستقبلـــــفهذا يعني أن **تصريح**.

علمه؟ دون الله كلمة تغيير شخص أي يستطيع هل

شيء. إذًا، **كل ويعلم** ويرى أي أنه **يسمع ،"العليم السميع" هو** يؤكد القرآن أن الله
السؤال هو:

الله؟ علم دون والإنجيل والزبور التوراة غيّر الذي من
يكن لم الله أن يقولون فهل ،تغيّر قد المقدس الكتاب أن يزعمون المسلمون كان إذا بذلك؟ يعلم
ذلك؟ يمنع لم فلماذا ،يعلم كان إذا

يكون أن أو ،تتغير أن يمكن لا الله كلمة فإن وبالتالي ،صادقًا القرآن يكون أن إما الأمر يكون أن يمكن لا .تحرفوا قد والإنجيل والزبور التوراة فإن وبالتالي ،مخطئًا القرآن معًا الحالتين في صحيحًا.

الله قدرة في تُشكك التحريف مسألة

- **نفسه الله بمصداقية** تتعلق بل ،**المقدس الكتاب بصحة** تتعلق قضية هذه ليست مجرد.
- أن للمسلمين يمكن فكيف ،**والإنجيل والزبور التوراة** حماية على **قادر غير الله** كان إذا **الأبدي؟ خلاصهم** لحماية فيه يثقوا
- **أو تغيرت قد الكتب المقدسة،** وإذا كانت **هذه الكتب مصداقية على يعتمد** إن **الخلاص خلاص هناك يكون فلن ،تحرّفت.**

قادرًا يكن وعظيم، لكنهم في نفس الوقت يعتقدون أنه **لم قوي** المسلمون يقولون إن الله ✕
ضعفاء بشر يد على التحريف من المقدسة كلمته حماية على!

كلمته بفساد القدير الله يسمح أن المستحيل من!

فقط؟ القرآن حفظ عن الآية هذه تتحدث هل

واضح القرآن، ولكن هذا **تحريف حفظ عن فقط تتحدث الآية** يدّعي بعض المسلمين أن **هذه الآية لمعنى**.

أن لأحد يمكن لا" :بوضوح لقال ،فقط القرآن سيحفظ إنه يقول أن يريد الله كان إذا 📖 **القرآن يغير."**

✗ **ذلك تقول لا الآية لكن!**
✓ **تقول الآية: "كَلِمَةُ رَبِّكَ"**—**كل** يشمل وهذا **كلمات** فقط القرآن وليس ،**الله**.

◈ **الكتاب** بأن يشهد نفسه والقرآن **المقدس (التوراة ،الزبور ،والإنجيل) هو "كلمات الرب"**.

💡 **إذن، عندما يقول الله "لا مبدل لكلماته"، فهذا يعني أن أي تغيير في أي من كتب الله المقدسة أمر مستحيل.**

يكذبون؟ الذين هم المسلمين أن أم القرآن؟ في الله كذب هل

❓ **بعض** كانت إذا **كلمات الله** أن **يمكن أن الله** يعني فهذا ،**تتغير كذب في القرآن**.
❓ **القرآن** كان إذا ،أو **صادقًا، فهذا يعني أن المسلمين الذين يقولون إن الكتاب المقدس قد تغير هم الذين يكذبون**.

💡 **الحقيقة هي أن المسلمين لا يفهمون أن الأمر "إما كله أو لا شيء"—إما أن تكون كل كلمات الله محفوظة، أو أن القرآن نفسه خاطئ.**

الآية؟ هذه نزول عند مكتملًا القرآن كان هل

📖 ".وَعَدْلًا صِدْقًا رَبِّكَ كَلِمَةُ وتمت" :تقول هذه الآية

!بعد اكتمل قد القرآن يكن لكن في الوقت الذي نزلت فيه هذه الآية، **لم**

التنزيل؟ قيد يزال لا القرآن كان إذا اكتملت قد "الله كلمة" إن يُقال أن يمكن كيف ❓
يكن لم بينما "تمت" قد إنها يُقال فكيف ،القرآن إلى فقط تشير "الرب كلمة" كانت إذا ❓
بعد؟ كاملًا القرآن

💡 **.فقط القرآن وليس ،المقدسة الكتب جميع تشمل "الرب كلمة" أن على يدل هذا**

ومحفوظة كاملة الله كلمة :النهائية النتيجة

📖 **.المحرّفة وغير الحقيقية الله كلمة هو اليوم أيدينا بين الذي المقدس الكتاب**
📖 **.تحريفها أو تغييرها يمكن لا الله كلمة أن يشهد نفسه القرآن**
📖 **ضمنيًا يعترفون فإنهم ،تغير قد المقدس الكتاب أن على يصرون المسلمون كان إذا**
.نفسه مع يتناقض لأنه ،الله كلام ليس القرآن بأن

💡 **!ثالث خيار يوجد لا — خاطئ القرآن أن أو ،محفوظًا المقدس الكتاب يكون أن إما**

الله كلمات تغيير يستطيع أحد لا أن يشهد القرآن :الثالث الفصل
تغييرها يمكن لا الله كلمات أن وتكرارًا مرارًا يؤكد القرآن

ولا الله، وأن كلمته **محفوظة كلمات تغيير يستطيع أحد** يعلن القرآن مرارًا وتكرارًا **أن لا**
.تتبدل أن يمكن

📖 **الكهف** سورة **(18:27):**
◈ **"وَاتْلُ مَا أُوحِيَ إِلَيْكَ مِن كِتَابِ رَبِّكَ ۖ لَا مُبَدِّلَ لِكَلِمَاتِهِ وَلَن تَجِدَ مِن دُونِهِ**

(علي يوسف ترجمة) "**مُلْتَحَدًا**
(ترجمة شاكير) "**لِكَلِمَاتِهِ مُبَدِّلَ لَا...**" ◈

ومع ذلك، "**كلماته تغيير يمكنه أحد لا" ومباشر** أن مرة أخرى، يعلن الله بشكل **صريح** في محاولتهم المستميتة لإثبات أن الكتاب المقدس قد تحرّف، يدّعي بعض **المفسرين السماوية الكتب باقي عن وليس المسلمين** أن هذه الآية تتحدث فقط عن **القرآن**.

العقلي منطقي، ويمكن دحضه بسهولة من خلال **التوضيح وغير سخيف الادعاء** لكن **هذا التالي واللاهوتي:**

المسلمين ادعاء في العبثية لفهم بسيط تشبيه

منازلك في حالة وقوع **لجميع تأمين** تغطي تكلفة **الأضرار بوليصة** تخيل أنك **اشتريت** كارثة. وكانت وثيقة التأمين مكتوبة وموقعة بوضوح.

لحريق. وعندما تقدمت **بطلب الثلاثة منازلك من** بعد عدة سنوات، تعرض **منزلان غير الثالث المنزل فقط تغطي الوثيقة وأن ،مخطئ أنك التأمين شركة أخبرتك ،التعويض المتضرر!**

بذلك؟ ستقبل هل ❓
الشركة؟ ومقاضاة حقك لإثبات الوثيقة تستخدم ألن ❓
نصابة؟ الشركة هذه أن تستنتج ألن ❓

فقط ينطبق كتبه بحماية الله وعد أن يدّعون عندما المسلمون يفعله ما بالضبط هو هذا والإنجيل التوراة على وليس القرآن على! 💡

فقط وليس ،كلماته كل يشمل فهذا ،"كلماته تغيير يمكنه أحد لا" عندما يقول الله إن **القرآن**.

كتبه جميع سيحفظ الله أن تؤكد مكتوبة وثيقة لدينا هل نفسه القرآن إنها !نعم السماوية؟

📖 سورة يونس **(10:64):**
◆ **"لَا تَبْدِيلَ لِكَلِمَاتِ ٱللَّهِ ۚ ذَٰلِكَ هُوَ ٱلْفَوْزُ ٱلْعَظِيمُ"** (ترجمة وحيد الدين خان)

📖 سورة الأنعام **(6:115):**
◆ **"لَا مُبَدِّلَ لِكَلِمَاتِهِۦ"** (ترجمة S. V. Ahamed)

📖 سورة الكهف **(18:27):**
◆ **"لَا مُبَدِّلَ لِكَلِمَاتِهِ"** (ترجمة George Sale)

✗ **هذه الآيات واضحة جدًا: كلمات الله لا يمكن تغييرها. لا تتحدث فقط عن القرآن، بل عن "كلمات الله" بشكل عام.**

💡 **السؤال المهم: هل يعترف القرآن بأن التوراة والإنجيل هما من كلمات الله؟**

☑ **بالتأكيد!**

📖 سورة آل عمران **(3:3):**
◆ **"نَزَّلَ عَلَيْكَ ٱلْكِتَٰبَ بِٱلْحَقِّ مُصَدِّقًا لِّمَا بَيْنَ يَدَيْهِ وَأَنزَلَ ٱلتَّوْرَىٰةَ وَٱلْإِنجِيلَ"** (ترجمة أحمد علي)

وإذا كان القرآن **يعترف** بوضوح أن التوراة والإنجيل هما **"كلمات الله"**، وإذا كان يؤكد أن **"لا أحد يمكنه تغيير كلمات الله"**، فكيف يمكن للمسلمين الادعاء بأن هذه الكتب قد **تحرفت؟**

هل يشهد المسلمون زُورًا ضد الله؟

◆ عندما يدّعي المسلمون أن **وعد الله بالحفظ لا يشمل التوراة والإنجيل**، فهم بذلك **يتهمون الله نفسه بالكذب.**

◈ **القرآن يقول مرارًا وتكرارًا أن كلمات الله لا يمكن تغييرها.**
◈ **التوراة** أن يزعمون المسلمين فإن ذلك، ومع **والإنجيل قد تم تغييرهما وتحريفهما.**

إذن، المسلمون إما:
1 **يؤمنون أن الله فشل في حماية كلماته.**
2 **أو يعترفون بأن الكتاب المقدس لم يتغير وأنهم كانوا مخطئين طوال الوقت.**

✕ **لا يمكنهم الإيمان بالاثنين معًا!**

القرآن يأمر المسلمين بالإيمان بالكتاب المقدس

سورة النساء (4:136):
◈ **"يَـٰٓأَيُّهَا ٱلَّذِينَ ءَامَنُوٓا۟ ءَامِنُوا۟ بِٱللَّهِ وَرَسُولِهِۦ وَٱلْكِتَـٰبِ ٱلَّذِى نَزَّلَ عَلَىٰ رَسُولِهِۦ وَٱلْكِتَـٰبِ ٱلَّذِىٓ أَنزَلَ مِن قَبْلُ ۚ"**

◈ **يأمر** القرآن **المسلمين صراحةً بالإيمان بالتوراة والإنجيل.**
◈ **إذا كانوا يؤمنون بأنهما تحرفا، فهذا يعني أنهم يعصون أمر الله نفسه!**

✕ **إذا استمر المسلمون في الادعاء بأن الكتاب المقدس قد تحرف، فإنهم يرفضون بشكل مباشر أوامر الله في القرآن.**

هل يمكن أن يكون المسلمون على حق؟ أم أن القرآن نفسه خاطئ؟

📖 إذا كان المسلمون يؤمنون أن **التوراة والإنجيل قد تحرفا، فإنهم يرفضون بذلك تعاليم القرآن.**
📖 **القرآن** أن يؤمنون كانوا إذا **صادق، فعليهم أن يعترفوا أن الكتاب المقدس لم يتحرف.**

أن يعترفوا أو ،كلمته بحفظ الله بوعد يؤمنوا أن إما !يناسبهم ما اختيار يمكنهم لا 💡
خاطئ القرآن.

ثم ،كلمته بحفظ وعد الله إن يقولون :الطرفين من بالحبل الإمساك يحاولون لكنهم ✖
تغيرت قد كلمته إن يقولون!

المسلمون يواجهون معضلة كبيرة: إما أن يعترفوا بأن الكتاب المقدس لم يتغير، أو ◈
يعترفوا بأن القرآن ليس كلام الله.

معًا الاثنين على الحصول يمكنهم لا! 💡

المقدس الكتاب بصحة يشهد القرآن :النهائية النتيجة

☑ **تتغير لا الله** القرآن يكرر مرارًا وتكرارًا أن **كلمات.**
☑ **الله كلمات من هما والإنجيل** القرآن يعترف بأن **التوراة.**
☑ **نفسه القرآن يناقضون ذلك يدّعون والذين ،يتحرّف لم المقدس** إذًا، **الكتاب.**

الاعتراف أو ،يتغير لم المقدس الكتاب بأن الحقيقة قبول إما :خيارين أمام المسلمون 💡
ثالث خيار لا .خاطئ القرآن بأن!

الكتاب لإنكار الله كلام في يطعنون المسلمون :الثالث الفصل المقدس

الله على تجديف هو والإنجيل التوراة إنكار

على المسلمون تحرّف، يجدّف قد المقدس الكتاب بأن الناس من أجل الاستمرار في **خداع**
الله بها أوحى التي المقدسة الكتب باعتبارهما الحاليين والإنجيل التوراة بإنكار الله.

غير" بنسخة فقط يؤمنون لكنهم ،والإنجيل بالتوراة يؤمنون أنهم يدّعون المسلمون ✖
تحرفت أو ضاعت ثم الماضي في وُجدت أنها زعموا "محرفة.

يقولونه؟ ما سخافة مدى المسلمون يدرك هل ❓

أن الله كتب من كتاب لأي يمكن فهذا يعني أنه لا ،"لِكَلِمَاتِهِ مُبَدِّلَ لَا" :عندما يقول الله 📖
وقت أي في يتغير.

الأبد إلى يُحفَظا أن مُقدَّرين كانا نزولهما لحظة منذ والإنجيل التوراة ،أخرى بعبارة 💡
الله بواسطة.

تحرفا ثم الماضي في وُجدا محرفين غير وإنجيل توراة" هناك بأن الادعاء ،إذن ✕
القرآن في الله وعد مع واضح تناقض هو "لاحقًا.

التوراة يكون أن يجب ،صادقًا فهمه هو أنه لكي يكون القرآن في المسلمون ما يفشل ◈
الأبد إلى تحريف أي وبلا دائمًا متاحين والإنجيل.

إذا صحيحًا والإنجيل التوراة بحفظ الله وعد يكون أن يمكن هل اليوم؟ موجودين يكونا لم

◈ تمامًا؟ ضاعا قد كانا إذا "الأبدية الله كلمات" يكونا أن والإنجيل للتوراة يمكن كيف
◈ بأن لهما يسمح ثم ،الأبد إلى والإنجيل التوراة بحفظ الله يعد أن المنطقي من هل
تمامًا؟ يضيعان
◈ بل ،اليوم متاحين والإنجيل التوراة يكون أن فقط يجب لا ،صحيحًا القرآن يكون لكي
للتحريف تعرضا قد يكونا أن بدون متاحين يكونا أن يجب.

📖 ذلك من أقل شيء ولا .القرآن في الله به وعد ما هذا!

✕ في موجودة كانت محرفة غير كتبًا" هناك بأن الادعاء للمسلمين يمكن لا ،لذلك
وزيف خرافة ذاتها بحد الفكرة هذه—"الماضي.

💡 يعني مما ،يُحفظ لم الله كلام أن يدّعون لأنهم ،تجديفًا يرتكبون المسلمون ،هذا بقولهم
وعده تنفيذ على قادرًا يكن لم الله أن.

الإسلامي الادعاء عبثية لتوضيح مثال

".منازلي تدمير يمكنه شيء لا" :قوية، ويقول للجميع منازل ثلاثة تخيل رجلاً يملك

عاصفة بسبب للدمار منزلان بعد فترة من الزمن، تعرض.

صحيحًا؟ ادعاؤه يكون أن يمكن هل

لا بالتأكيد!

تمامًا كاذبًا ادعاؤه يصبح ،واحد منزل تدمير تم أن بمجرد.

القرآن على ينطبق الشيء نفس.

الأنعام سورة (6:115):

"لِكَلِمَاتِهِ مُبَدِّلَ لَا" (ترجمة علي قولي قرائي)

الآية هذه في الله ادعاء فإن ،"تحرفتا" أو "دُمّرتا" قد والإنجيل التوراة كانت إذا بالفعل دُمّرت ثم للتدمير قابلة غير منازله أن زعم الذي الرجل مثل ،باطلًا يصبح.

كاذب؟ القرآن بأن للاعتراف استعداد على المسلمون هل

أن ضمنيًا تحرفا، فهم يعلنون قد والإنجيل التوراة أن على إذا كان المسلمون يصرّون كاذب لأن القرآن يقول إن كلام الله لا يمكن تغييره القرآن.

بالكذب؟ الله اتهام المسلمون يحاول هل

السابقة الكتب وليس القرآن حفظ فقط أراد الله أن يزعمون المسلمون.

القرآن في كذب الله أن يعني فهذا ،يتحرّف بأن المقدس للكتاب سمح قد الله كان إذا.

يتغير لا الله كلام إن يقول لأنه ،صحيح غير القرآن يجعل هذا ،أخرى مرة.

محمد زمن أثناء المقدس الكتاب صحة يؤكد القرآن

سنة **23** نزل القرآن على مدار ،(م **610-632**) خلال حياة محمد.

،محرفًا يكن لم ،الوقت ذلك في منتشرًا كان الذي ،المقدس الكتاب أن يعني هذا ".لِكَلِمَاتِهِ مُبَدِّلَ لاَ" :القرآن قال لما وإلا

ذلك؟ حدث متى ،تحرّف قد المقدس الكتاب كان إذا

ذلك؟ من محمد يحذرهم لم فلماذا ،محمد زمن قبل تحرفا قد والإنجيل التوراة كان إذا

نسخة وجود تثبت مخطوطة أي توجد لا لماذا ،محمد زمن بعد التحريف حدث وإذا والإنجيل؟ التوراة من مختلفة

.الإطلاق على يتحرف لم المقدس الكتاب أن هي الحقيقة

.تغييره يمكن لا الله كلام وأن ،الله كلام هو المقدس الكتاب أن يعترف القرآن

المسلمون يخشاه الذي السؤال

- **.تتغير لا الله كلمات وإن ،الله عند من هو المقدس الكتاب** إن القرآن يقول
- **؟"محرفًا" المقدس الكتاب** أصبح إذن، **كيف**

القرآن وإن ،كاذب الله إن يقول نفسه سيجد السؤال هذا على الإجابة يحاول مسلم أي !كاذب

.تتحرف أو تتغير أن يمكن لا الله كلام من كلمة كل بأن يشهد القرآن

تعاليم يرفضون بذلك فهم ،تغيرا قد والإنجيل التوراة إن يقولون المسلمون كان إذا !نفسه القرآن

.أبدًا يتحرّف لم المقدس الكتاب :الممكنة الوحيدة الحقيقة

دون المقدس الكتاب إنكار للمسلمين يمكن لا :النهائية النتيجة القرآن إنكار

المسلمون يواجهون معضلة خطيرة:

لم المقدس الكتاب بأن يعترفون وبالتالي ،محفوظة كلمته بأن الله بوعد إما أن يؤمنوا 1 يتحرّف.

الله يتهمون أنهم يعني مما ،تحرف قد المقدس الكتاب بأن الادعاء في أو يستمرون 2 بالكذب، وبالتالي يجعلون القرآن كتابًا باطلًا.

❌ **لكن لا يمكنهم اختيار كلا الأمرين معًا!**

الخلاصة: الكتاب المقدس هو كلمة الله الحقيقية وغير المحرفة، والذين يدّعون غير ذلك يناقضون القرآن نفسه.

تغييرها يمكن لا الله كلمة بأن القرآن شهادة :الثالث الفصل الله كلام من واحدة جملة حتى تغيير يمكن لا

كلمات أن الجدل يقبل لا بشكل القرآن يؤكد **الله لا يمكن تغييرها بأي شكل من الأشكال.**

سورة ق (50:29):

◈ "مَا يُبَدَّلُ ٱلْقَوْلُ لَدَىَّ وَمَآ أَنَا۠ بِظَلَّٰمٍ لِّلْعَبِيدِ" (ترجمة بيكثال)

◈ **"القول الذي يخرج مني لا يمكن تغييره، وأنا لست بظالم للعبيد."**

إذا كانت جملة واحدة من كلام الله لا يمكن تغييرها، فكيف يمكن تغيير كتاب كامل من كتب الله؟

◈ **في** ذلك، ومع المسلمون يدّعي أن **الكتاب المقدس تم تغييره وتحريفه، في القرآن تعاليم مع صارخ تناقض.**

◈ **هل يدركون أنهم بذلك يتجاهلون ويعارضون تعاليم صراحة القرآن نفسه؟**

والإنجيل التوراة يشمل وهذا ،تغييره يمكن لا الله من خرج ما كل أن تثبت الآية هذه
أيضًا.

المقدس؟ الكتاب تحريف فكرة على المسلمون يصرّ لماذا

أجل من بذلك الإيمان إلى مضطرون لأنهم بل ،التحريف على أدلة لديهم لأن ليس
بالقرآن إيمانهم على الحفاظ!

لأنه باطلًا يصبح القرآن فإن ،المتغيرة غير الله كلمة هو المقدس الكتاب كان إذا
الجوهرية الأمور من العديد في المقدس الكتاب مع يتناقض.

لم الكتاب هذا أن مسبقًا تلقينه يتم ،المقدس الكتاب المسلم يفتح أن لهذا السبب، قبل
الحقيقية الله كلمة يعد.

المسلمون يواجهها التي الكبرى المشكلة:
لا الله كلام إن يقول الذي ،القرآن ينكرون فهم ،تحرّف قد المقدس الكتاب إن قالوا إذا 1
تغييره يمكن.
تعاليم يناقض القرآن لأن ينهار الإسلام فإن ،يتحرّف لم المقدس الكتاب إن قالوا وإذا 2
أساسية نقاط في المقدس الكتاب.

قبلوه أم المقدس الكتاب أنكروا سواء مأزق في المسلمون ،إذن.

يائسة محاولة هو المقدس الكتاب بتحريف الإسلامي الادعاء الإسلام لإنقاذ

ذلك إلى أدلة، بل لأنهم مضطرون لديهم المسلمون لا ينكرون الكتاب المقدس لأن
للحفاظ على صحة القرآن.

يصبح الإسلام فإن ،يتحرّف ولم صحيحًا المقدس إنهم يعلمون جيدًا أنه إذا كان الكتاب ◈
والإنجيل التوراة تعاليم مع بوضوح تتناقض القرآن باطلًا، لأن تعاليم.

بصحته؟ يشهد القرآن بينما المقدس الكتاب يتحرّف أن يمكن كيف ولكن 📖

بأن بالإيمان ملزمون المسلمين فإن ،تغييرها يمكن لا كلمته إن يقول الله كان إذا ◈
يتحرّف لم المقدس الكتاب.

القرآن يدحض المقدس الكتاب أن يعلمون لأنهم ،ذلك فعل يستطيعون لا ولكنهم ✕
تمامًا.

ذلك كان لو حتى ،القرآن عن الدفاع أجل من الحقيقة إنكار إلى مضطرون هم ،لذلك 💡
نفسه القرآن تعاليم إنكار يعني!

المتناقضة عقيدتهم بسبب ورطة في المسلمون :النهائية النتيجة

القرآن لأن ،بالكذب الله يتهمون فهم ،تحرّف قد المقدس الكتاب إن المسلمون قال إذا 📖
تغييرها يمكن لا كلماته إن يقول.
تناقض القرآن تعاليم لأن ينهار الإسلام فإن ،يتحرّف لم المقدس الكتاب إن قالوا وإذا 📖
المقدس الكتاب تعاليم.

أنكروه أم المقدس الكتاب قبلوا سواء ،الحقيقة هذه من الفرار يمكنهم لا المسلمون ✕!

هذا يرفضون المسلمين لكن ،يتحرّف لم المقدس الكتاب أن يثبت القرآن :الخلاصة 💡
بالإسلام إيمانهم على للحفاظ لإنكارها مضطرون لأنهم الحقيقة!

04 الفصل

ومحميّة محفوظة الله كلمة :الرابع الفصل
التحريف من محفوظة الله كلمة

تحريف، وهو وعد **أي من كلماته** في الآية القرآنية التالية، نجد أن الله قد تعهّد **بحماية محمد زمن سبقوا الذين** واضح موجه **إلى الرسل**.

الأنعام سورة (6:34): 📖
وَلَا ۚ نَصْرُنَا أَتَىٰهُمْ حَتَّىٰٓ وَأُوذُوا۟ كُذِّبُوا۟ مَا عَلَىٰ فَصَبَرُوا۟ قَبْلِكَ مِّن رُسُلٌ كُذِّبَتْ وَلَقَدْ" ◈
ٱلْمُرْسَلِينَ نَّبَإِ مِن جَآءَكَ وَلَقَدْ ۚ ٱللَّهِ لِكَلِمَٰتِ مُبَدِّلَ" (علي يوسف ترجمة)
حتى والأذى الإنكار وجه في صامدين كانوا لكنهم ،أيضًا قبلك الرسل إنكار تم" ◈
جاءهم نصرنا .لا يمكن تغيير كلمات الله. وقد جاءك خبر عن الرسل الآخرين." (ترجمة
A. Bewley)

،"**الله لكلمات مبدل لا**" في هذه الآية، يُطمئن الله الرسل الذين عاشوا **قبل** زمن محمد أن **الكتب** مما يعني أن **المقدسة التي كانت بحوزتهم لا يمكن تحريفها أو تغييرها**.

💡 **ما هي هذه الكتب المقدسة التي سبقت القرآن؟ إنها التوراة، الزبور، والإنجيل – أي الكتاب المقدس.**

✖ لكن المسلمين اليوم يصرّون على أن هذه الكتب قد تحرّفت! فهل نصدق القرآن الذي يقول إن كلام الله لا يمكن تغييره، أم نصدق المفسرين المسلمين الذين يزعمون عكس ذلك؟

◈ عندما يقول القرآن: "لا مبدل لكلمات الله"، لا أنه يعني فهذا يوجد شيء، ولا أحد، ولا أي قوة يمكنها تغيير كتب الله السابقة.

◈ إذا كان هناك مسلمون يدّعون أن الكتب المقدسة السابقة قد تغيرت، فهم في الواقع يتهمون الله بالكذب!

التناقض الإسلامي في إنكار الكتاب المقدس

❓ إذا كان القرآن يقول إن كلام الله لا يمكن تغييره، فكيف يقول المسلمون إن التوراة والإنجيل قد تغيرا؟

❓ إذا كان الكتاب المقدس قد تحرّف، فمن هو الأقوى: الله أم البشر؟

❓ إذا كان اليهود أو المسيحيون قادرين على تغيير كلمات الله، فهل يعني ذلك أنهم أقوى من الله نفسه؟

📖 القرآن يقول:

1 لا أحد يستطيع تغيير كلام الله.

2 الكتاب المقدس، بما فيه التوراة والإنجيل، هو كلام الله.

3 إذن، لا يمكن تحريف الكتاب المقدس.

◈ وفقًا لهذه النقاط، فإن الادعاء بأن الكتاب المقدس قد تحرّف يتعارض مع القرآن نفسه.

◈ أي إنكار الكتاب المقدس يعني، وبالتالي، يرفض مسلم القرآن، يرفض التوراة والإنجيل، فهو يرفض تعاليم القرآن.

نفسه الإسلام إنكار يعني والإنجيل التوراة إنكار

بهما بالإيمان المسلمين يأمر بل ،والإنجيل بالتوراة فقط يعترف لا القرآن! 📖

(4:136): النساء سورة 📖
◈ **"يَا أَيُّهَا الَّذِينَ آمَنُوا آمِنُوا بِاللَّهِ وَرَسُولِهِ وَالْكِتَابِ الَّذِي نَزَّلَ عَلَىٰ رَسُولِهِ وَالْكِتَابِ الَّذِي أَنْزَلَ مِنْ قَبْلُ ۚ"**

◈ **بالكتب** بالإيمان صراحةً المسلمين تأمر الآية هذه **السابقة، بما في ذلك التوراة والإنجيل.**

✕ **إذا كان المسلمون يرفضون الإيمان بهذه الكتب بحجة أنها "تحرّفت"، فهم يخالفون أوامر الله في القرآن، مما يعني أنهم لم يعودوا مسلمين حقيقيين!**

💡 **لذلك، لا يمكن للمسلمين إنكار الكتاب المقدس والبقاء مسلمين في نفس الوقت.**

هل حفظ الله كلمته؟ أم أن المسلمين يتهمونه بالفشل؟

◈ **كلمات** القرآن يؤكد أن **كلمات الله محفوظة ولن تتغير أبدًا.**

◈ **كانوا (والمسيحيون اليهود) كلمته، وأن البشر حفظ في فشل** المسلمون يدّعون أن الله **قادرين على تحريف كلام الله.**

❓ **أي الفريقين يقول الحقيقة؟**
☑ **إذا كان القرآن صادقًا، فإن الكتاب المقدس لم يتحرّف.**
✕ **إذا كان الكتاب المقدس قد تحرّف، فهذا يعني أن القرآن كاذب، وأن الله فشل في حفظ كلمته.**

◈ **لا يمكن للمسلمين أن يمسكوا العصا من المنتصف – إما أن يكون القرآن صحيحًا، وبالتالي فإن الكتاب المقدس لم يتحرّف، أو أن الكتاب المقدس قد تحرّف، مما يعني أن القرآن خاطئ.**

المقدس بالكتاب بالإيمان الخلاص يربط القرآن

📖 المائدة سورة (5:68):

◈ "قُلْ يَا أَهْلَ الْكِتَابِ لَسْتُمْ عَلَىٰ شَيْءٍ حَتَّىٰ تُقِيمُوا التَّوْرَاةَ وَالْإِنْجِيلَ وَمَا أُنْزِلَ إِلَيْكُمْ مِنْ رَبِّكُمْ"

◈ إذا كان القرآن يأمر باتباع التوراة والإنجيل، فكيف يدّعي المسلمون أنهما قد تحرّفا؟

💡 إذا كان المسلمون يريدون أن يضمنوا خلاصهم، فعليهم أن يؤمنوا بالكتاب المقدس – هذا ما يقوله القرآن نفسه!

النتيجة النهائية: المسلمون في مأزق لا يمكنهم الهروب منه

📌 إذا قال المسلمون إن الكتاب المقدس لم يتحرّف، فإن **القرآن يفقد مصداقيته لأنه يتناقض مع الكتاب المقدس في أمور جوهرية.**

📌 **إن** قالوا إن الكتاب المقدس قد تحرّف، فإنهم **يتهمون الله بالكذب، لأن القرآن يقول إن كلماته لا يمكن تغييرها.**

◈ **لا يمكنهم إنكار الكتاب المقدس والبقاء مسلمين، لأنهم بذلك ينكرون القرآن نفسه.**

◈ **الكتاب المقدس لم يتحرّف، وأي ادعاء بغير ذلك هو إنكار صريح لكلام الله في القرآن.**

💡 **لذلك، الحقيقة واضحة: كلمة الله محفوظة، والكتاب المقدس لم يتحرّف، وأي شخص يزعم العكس فهو يتهم الله بالكذب!**

في لليقين شرط المقدس بالكتاب الإيمان :الرابع الفصل الإيمان

:(2:4) البقرة سورة 📖
ترجمة) **"يُوقِنُونَ هُمْ وَبِالْآخِرَةِ قَبْلِكَ مِن أُنزِلَ وَمَا إِلَيْكَ أُنزِلَ بِمَا يُؤْمِنُونَ وَالَّذِينَ"** ◈ (علي أونال

الإيمان في لليقين شرط المقدس بالكتاب الإيمان

المسلم على يجب بل ،القرآن على فقط يقتصر لا الحقيقي وفقًا لهذه الآية، **فإن الإيمان** 💡
أيضًا أن يؤمن "بما أُنزل من قبل". وهذا يشمل:

- **التوراة** (الكتاب الذي نزل على موسى) ✔
- **الإنجيل** (الكتاب الذي نزل على عيسى) ✔
- **الزبور** (المزامير التي نزلت على داود) ✔
- **إبراهيم صحف** ✔

بهذه آمنوا إذا إلا "الإيمان في يقين" امتلاك يمكنهم لا المسلمين أن يعني وهذا ◈
.اليوم المقدس الكتاب تشكل والتي ،السابقة المقدسة الكتب

تاريخيًا مصداقية وأكثر القرآن من أقدم المقدس الكتاب

القرآن، وكان **ظهور من قرون خمسة من أكثر قبل مكتملًا كان المقدس الكتاب** 📌
.معترفًا به من قبل اليهود والمسيحيين على مر العصور

الأكثر تكون الحدث إلى زمنيًا الأقرب التاريخ أن الوثيقة لعلم الأساسية المبادئ من 📌
.مصداقية

زمن في كُتبت قديمة تاريخية وثيقة يناقض اليوم جديدًا كتابًا ما شخص كتب إذا 📖
موقفه؟ صحة إثبات عليه الذي فمن ،الحدث وقوع

الوثيقة أن إثبات عبء يتحمل الذي هو الأحدث الكتاب كتب الذي الشخص ،بالطبع ✅ العكس وليس ،خاطئة القديمة.

القرآن يواجه الذي التحدي هو وهذا. 📌
عليه يتحتم لذا ،بقرون بعده جاء لكنه ،أمور عدة في المقدس الكتاب يناقض القرآن ◈ العكس وليس ،خاطئ المقدس الكتاب أن يثبت أن.

المقدس؟ الكتاب خطأ يثبت أن القرآن يستطيع هل

هذا يثبت تاريخيًا دليلًا يقدم أن فعليه ،تحرّف قد المقدس الكتاب أن القرآن ادعى إذا ◈ التحريف.
والمخطوطات الميت البحر مخطوطات مثل ،القديمة لكن الحقيقة هي أن المخطوطات ◈ تتغير لم المقدس الكتاب نصوص أن تثبت ،السريانية.

يثير مما ،محمد زمن من للقرآن متكاملة قديمة مخطوطة توجد لا ،بالمقابل 📌 نقله صحة حول التساؤلات.

وليس ،مصداقية الأكثر المصدر هو المقدس الكتاب ،التاريخية الناحية من ،إذن ◈ القرآن.

المقدس الكتاب يؤيد التاريخ

من مصداقية أكثر تكون الأحداث توثق التي الوثائق أقدم أن يؤكد التاريخ علم 📌 بقرون بعدها كتبت التي الوثائق.

قرون بخمسة القرآن نزول قبل الناس بين متداولين كانا والإنجيل التوراة 📖.
وأين التحريف؟ هذا حدث فمتى ،تحرفا قد والإنجيل التوراة أن يدّعي القرآن كان إذا 📖 ذلك؟ على التاريخي الدليل

محاولة أي فإن ،به بالإيمان يأمر القرآن أن وبما ،يتغير لم المقدس الكتاب أن بما
نفسه القرآن إنكار تعني المقدس الكتاب لإنكار.

المقدس الكتاب رفض يستطيعون لا المسلمون :النهائية النتيجة القرآن رفض دون

حسب "الله كلام" لأنه المقدس بالكتاب الإيمان فعليهم ،بالقرآن المسلمون آمن إذا نفسه القرآن.

نفسه القرآن تعاليم يرفضون فإنهم ،المقدس الكتاب رفضوا وإذا.

لم المقدس الكتاب أن على يشهدان نفسه والقرآن التاريخ :واضحة الحقيقة ،لذلك
منطقية أو تاريخية بأدلة مدعومة غير محاولة هو ذلك بغير ادعاء وأي ،يتحرّف.

المسلمون يزعم فلماذا ،كلمته يحفظ الله كان إذا :الرابع الفصل محرفة؟ والإنجيل والزبور التوراة أن
الله؟ كلام حقًا والزبور والإنجيل التوراة هل

أنزلها مقدسة كتب هي والزبور والإنجيل التوراة بأن واضح بشكل يقرّ القرآن إن
الله.

يصرّ فلماذا ،التغيير من كلمته يحفظ الذي هو كان وإذا ،أنزلها قد الله كان إذا
تحرّفت؟ قد أنها على المسلمون

العكس؟ ليقولوا المسلمون هم فمن ،تغييره يمكن لا الله كلام إن يقول القرآن كان إذا

والزبور والإنجيل التوراة بصحة يشهد القرآن .1

:(5:44) المائدة سورة
''إِنَّا أَنْزَلْنَا التَّوْرَاةَ فِيهَا هُدًى وَنُورٌ ۚ يَحْكُمُ بِهَا النَّبِيُّونَ''

:(5:46) المائدة سورة
''وَقَفَّيْنَا عَلَىٰٓ ءَاثَٰرِهِم بِعِيسَى ٱبْنِ مَرْيَمَ مُصَدِّقًا لِّمَا بَيْنَ يَدَيْهِ مِنَ ٱلتَّوْرَىٰةِ ۖ وَءَاتَيْنَٰهُ
ٱلْإِنجِيلَ فِيهِ هُدًى وَنُورٌ وَمُصَدِّقًا لِّمَا بَيْنَ يَدَيْهِ مِنَ ٱلتَّوْرَىٰةِ.''

:(4:163) النساء سورة
''وَءَاتَيْنَا دَاوُۥدَ زَبُورًا''

من خلال هذه الآيات، يقرّ القرآن بأن التوراة والإنجيل والزبور هي كلام الله، فكيف
يمكن أن يتحرّف كلام الله؟

محرفة؟ كانت إن بكتبهم بالحكم الكتاب أهل الله يأمر لماذا .2

:(5:47) المائدة سورة
''وَلْيَحْكُمْ أَهْلُ الْإِنجِيلِ بِمَا أَنزَلَ اللَّهُ فِيهِ ۚ وَمَن لَّمْ يَحْكُم بِمَا أَنزَلَ اللَّهُ فَأُولَٰٓئِكَ هُمُ
ٱلْفَٰسِقُونَ''

:(5:68) المائدة سورة
''قُلْ يَٰٓأَهْلَ ٱلْكِتَٰبِ لَسْتُمْ عَلَىٰ شَىْءٍ حَتَّىٰ تُقِيمُوا ٱلتَّوْرَىٰةَ وَٱلْإِنجِيلَ وَمَآ أُنزِلَ إِلَيْكُم مِّن
رَّبِّكُمْ ۗ''

إذا كانت التوراة والإنجيل قد تحرفتا، فلماذا يأمر الله أهل الكتاب بالحكم بهما؟
كيف يمكن لله أن يأمر أتباع الإنجيل بالاحتكام إليه إن لم يكن محفوظًا؟

تتغير؟ لا كلمته إن يقول عندما يكذب الله هل .3

سورة الأنعام (6:115):
"وَتَمَّتْ كَلِمَتُ رَبِّكَ صِدْقًا وَعَدْلًا ۚ لَا مُبَدِّلَ لِكَلِمَاتِهِ ۚ"

سورة الكهف (18:27):
"وَاتْلُ مَا أُوحِيَ إِلَيْكَ مِن كِتَابِ رَبِّكَ ۖ لَا مُبَدِّلَ لِكَلِمَاتِهِ وَلَن تَجِدَ مِن دُونِهِ مُلْتَحَدًا"

إذا كان الله نفسه يقول إنه لا يمكن تغيير كلماته، فكيف يمكن للمسلمين الادعاء بأن التوراة والإنجيل قد تم تحريفهما؟

---

4. هل المسلمون في تناقض عندما يؤمنون بالقرآن ويرفضون الكتاب المقدس؟

إذا كان المسلمون يرفضون التوراة والإنجيل لأنهم يعتقدون أنهما تحرفا، فلماذا يثقون في القرآن؟

إذا قالوا إن اليهود والنصارى زوروا كتبهم، فلماذا يقتبسون منها لإثبات صحة نبوة محمد؟

إذا كان القرآن يعترف بالكتاب المقدس ككلام الله، فلماذا يعارض المسلمون القرآن ويقولون إنه محرف؟

المسلمون في مأزق حقيقي، إذ لا يمكنهم الإيمان بالقرآن وإنكار الكتاب المقدس في نفس الوقت.

القرآن؟ من أفضل المقدس الكتاب لماذا .5

قرون بستة بعده جاء القرآن بينما ،تاريخيًا وأثبت أقدم المقدس الكتاب.

لا بينما ،الميت البحر مخطوطات مثل موثقة تاريخية مخطوطات لديه المقدس الكتاب محمد زمن من للقرآن متكاملة مخطوطة توجد.

يحتوي بينما ،الإنسان وخلاص الله محبة عن واضحة تعاليم يحوي المقدس الكتاب والأحكام النصوص في تناقضات على القرآن.

يعلمنا المقدس الكتاب:

"يُؤْمِنُ مَنْ لِكُلِّ لِلْخَلاَصِ ٱللهِ قُوَّةُ لِأَنَّهُ ،ٱلْمَسِيحِ بِإِنْجِيلِ أَسْتَحِي لَسْتُ لأَنِّي" (رومية 1:16)

الحقيقية الله محبة يعلن الإنجيل:

بَلْ ،بِهِ يُؤْمِنُ مَنْ كُلُّ يَهْلِكَ لاَ لِكَيْ ،ٱلْوَحِيدَ ٱبْنَهُ بَذَلَ حَتَّى ٱلْعَالَمَ ٱللهُ أَحَبَّ هٰكَذَا لأَنَّهُ" ٱلْأَبَدِيَّةُ ٱلْحَيَاةُ لَهُ تَكُونُ." (يوحنا 3:16)

في كما الإنسان وخلاص الله محبة عن واضحة رسالة القرآن في نجد لا ،بالمقابل المقدس الكتاب.

حله يستطيعون لا مأزق في المسلمون :النهائية النتيجة

حفظ في بالفشل الله يتهمون فإنهم ،تحرف قد المقدس الكتاب إن المسلمون قال إذا كلمته.

الله كلام بأنه يشهد نفسه لأنه ،المقدس بالكتاب يؤمنوا أن فعليهم ،بالقرآن آمنوا إذا.

نفسه القرآن تعاليم يرفضون فإنهم ،المقدس الكتاب رفضوا إذا.

الحقيقي الكتاب إنه .المقدس الكتاب لرفض تاريخي أو منطقي مبرر أي يوجد لا ،إذن نفسه القرآن يثبت كما ،يتحرف ولم محفوظ وهو ،الله به أوحى الذي.

التوراة يدرسوا أن يجب الحق رجال :الرابع الفصل التوراة يدرسوا أن يجب الحق رجال

التي ،التوراة أن يعني فذلك ،تحرّف قد المقدس الكتاب أن يؤمنون المسلمون كان إذا أيضًا تحرّفت قد ،المقدس الكتاب من أساسي جزء هي.
المقدس؟ الكتاب قراءة من للمسلمين منع أو تحذير أي القرآن في نجد لا لماذا ولكن
به والاستشهاد المقدس الكتاب دراسة على يشجع القرآن أن نجد ،العكس على بل للحق كمرجع!

التوراة بدراسة يأمر القرآن .1

سورة آل عمران (3:93):
- (بيكثال ترجمة) "**صَٰدِقِينَ كُنتُمْ إِن فَٱتْلُوهَآ بِٱلتَّوْرَىٰةِ فَأْتُوا۟ قُلْ**"
- (ترجمة مالك) "**.صادقين كنتم إن واقرؤوها التوراة هاتوا :قل**"

- **.للحق كمرجع ودراستها التوراة إلى الرجوع إلى صراحةً تدعو الآية هذه**
- **إليها؟ بالرجوع الناس يأمر أن لله يمكن فكيف ،تحرّفت قد التوراة كانت لو**
- **يكذبون الذين هم المسلمين أن أم محرف؟ كتاب إلى بالرجوع الناس الله يأمر هل تحرّفت؟ قد التوراة أن يدّعون عندما**

المقدس الكتاب إلى بالرجوع محمد حتى يأمر القرآن .2

سورة يونس (10:94):
- "**لَقَدْ ۚ قَبْلِكَ مِن ٱلْكِتَٰبَ يَقْرَءُونَ ٱلَّذِينَ فَسْـَٔلِ إِلَيْكَ أَنزَلْنَآ مِّمَّآ شَكٍّ فِى كُنتَ فَإِن ٱلْمُمْتَرِينَ مِنَ تَكُونَنَّ فَلَا رَّبِّكَ مِن ٱلْحَقُّ جَآءَكَ**" (علي يوسف ترجمة)
- "**لقد ،قبلك من الكتاب يقرأون الذين فاسأل ،إليك أنزلنا مما شك في كنت إن ولكن .المترددين من تكن فلا ،ربك من الحق جاءك**" (ترجمة بيكثال)

الأهمية غاية في أمور عدة تكشف الآية هذه:
1 الله يأمر محمد بالرجوع إلى الذين يقرأون الكتاب المقدس للحصول على التوجيه.
2 إذا كان الكتاب المقدس محرفًا، فلماذا يأمر الله محمد بالرجوع إليه؟
3 هذا يثبت أن الكتاب المقدس كان موثوقًا حتى في زمن محمد، ولم يتحرّف كما يدّعي المسلمون.

إذا كان القرآن يأمر نبيه بالرجوع إلى الكتاب المقدس، فمن هم المسلمون حتى يزعموا أنه قد تحرّف؟

---

3. الكتاب المقدس هو المقياس الذي يُقاس به القرآن

وفقًا للقرآن نفسه، فإن الكتاب المقدس هو المعيار الذي يُستخدم للتحقق من صحة القرآن.

بما أن الكتاب المقدس سبق القرآن بأكثر من 600 عام، فإن أي نص جديد يجب أن يكون متسقًا معه، لا أن يناقضه.

ولكن إذا كان القرآن يطلب من المسلمين الرجوع إلى الكتاب المقدس، فكيف يزعم المسلمون أنه محرف؟

سورة المائدة (5:47):
"وَلْيَحْكُمْ أَهْلُ ٱلْإِنجِيلِ بِمَآ أَنزَلَ ٱللَّهُ فِيهِ ۚ وَمَن لَّمْ يَحْكُم بِمَآ أَنزَلَ ٱللَّهُ فَأُو۟لَٰٓئِكَ هُمُ ٱلْفَٰسِقُونَ"

لماذا يأمر القرآن أهل الإنجيل بالحكم بما أنزل الله في كتابهم إذا كان قد تحرّف؟

هذا دليل قاطع على أن الكتاب المقدس لم يتحرّف وأن المسلمين الذين يدّعون ذلك يناقضون القرآن نفسه.

مختلفين؟ بإلهين المسلمون يؤمن هل .4

كلمته يحفظ الله لأن يتحرّف لم القرآن إن يقولون المسلمون.
تحرّفا قد والإنجيل التوراة إن يقولون ذاته الوقت في ولكنهم.
بإلهين؟ المسلمون يؤمن فهل
والإنجيل؟ التوراة حفظ يستطع لم لكنه القرآن حفظ على قادر إله

الأنعام سورة (6:115):
"لِكَلِمَٰتِهِۦ مُبَدِّلَ لَّا ۚ وَعَدْلًا صِدْقًا رَبِّكَ كَلِمَتُ وَتَمَّتْ"

الكهف سورة (18:27):
"لِكَلِمَٰتِهِۦ مُبَدِّلَ لَا ۖ رَبِّكَ كِتَابِ مِن إِلَيْكَ أُوحِىَ مَا وَٱتْلُ"

تحرّف؟ قد المقدس الكتاب يكون أن يمكن فكيف ،كلمته يحفظ الله كان إذا
تحريف يدّعون الذين المسلمين أن أو ،محفوظة وكلمته ،صادقًا الله يكون أن إما
الله على يكذبون المقدس الكتاب.

الكتاب حفظ يستطع لم ولكنه القرآن يحفظ الله إن يقولوا أن للمسلمين يمكن لا
واضح تناقض هذا .المقدس.

مأزق في المسلمون :النهائية النتيجة .5

فمن .محرفة إنها يقولون والمسلمون ،الله كلام هي والإنجيل التوراة أن يثبت القرآن
نصدق؟
محرف إنه يقولون والمسلمون ،المقدس الكتاب إلى بالرجوع محمد يأمر القرآن.
الصادق؟ فمن
فمن .تغير الله كلام إن يقولون والمسلمون ،يتغير لا الله كلام إن يقول القرآن
المخطئ؟

المقدس الكتاب بأن ويؤمنوا القرآن يصدقوا أن إما .عميق تناقض في المسلمون ،إذن
.نفسه القرآن كذّبوا قد سيكونون حينها ولكن ،تحريفه على يصرّوا أن أو ،محرف غير

وأي ،نفسه القرآن يشهد كما ،المحفوظ الله كلام هو المقدس الكتاب ،النهاية في
.نفسه القرآن مع تتناقض منطقية غير محاولة هي ذلك لإنكار محاولة

05 الفصل

الله من يقينًا محفوظ المقدس الكتاب :الخامس الفصل الله من يقينًا محفوظ المقدس الكتاب

.تحريف أي من رسالته أو كلمته يحفظ الله أن أخرى مرة القرآن يؤكد

:(15:9) الحجر سورة

ترجمة يوسف علي: "لقد أنزلنا الرسالة،) "**لَحَٰفِظُونَ لَهُۥ وَإِنَّا ٱلذِّكْرَ نَزَّلْنَا نَحْنُ إِنَّا**" ◈ "ونحن حتمًا سنحفظها من التحريف").

المسلمون يدّعون أن هذه الآية تشير فقط إلى حفظ القرآن، لكن هذا الادعاء **غير** ◈ **صحيح**.

فقط القرآن وليس ،رسالاته جميع يحفظ الله .1

إلى الله أرسلها التي السماوية الكتب جميع إلى (الرسالة) "الذِّكر" يشير ،القرآن في السابقين الأنبياء.

الأنبياء سورة (21:105):
"ٱلصَّٰلِحُونَ عِبَادِىَ يَرِثُهَا ٱلْأَرْضَ أَنَّ ٱلذِّكْرِ بَعْدِ مِنۢ ٱلزَّبُورِ فِى كَتَبْنَا وَلَقَدْ"

الرسالة أي ،"الذِّكر" من جزء هو (المزامير) الزبور أن القرآن يوضح ،هنا الله من المحفوظة.

النحل سورة (16:43):
"تَعْلَمُونَ لَا كُنتُمْ إِن ٱلذِّكْرِ أَهْلَ فَسْـَٔلُوٓا۟ ۚ إِلَيْهِمْ نُّوحِىٓ رِجَالًا إِلَّا قَبْلِكَ مِن أَرْسَلْنَا وَمَآ"

الرسالة لديهم الذين الكتاب أهل أي "الذِّكر أهل" إلى بالرجوع تأمر الآية هذه السابقة ،وهذا يؤكد أن التوراة والإنجيل هما جزء من الذكر الإلهي المحفوظ.

المقدس الكتاب يشمل الإلهي الحفظ فإن ،القرآن إلى فقط يشير لا "الذِّكر" أن بما القرآن فقط وليس ،أيضًا.

القدم منذ محفوظة الإلهية الرسالة أن يؤكد القرآن .2

الحجر سورة (15:9-11):
"ٱلْأَوَّلِينَ شِيَعِ فِى قَبْلِكَ مِن أَرْسَلْنَا وَلَقَدْ ۝ لَحَٰفِظُونَ لَهُۥ وَإِنَّا ٱلذِّكْرَ نَزَّلْنَا نَحْنُ إِنَّا
يَسْتَهْزِءُونَ بِهِۦ كَانُوا۟ إِلَّا رَّسُولٍ مِّن يَأْتِيهِم وَمَا ۝"

قبلك من أرسلنا لقد" مباشرةً أضاف ،"الذكر نزلنا نحن إنا" قال أن بعد الله أن لاحظ رسلًا".

أرسلت التي الرسائل أيضًا يشمل بحفظه الله وعد الذي "الذِّكر" أن إلى يشير هذا محمد سبقوا الذين الرسل إلى.

التوراة مثل السابقة الكتب أيضًا تشمل بل ،بالقرآن فقط تتعلق لا الآية هذه ،إذن 💡 والزبور والإنجيل.

كتابه؟ حفظ في الله يفشل أن يمكن هل .3

في فشل الله أن يعني فذلك ،تحرفا والإنجيل التوراة أن يزعمون المسلمون كان إذا 📌 كلمته حفظ.

تغييره يمكن لا الله كلام إن بوضوح يقول القرآن لكن 📌.

📖 الأنعام سورة (6:115):

"لِكَلِمَٰتِهِۦ مُبَدِّلَ لَا ۚ وَعَدْلًا صِدْقًا رَبِّكَ كَلِمَتُ وَتَمَّتْ" ◈

📖 الكهف سورة (18:27):

"لِكَلِمَٰتِهِۦ مُبَدِّلَ لَا ۖ رَبِّكَ كِتَابِ مِن إِلَيْكَ أُوحِىَ مَا وَاتْلُ" ◈

فإن وإلا .تحرّف قد المقدس الكتاب يكون أن يمكن فلا ،كلمته حفظ قد الله كان إذا 💡 بالكذب الله يتهمون المسلمين!

الأخرى الكتب حفظ يستطع لم ولكنه القرآن حفظ الله بأن الادعاء للمسلمين يمكن لا 📌. يكذبون المسلمين أن أو ،صادقًا الله يكون أن إما.

الكتاب يرفضون بينما بالقرآن الوثوق للمسلمين يمكن كيف .4 المقدس؟

القرآن؟ في يثقون فلماذا ،تحرفا قد والإنجيل التوراة أن يزعمون المسلمون كان إذا 📌

تحرّف؟ قد نفسه القرآن يكون أن يمنع الذي فما ،كلمته بتحريف سمح قد الله كان إذا 📌

- مثل ،يتحرّف لم أنه تثبت موثقة تاريخية أدلة يملك المقدس الكتاب ،المقابل في اليوم الموجودة النصوص تطابق التي الميت البحر مخطوطات.

- قد المقدس الكتاب يكون أن المستحيل فمن ،محفوظ الله كلام أن يزعم القرآن كان إذا وحفظه أنزله الذي هو الله لأن ،تحرّف.

منه الهروب يمكنهم لا مأزق في المسلمون :النهائية النتيجة .5

- الذِّكر من جزء هو المقدس والكتاب ،محفوظ ''الذِّكر'' أن يؤكد القرآن.
- في بالفشل الله يتهمون فهم ،تحرّف قد المقدس الكتاب إن يقولون المسلمون كان إذا كلمته حفظ.
- نفسه القرآن يرفضون المسلمين أن أو ،محفوظة وكلمته ،صادقًا الله يكون أن إما.

- في الله كلام تكذيب تعني ذلك لإنكار محاولة وأي ،يتحرّف لم المقدس الكتاب ،إذن نفسه القرآن.

الله من يقينًا محفوظ المقدس الكتاب :الخامس الفصل

□□□□□□ □□□□□□ □□□□□ □□ □□□ □□□□ □□□□□□

- ذكرناه ما ولكن ،محفوظة الله كلمة أن تؤكد التي القرآن في الآيات من العديد هناك نظرنا وجهة لإثبات كافٍ الآن حتى.
- في يمتلكونها والمسيحيون اليهود كان التي المقدسة الكتب أن الآيات هذه توضح بحفظه الله وعد الذي ''الذِّكر'' من جزءًا كانت محمد زمن.
- الإلهية ''الرسالة'' على يحتوي المقدس الكتاب بأن يعترف القرآن.
- بالكامل مشمول فهو ،الإلهية ''الرسالة'' من جزء هو المقدس الكتاب أن بما ،لذلك كلمته بحفظ الله وعد في.

- أن يعني مما ،رسالته حفظ في فشل الله أن يعني تحرّف قد المقدس الكتاب بأن القول عليها بالحفاظ الإلهي وعده أخلف الله.
- ذلك؟ لقبول مستعدون المسلمون فهل .المسلمين قبل من الله ضد خطير اتهام هذا

المقدس الكتاب حفظ على القرآن من إضافية أدلة .1

📖 غافر سورة (40:53-54):
◈ "وَلَقَدْ ءَاتَيْنَا مُوسَى ٱلْهُدَىٰ وَأَوْرَثْنَا بَنِىٓ إِسْرَٰٓءِيلَ ٱلْكِتَٰبَ ۝ هُدًى وَذِكْرَىٰ لِأُو۟لِى ٱلْأَلْبَٰبِ" (ترجمة يوسف علي)

📌 الآية أن تثبت التوراة كانت "وَذِكْرَىٰ هُدًى" للناس، وهي الرسالة التي وعد الله بحفظها.

📖 الأنبياء سورة (21:7):
◈ "وَمَآ أَرْسَلْنَا مِن قَبْلِكَ إِلَّا رِجَالًا نُّوحِىٓ إِلَيْهِمْ ۖ فَسْـَٔلُوٓا۟ أَهْلَ ٱلذِّكْرِ إِن كُنتُمْ لَا تَعْلَمُونَ" (ترجمة يوسف علي)
◈ "ثم اسألوا أهل الذكر (اليهود والمسيحيين) إن كنتم لا تعلمون." (ترجمة فاروق مالك)

📌 هذه الآية تأمر محمدًا بالرجوع إلى أهل الكتاب (اليهود والمسيحيين) الذين لديهم "الذكر" (الرسالة الإلهية).
📌 لو كان الكتاب المقدس محرفًا، فكيف يمكن لله أن يطلب من محمد الرجوع إليهم لطلب المعرفة؟

💡 هذا يدل بوضوح على أن الكتاب المقدس في زمن محمد كان غير محرف، وكان مصدرًا موثوقًا للحق.

لماذا يأمر الله محمدًا بالرجوع إلى أهل الكتاب؟ .2

📌 إذا كان الكتاب المقدس قد تحرّف، فلماذا يأمر الله نبيه محمد بالرجوع إلى اليهود والمسيحيين لطلب التوضيح؟
📌 كيف يمكن أن يكون مصدرًا للمعرفة إذا كان قد تم تزويره؟

:(10:94) يونس سورة

لَقَدْ ۚ قَبْلِكَ مِن ٱلْكِتَٰبَ يَقْرَءُونَ ٱلَّذِينَ فَسْـَٔلِ إِلَيْكَ أَنزَلْنَآ مِّمَّآ شَكٍّ فِى كُنتَ فَإِن'' ◈
''ٱلْمُمْتَرِينَ مِنَ تَكُونَنَّ فَلَا رَّبِّكَ مِن ٱلْحَقُّ جَآءَكَ

اليهود خلال من القرآنية الرسالة صحة من يتحقق أن بوضوح محمدًا تخبر الآية هذه
.المقدس الكتاب يقرؤون كانوا الذين والمسيحيين

من القرآن من يتحقق أن نبيه من الله يطلب فلماذا ،مزورًا المقدس الكتاب كان إذا
خلاله؟

.التحريف من محفوظًا كان محمد زمن في المقدس الكتاب أن على واضح دليل هذا

للحق الإلهي المعيار هو المقدس الكتاب .3

بل ،القرآن إلى فقط تشير أنها يثبت (15:9) الحجر سورة في دليل أي يوجد لا
.عام بشكل الإلهية ''الرسالة'' عن تتحدث

أو ''الذكر'' أنه على القرآن في مرات عدة إليه يُشار المقدس الكتاب ،الواقع في
.''الرسالة''

:(5:47) المائدة سورة

هُمُ فَأُو۟لَٰٓئِكَ ٱللَّهُ أَنزَلَ بِمَآ يَحْكُم لَّمْ وَمَن ۚ فِيهِ ٱللَّهُ أَنزَلَ بِمَآ ٱلْإِنجِيلِ أَهْلُ وَلْيَحْكُمْ'' ◈
''ٱلْفَٰسِقُونَ

تحرّف؟ قد كان إن الله أنزل بما بالحكم الإنجيل أهل القرآن يأمر لماذا

.التحريف من محفوظًا كان ،التوراة مثل ،الإنجيل أن على آخر دليل هذا

فقط؟ كتبه بعض يحفظ الله هل .4

يتهمون فإنهم ،المقدس الكتاب يحفظ لم لكنه القرآن حفظ الله إن المسلمون قال إذا كتبه بين والتمييز العدل بعدم الله.

حفظ في نجح أنه يضمن الذي فما ،المقدس الكتاب حفظ في فشل قد الله كان إذا القرآن؟

يونس سورة (10:64):
"ٱلْعَظِيمُ ٱلْفَوْزُ هُوَ ذَٰلِكَ ۚ ٱللَّهِ لِكَلِمَٰتِ تَبْدِيلَ لَا"

تغيّر؟ قد المقدس الكتاب أن المسلمون يدّعي فلماذا ،تتبدل لا الله كلمات كانت إذا

مع يتناقض هذا .للتحريف الآخرين ويترك فقط واحدًا كتابًا يحفظ أن لله يمكن لا العادلة طبيعته.

فقط وليس ،محفوظة الله كتب جميع أن الواضح من ،نفسه القرآن خلال من ،إذن القرآن.

منه الفرار يمكنهم لا مأزق في المسلمون :النهائية النتيجة .5

الإلهي "الذكر" من جزء هو المقدس الكتاب بأن يعترف القرآن.

حفظ في بالفشل الله يتهمون فهم ،تحرّف المقدس الكتاب أن المسلمون زعم إذا كلمته.

الله على يكذبون المسلمين أن أو ،كتبه جميع حفظ قد الله يكون أن إما.

بذلك؟ يؤمنون المسلمون فهل ،"الله لكلمات مبدل لا" :يعلن القرآن

ذلك لإنكار محاولة وأي .الله وعد كما محفوظ وهو ،يتحرّف لم المقدس الكتاب ،إذن نفسه القرآن في الله كلام تكذيب تعني.

المقدسة كلمته حفظ هو لله الأعظم الانتصار :الخامس الفصل

"ٱلْعَظِيمُ ٱلْفَوْزُ هُوَ ذَٰلِكَ"
(10:64) يونس سورة

المقدسة كلمته حفظ على المطلقة قدرته وهو ،لله انتصار أعظم إلى تشير العبارة هذه
.تحريف أو تغيير أي من
المقدسة، كتبه أصالة على الحفاظ في قدرته على أساسي بشكل تعتمد الله مصداقية
.بما في ذلك التوراة، الزبور، والإنجيل

كلمته؟ حفظ في يفشل أن يمكن فكيف ،شيء كل على القادر هو الله كان إذا

أو شخص لأي الله سيسمح فهل ،"الله كلام" هو المقدس الكتاب بأن يعترف القرآن
كلماته؟ بتغيير قوة أي
لأي يمكن فهل ،عام ستمائة من بأكثر القرآن قبل موجودين كانا والإنجيل التوراة
الله؟ يمنعه أن دون الله كلام يغيّر أن إنسان

:(15:9) الحجر سورة
"لَحَٰفِظُونَ لَهُۥ وَإِنَّا ٱلذِّكْرَ نَزَّلْنَا نَحْنُ إِنَّا"

يتهمون أنهم يعني فذلك ،تحرّف قد المقدس الكتاب أن يزعمون المسلمون كان إذا
.كلمته بحفظ وعده في بالكذب الله
الخطير؟ الادعاء هذا يتحملوا أن المسلمون يستطيع هل

المسلمين؟ أم الله :نصدق من .1

."الله لكلمات مبدل لا" :القرآن في يقول الله
:(10:64) يونس سورة
"ٱلْعَظِيمُ ٱلْفَوْزُ هُوَ ذَٰلِكَ ۚ ٱللَّهِ لِكَلِمَٰتِ تَبْدِيلَ لَا"

!"تغييرها تم لقد ،لا" :يقولون المسلمون لكن

.وعد كما ،كلمته حافظ أنه نؤمن أن فيجب ،بالله نؤمن كنا إذا

الكتاب تحريف بشأن يكذبون الذين هم المسلمين أن أو صادقًا الله يكون أن إما
.المقدس

الكتاب أهل إلى الرجوع محمد من يطلب القرآن .2

سورة النحل (16:43):
"وَمَآ أَرۡسَلۡنَا مِن قَبۡلِكَ إِلَّا رِجَالٗا نُّوحِيٓ إِلَيۡهِمۡۖ فَسۡـَٔلُوٓاْ أَهۡلَ ٱلذِّكۡرِ إِن كُنتُمۡ لَا تَعۡلَمُونَ"

.العقيدة أمور في والمسيحيين اليهود يستشير أن محمدًا يأمر الله
تحرّف؟ قد المقدس الكتاب كان إذا بذلك يأمره لماذا

للحق؟ موثوقًا مصدرًا يكون أن يمكن فكيف ،تحريفه تم قد المقدس الكتاب كان إذا

.محمد زمن في يتغيرا لم والإنجيل التوراة أن على دليل هذا

ماتوا؟ أناس بسؤال محمدًا الله أمر هل .3

سورة الزخرف (43:44-45):
"وَإِنَّهُۥ لَذِكۡرٞ لَّكَ وَلِقَوۡمِكَۖ وَسَوۡفَ تُسۡـَٔلُونَ ۝ وَسۡـَٔلۡ مَنۡ أَرۡسَلۡنَا مِن قَبۡلِكَ مِن رُّسُلِنَآ أَجَعَلۡنَا مِن دُونِ ٱلرَّحۡمَٰنِ ءَالِهَةٗ يُعۡبَدُونَ" (ترجمة يوسف علي)

يسألهم أن يمكنه كيف لكن .سبقوه الذين الرسل يسأل أن محمد من يطلب القرآن
ماتوا؟ جميعًا وهم
أي – كتاباتهم إلى الرجوع عليه يجب كان محمدًا أن هي الممكنة الوحيدة الإجابة
.المقدس الكتاب

للحق؟ مصدرًا يكون أن يمكن فكيف ،محرفًا المقدس الكتاب كان لو

.مستحيلة بمهمة محمدًا يأمر الله أن أو ،صحيحًا المقدس الكتاب يكون أن إما

واضح تناقض في المسلمون .4

بها يستشهدون فلماذا ،محرفة والإنجيل التوراة أن يزعمون المسلمون كان إذا محمد؟ نبوة لإثبات

المقدس؟ الكتاب صحة ينكرون فلماذا ،كلمته حفظ الله بأن يؤمنون كانوا إذا

:(5:47) المائدة سورة

هُمُ فَأُوْلَٰٓئِكَ ٱللَّهُ أَنزَلَ بِمَآ يَحْكُم لَّمْ وَمَن ۚ فِيهِ ٱللَّهُ أَنزَلَ بِمَآ ٱلْإِنجِيلِ أَهْلُ وَلْيَحْكُمْ" ٱلْفَٰسِقُونَ"

فيه؟ بما بالحكم المسيحيين القرآن يأمر فلماذا ،محرفًا الإنجيل كان إذا

.محمد زمن في محفوظًا كان الإنجيل أن على يدل هذا

صعب خيار أمام المسلمون .5

أنهم أو ،المحرفة غير الله كلمة هو المقدس الكتاب بأن المسلمون يعترف أن إما .كلمته حفظ في بالفشل الله يتهمون

– كلمته حفظ على قادرًا يكن لم الله أن يعني هذا فإن ،تغيّر قد المقدس الكتاب كان إذا !مستحيل أمر وهو

هم المقدس الكتاب تحريف يدّعون الذين المسلمين لكن ،كاذبًا الله يكون أن يمكن لا .يكذبون الذين

:(15:9) الحجر سورة

"لَحَٰفِظُونَ لَهُۥ وَإِنَّا ٱلذِّكْرَ نَزَّلْنَا نَحْنُ إِنَّا"

تحرّف؟ قد المقدس الكتاب يكون أن يمكن فكيف ،''الذكر'' بحفظ وعد قد الله كان إذا

منه الهروب يمكنهم لا مأزق في المسلمون :النهائية النتيجة .6

كلمته حفظ في أخفق الله أن يعني فذلك ،محرفًا المقدس الكتاب كان إذا.
كذبة على مبني الإسلام أن يعني فهذا ،محرفًا يكن لم إذا.

قد والإنجيل التوراة أن يزعمون بينما محفوظ القرآن إن يقولوا أن للمسلمين يمكن لا تحرّفا.

المسلمين؟ أم الله نصدق فهل ،''ٱللَّهِ لِكَلِمَٰتِ تَبْدِيلَ لَا'' :قال الله

الله وعد كما محفوظ وهو ،الحقيقية الله كلمة هو المقدس الكتاب.

06 الفصل

بالإنجيل الإيمان المسلمين على يجب :السادس الفصل والتوراة
مسلم كل على فرض والتوراة بالإنجيل الإيمان

(2:136) البقرة سورة :

"قُولُوٓاْ ءَامَنَّا بِٱللَّهِ وَمَآ أُنزِلَ إِلَيْنَا وَمَآ أُنزِلَ إِلَىٰٓ إِبْرَٰهِيمَ وَإِسْمَٰعِيلَ وَإِسْحَٰقَ وَيَعْقُوبَ وَٱلْأَسْبَاطِ وَمَآ أُوتِىَ مُوسَىٰ وَعِيسَىٰ وَمَآ أُوتِىَ ٱلنَّبِيُّونَ مِن رَّبِّهِمْ لَا نُفَرِّقُ بَيْنَ أَحَدٍ مِّنْهُمْ وَنَحْنُ لَهُۥ مُسْلِمُونَ" (ترجمة بيكثال)

هذه الآية تأمر المسلمين بالإيمان بجميع الكتب السماوية التي أنزلها الله، بما في ذلك التوراة والإنجيل.

إذا كانت التوراة والإنجيل قد تحرّفتا، فلماذا لا يزال القرآن يأمر المسلمين بالإيمان بهما؟

والقرآن؟ الله بين تناقض هناك يكون أن يمكن هل .1

**قد الله أن يعني فهذا ،تحريفه تم قد المقدس الكتاب أن يؤمنون المسلمون كان إذا
مستحيل أمر وهو ،مزور بكتاب بالإيمان أمرهم.**

صحيحًا؟ يعد لم بشيء يؤمنوا أن المسلمين من الله يطلب أن يمكن هل

**غير سيكونون المسلمين فإن ،صحيحًا تحرّف قد المقدس الكتاب بأن الادعاء كان إذا
والإنجيل بالتوراة بالإيمان القرآني الأمر هذا تنفيذ على قادرين.**

مقبول غير أمر وهو ،للتطبيق صالحًا يعد لم القرآن من جزءًا أن يعني وهذا.

**المسلمين أن أو ،محفوظًا المقدس الكتاب ويكون ،صادقًا القرآن يكون أن فإما
المقدس الكتاب تحريف بشأن يكذبون.**

الآية؟ هذه نزلت متى .2

**بدء من عامًا 13 من أكثر بعد نزلت أنها أي ،المدنية السور من هي البقرة سورة
محمد على الوحي.**

**المسلمون يزال لا ،للوحي محمد تلقي من عقد من أكثر بعد حتى ،آخر بمعنى
والإنجيل بالتوراة بالإيمان مأمورين.**

**في به الإيمان من المسلمين حذّر قد الله لكان ،تحريفه تم قد المقدس الكتاب كان لو
ذلك يفعل لم ولكنه ،المرحلة هذه.**

الآية هذه نزول وقت به موثوقًا يزال لا كان المقدس الكتاب أن على دليل هذا.

كتبه؟ بين يفرقوا لا أن المسلمين من الله يطلب لماذا .3

''مِّنْهُمْ أَحَدٍ بَيْنَ نُفَرِّقُ لَا''

القرآن يطلب من المسلمين عدم التمييز بين الكتب السماوية.

إذا كان المسلمون يؤمنون بأن القرآن محفوظ بينما الكتب الأخرى قد تحرّفت، فهم يخالفون أمر الله.

إما أن يكون جميع كتب الله محفوظة أو أن المسلمين يرفضون أمر الله بعدم التمييز بين كتبه.

كيف يمكن أن يأمر الله المسلمين بالإيمان بالتوراة والإنجيل ثم يسمح لهما بالتحريف؟

سورة المائدة (5:47):

"وَلْيَحْكُمْ أَهْلُ ٱلْإِنجِيلِ بِمَآ أَنزَلَ ٱللَّهُ فِيهِ ۚ"

إذا كان الإنجيل قد تحرّف، فلماذا يأمر الله أهل الإنجيل بالحكم بما أنزل فيه؟

---

4. هل يمكن أن يأمر الله المسلمين بالإيمان بكتاب غير موجود؟

إذا كان الكتاب المقدس قد تحرّف أو لم يعد موجودًا، فكيف يمكن للمسلمين تنفيذ الأمر القرآني بالإيمان به؟

هل يمكن أن يأمر الله الناس بالإيمان بشيء غير موجود؟

لا يمكن أن يكون هناك أمر إلهي بلا معنى. إذًا، بما أن القرآن يأمر المسلمين بالإيمان بالتوراة والإنجيل، فهذا يعني أنهما ما زالا محفوظين وصادقين.

إذا رفض المسلمون الإيمان بالكتاب المقدس، فإنهم في الحقيقة يرفضون أمرًا مباشرًا من الله في القرآن.

فقط؟ القرآن حفظ الله إن القول المسلمون يستطيع هل .5

:(15:9) الحجر سورة
"لَحَٰفِظُونَ لَهُۥ وَإِنَّا ٱلذِّكْرَ نَزَّلْنَا نَحْنُ إِنَّا"

فقط؟ القرآن أم السماوية الكتب جميع ذلك يشمل فهل ،الذكر حفظ قد الله كان إذا
.محفوظان والإنجيل التوراة أن يعني فهذا ،السماوية الكتب جميع يشمل كان إذا

:(6:115) الأنعام سورة
"ۚلِكَلِمَٰتِهِۦ مُبَدِّلَ لَا ۚوَعَدْلًا صِدْقًا رَبِّكَ كَلِمَتُ وَتَمَّتْ"

تحرّف؟ قد المقدس الكتاب يكون أن يمكن فكيف ،الله كلام يغير أن يستطيع أحد لا

فإنهم ،الأخرى الكتب يحفظ لم لكنه القرآن حفظ الله إن يقولون المسلمون كان إذا .كتبه بين بالتفرقة الله يتهمون

.بالقرآن الإيمان يرفضون المسلمين أن أو ،كتبه جميع حفظ قد الله يكون أن إما

في نجح لكنه و الثانية الأولى كلمته حفظ في فشل الله هل .6 الثالثة؟

بأنه الثقة المسلمين على يجب فلماذا ،والإنجيل التوراة حفظ يستطع لم الله كان إذا القرآن؟ حفظ
الثالثة؟ في نجح أنه يضمن الذي فما ،مرتين كلمته على الحفاظ في فشل إذا

:(4:136) النساء سورة
"وَٱلْكِتَٰبِ رَسُولِهِۦ عَلَىٰ نَزَّلَ ٱلَّذِى وَٱلْكِتَٰبِ وَرَسُولِهِۦ بِٱللَّهِ ءَامِنُوا۟ ءَامَنُوٓا۟ ٱلَّذِينَ أَيُّهَا يَا ضَلَّ فَقَدْ ٱلْءَاخِرِ وَٱلْيَوْمِ وَرُسُلِهِۦ وَكُتُبِهِۦ وَمَلَٰٓئِكَتِهِۦ بِٱللَّهِ يَكْفُرْ وَمَن ۚقَبْلُ مِن أَنزَلَ ٱلَّذِىٓ بَعِيدًا ضَلَٰلًۢا"

إنكارها وليس ،السابقة بالكتب بالإيمان المسلمين يأمر الله.

قرآنيًا أمرًا يرفضون الحقيقة في فهم ،المقدس الكتاب يرفضون المسلمون كان إذا
به بالإيمان.

منه الهروب يمكنهم لا مأزق في المسلمون :النهائية النتيجة .7

كلمته حفظ في أخفق الله أن يعني فهذا ،محرفًا المقدس الكتاب كان إذا.
كذبة على يعتمد الإسلام أن يعني فهذا ،محرفًا يكن لم إذا.
الله أوامر يرفضون المسلمين أن أو ،محفوظة الله كتب جميع يكون أن إما.

الأمر؟ هذا المسلمون يطيع فهل ،''مِّنْهُمْ أَحَدٍ بَيْنَ نُفَرِّقُ لَا'' :قال الله

ذلك لإنكار محاولة وأي .الله وعد كما محفوظ وهو ،يتحرّف لم المقدس الكتاب ،إذن
نفسه القرآن في الله كلام تكذيب تعني.

التي بالكتب الإيمان المسلمين على يجب :السادس الفصل وموسى لعيسى أُعطيت

□□□□□□□ □□□□□□ □□□□□□□□ □□□ □□□ □□□□□□□□□

سورة آل عمران (3:84):
وَيَعْقُوبَ وَإِسْحَٰقَ وَإِسْمَٰعِيلَ إِبْرَٰهِيمَ عَلَىٰٓ أُنزِلَ وَمَآ عَلَيْنَا أُنزِلَ وَمَآ بِٱللَّهِ ءَامَنَّا ''قُلْ ◈
لَهُۥ وَنَحْنُ مِّنْهُمْ أَحَدٍ بَيْنَ نُفَرِّقُ لَا رَّبِّهِمْ مِن وَٱلنَّبِيُّونَ وَعِيسَىٰ مُوسَىٰ أُوتِىَ وَمَآ وَٱلْأَسْبَاطِ
مُسْلِمُونَ'' (ترجمة يوسف علي)

تمييز دون السماوية الكتب بجميع بالإيمان المسلمين يأمر الله أن توضح الآية هذه.
الكتب بأن الادعاء يمكنهم فكيف ،محفوظ القرآن أن يؤمنون المسلمون كان إذا
تحرّفت؟ قد الأخرى

والإنجيل؟ التوراة يرفض أن للمسلم يمكن هل .1

التوراة ذلك في بما ،السماوية الكتب بجميع بالإيمان المسلمين يأمر القرآن والإنجيل.

صريحًا قرآنيًا أمرًا يرفض الحقيقة في فهو ،الكتب بهذه الإيمان المسلم رفض إذا.

النساء سورة (4:136):

وَٱلْكِتَٰبِ رَسُولِهِۦ عَلَىٰ نَزَّلَ ٱلَّذِى وَٱلْكِتَٰبِ وَرَسُولِهِۦ بِٱللَّهِ ءَامِنُوا۟ ءَامَنُوٓا۟ ٱلَّذِينَ يَٰٓأَيُّهَا" قَبْلُ مِن أَنزَلَ ٱلَّذِىٓ"

إنكارها؟ لهم يمكن فكيف ،السابقة بالكتب بالإيمان المسلمين يأمر الله

ورسوله بالله للإيمان أساسي شرط السابقة بالكتب الإيمان.

كتبه؟ بين يُفرّق الله هل .2

(سورة آل عمران 3:84) **"مِّنْهُمْ أَحَدٍ بَيْنَ نُفَرِّقُ لَا"**

،تحرّفا قد والإنجيل التوراة ولكن ،محفوظ القرآن إن يقولون المسلمون كان إذا الله من الصريح الأمر هذا يخالفون فهم.

بينما محفوظ القرآن أن المسلمون يزعم فكيف ،كتبه بين التفرقة بعدم يأمر الله تحرّفت؟ الأخرى الكتب

القرآن يرفضون المسلمين أن أو ،محفوظة الله كتب جميع يكون أن إما.

المائدة سورة (5:47):

فِيهِ ٱللَّهُ أَنزَلَ بِمَآ ٱلْإِنجِيلِ أَهْلُ وَلْيَحْكُمْ"

فيه؟ أنزل بما بالحكم الإنجيل أهل الله يأمر فلماذا ،تحرّف قد الإنجيل كان إذا 📌
محمد زمن في محفوظًا كان الإنجيل أن على دليل هذا 📌.

---

3. غير بشيء بالإيمان المسلمين الله يأمر أن يمكن هل موجود؟

للمسلمين يمكن فكيف ،موجودين يعودا لم أو تحرّفا قد والإنجيل التوراة كان إذا 📌 بهما؟ بالإيمان القرآني الأمر هذا تنفيذ

موجود؟ غير بشيء بالإيمان الناس الله يأمر أن يمكن هل 📌

معنى بلا إلهي أمر هناك يكون أن يمكن لا 💡.

زالا ما أنهما يعني فهذا ،والإنجيل بالتوراة بالإيمان المسلمين يأمر القرآن كان إذا 📌 وصادقين محفوظين.

مباشرًا أمرًا يرفضون الحقيقة في فهم ،المقدس بالكتاب الإيمان المسلمون رفض إذا 📌 القرآن في الله من.

📖 الأنعام سورة (6:115):
"وَتَمَّتْ كَلِمَتُ رَبِّكَ صِدْقًا وَعَدْلًا ۚ لَا مُبَدِّلَ لِكَلِمَٰتِهِۦ ۚ" ◈

تحرّف؟ قد المقدس الكتاب يكون أن يمكن فكيف ،الله كلام يغير أن يستطيع أحد لا 📌

📖 الحجر سورة (15:9):
"إِنَّا نَحْنُ نَزَّلْنَا ٱلذِّكْرَ وَإِنَّا لَهُۥ لَحَٰفِظُونَ" ◈

القرآن أم السماوية الكتب جميع ذلك يشمل فهل ،"الذكر" بحفظ وعد قد الله كان إذا 📌 فقط؟

محفوظان والإنجيل التوراة أن يعني فهذا ،السماوية الكتب جميع يشمل كان إذا 📌.

كتبه حفظ على قادرًا يكن لم الله أن يعني فهذا ،فقط القرآن إلى يشير كان إذا
.شيء كل على قادر كإله صفاته مع يتناقض مما ،السابقة

موجودة؟ تعد لم بكتب الإيمان المسلمين من الله يطلب لماذا .4

بالإيمان الله يأمرهم فلماذا ،تحرّفا قد والإنجيل التوراة أن يعتقدون المسلمون كان إذا
القرآن؟ في بهما
موجود؟ غير أو فاسد بشيء بالإيمان المسلمين الله يأمر أن يمكن هل

:(3:3-4) عمران آل سورة
"وَٱلْإِنجِيلَ ٱلتَّوْرَىٰةَ وَأَنزَلَ يَدَيْهِ بَيْنَ لِّمَا مُصَدِّقًا بِٱلْحَقِّ ٱلْكِتَٰبَ عَلَيْكَ نَزَّلَ"

.الله من وحي هما والإنجيل التوراة بأن يعترف نفسه القرآن

صالحة؟ تعد لم أنها المسلمون يعتقد كتبًا يذكر فكيف ،الحق هو القرآن كان إذا

خطير مأزق في المسلمون .5

.كلمته حفظ في أخفق الله أن يعني فهذا ،محرفًا المقدس الكتاب كان إذا
.كذبة على مبني الإسلام أن يعني فهذا ،محرفًا يكن لم إذا
.الله أوامر يرفضون المسلمين أن أو ،محفوظة الله كتب جميع يكون أن إما

الأمر؟ هذا المسلمون يطيع فهل ،"مِّنْهُمْ أَحَدٍ بَيْنَ نُفَرِّقُ لَا" :قال الله

ذلك لإنكار محاولة وأي .الله وعد كما محفوظ وهو ،يتحرّف لم المقدس الكتاب ،إذن
.نفسه القرآن في الله كلام تكذيب تعني

الفصل السادس: يجب على المسلمين الإيمان بالكتب التي وعيسى لموسى أُعطيت

□□□□□□□ □□□□□□ □□□□□□□□ □□□ □□□□□ □□ □□□□□□□

(3:84): عمران آل سورة 📖
◈ ''قُلْ ءَامَنَّا بِٱللَّهِ وَمَآ أُنزِلَ عَلَيْنَا وَمَآ أُنزِلَ عَلَىٰٓ إِبْرَٰهِيمَ وَإِسْمَٰعِيلَ وَإِسْحَٰقَ وَيَعْقُوبَ
وَٱلْأَسْبَاطِ وَمَآ أُوتِىَ مُوسَىٰ وَعِيسَىٰ وَٱلنَّبِيُّونَ مِن رَّبِّهِمْ لَا نُفَرِّقُ بَيْنَ أَحَدٍ مِّنْهُمْ وَنَحْنُ لَهُۥ
مُسْلِمُونَ''

التي بالكتب الإيمان دون بالله المسلم يؤمن أن المستحيل من أنه تثبت الآية هذه 📌
والأنبياء. ،وعيسى ،لموسى أُعطيت
جميعها أن يعني مما ،المختلفة الله كتب بين التمييز بعدم المسلمين تأمر أنها كما 📌
ومصدقة. محفوظة

بكتبه الإيمان دون بالله مؤمنًا يكون أن للمسلم يمكن لا .1

يأمر الله لأن ،بالقرآن يؤمن كما والإنجيل بالتوراة المسلم يُؤمن أن الضروري من 📌
صراحة. بذلك
في الإيمان أركان أحد ينكر الحقيقة في فهو ،السابقة الكتب ينكر المسلم كان إذا 📌
الإسلام.

بالله. الإيمان لقبول أساسي شرط هو بل ،خيارًا ليس السماوية بالكتب الإيمان 💡

(4:136): النساء سورة 📖
◈ ''يَٰٓأَيُّهَا ٱلَّذِينَ ءَامَنُوٓا۟ ءَامِنُوا۟ بِٱللَّهِ وَرَسُولِهِۦ وَٱلْكِتَٰبِ ٱلَّذِى نَزَّلَ عَلَىٰ رَسُولِهِۦ وَٱلْكِتَٰبِ
ٱلَّذِىٓ أَنزَلَ مِن قَبْلُ ۚ''

التشكيك أو إنكارها وليس ،السماوية الكتب بجميع بالإيمان المسلمين تأمر الآية هذه 📌
فيها.

في الله أمر ينكر الحقيقة في فهو ،تحرّف قد المقدس الكتاب أن يؤمن المسلم كان إذا
القرآن.

يقرأه؟ أن دون بكتاب يؤمن أن للمسلم يمكن هل .2

وفهمه قراءته يجب ،ما بكتاب للاعتقاد.
أبدًا؟ يقرؤوهما لم إذا والتوراة بالإنجيل الإيمان للمسلمين يمكن كيف

السطحي الاعتراف مجرد وليس ،الفهم يستلزم الحقيقي الإيمان.

المائدة سورة (5:47):
"فِيهِۚ ٱللَّهُ أَنزَلَ بِمَآ ٱلۡإِنجِيلِ أَهۡلُ وَلۡيَحۡكُمۡ"

فيه؟ أنزل بما بالحكم الإنجيل أهل الله يأمر فلماذا ،تحرّف قد الإنجيل كان إذا
محمد زمن في محفوظًا كان الإنجيل أن على دليل هذا.

موجود؟ غير بشيء بالإيمان الله يأمر أن يمكن هل .3

المسلمين الله يأمر فكيف ،موجودًا يعد لم أو تحرّف قد المقدس الكتاب كان إذا
به؟ بالإيمان
موجود؟ غير أو فاسد بشيء بالإيمان الناس الله يأمر أن يمكن هل

عمران آل سورة (3:3-4):
"وَٱلۡإِنجِيلَ ٱلتَّوۡرَىٰةَ وَأَنزَلَ يَدَيۡهِ بَيۡنَ لِّمَا مُصَدِّقٗا بِٱلۡحَقِّ ٱلۡكِتَٰبَ عَلَيۡكَ نَزَّلَ"

الله من وحي هما والإنجيل التوراة بأن يعترف القرآن.

إذا كان القرآن هو الحق، فكيف يذكر كتبًا يعتقد المسلمون أنها لم تعد صالحة؟

---

4. هل الله يفرق بين كتبه؟

"لَا نُفَرِّقُ بَيْنَ أَحَدٍ مِّنْهُمْ" (سورة آل عمران 3:84)

إذا كان المسلمون يؤمنون أن القرآن محفوظ، ولكن التوراة والإنجيل قد تحرّفا، فهم يخالفون هذا الأمر الصريح من الله.

إذا كان الله يأمر بعدم التفرقة بين كتبه، فكيف يزعم المسلمون أن القرآن محفوظ بينما الكتب الأخرى تحرّفت؟

إما أن يكون جميع كتب الله محفوظة، أو أن المسلمين يرفضون القرآن.

سورة الحجر (15:9):
"إِنَّا نَحْنُ نَزَّلْنَا ٱلذِّكْرَ وَإِنَّا لَهُۥ لَحَٰفِظُونَ"

إذا كان الله قد وعد بحفظ "الذكر"، فهل يشمل ذلك جميع الكتب السماوية أم القرآن فقط؟

إذا كان يشمل جميع الكتب السماوية، فهذا يعني أن التوراة والإنجيل محفوظان.

إذا كان يشير إلى القرآن فقط، فهذا يعني أن الله لم يكن قادرًا على حفظ كتبه السابقة، مما يتناقض مع صفاته كإله قادر على كل شيء.

---

5. أركان الإيمان الستة في الإسلام

الإيمان في الإسلام يقوم على ستة أركان رئيسية:

1. بالله الإيمان.
2. بملائكته الإيمان.
3. بكتبه الإيمان.
4. برسله الإيمان.
5. القيامة بيوم الإيمان.
6. والقدر بالقضاء الإيمان.

فقط واحد بكتاب الإيمان وليس ،الله بكتب الإيمان هو الثالث الركن.

ركنًا ينقضون فهم ،الأخرى الكتب وينكرون فقط بالقرآن يؤمنون المسلمون كان إذا الإيمان أركان من أساسيًا.

---

6. خطير مأزق في المسلمون

كلمته حفظ في أخفق الله أن يعني فهذا ،محرفًا المقدس الكتاب كان إذا.

كذبة على مبني الإسلام أن يعني فهذا ،محرفًا يكن لم إذا.

الله أوامر يرفضون المسلمين أن أو ،محفوظة الله كتب جميع يكون أن إما.

الأمر؟ هذا المسلمون يطيع فهل ،"مِّنْهُمْ أَحَدٍ بَيْنَ نُفَرِّقُ لَا" :قال الله

ذلك لإنكار محاولة وأي .الله وعد كما محفوظ وهو ،يتحرّف لم المقدس الكتاب ،إذن نفسه القرآن في الله كلام تكذيب تعني.

نفسه القرآن يهاجمون ،الحقيقة في ،المقدس الكتاب يهاجمون الذين المسلمون.

الفصل 07

والتوراة بالإنجيل آمن محمدًا أن يؤكد القرآن :السابع الفصل

مسلمًا؟ ويظل المقدس الكتاب ينكر أن للمسلم يمكن هل

📖 سورة البقرة (2:285):
◈ "آمَنَ ٱلرَّسُولُ بِمَآ أُنزِلَ إِلَيْهِ مِن رَّبِّهِۦ وَٱلْمُؤْمِنُونَ ۚ كُلٌّ ءَامَنَ بِٱللَّهِ وَمَلَٰٓئِكَتِهِۦ وَكُتُبِهِۦ وَرُسُلِهِۦ لَا نُفَرِّقُ بَيْنَ أَحَدٍ مِّن رُّسُلِهِۦ ۚ وَقَالُوا۟ سَمِعْنَا وَأَطَعْنَا ۖ غُفْرَانَكَ رَبَّنَا وَإِلَيْكَ ٱلْمَصِيرُ"
(ترجمة قريب الله)

📌 هذه الآية تثبت بوضوح أن محمداً، وكذلك المؤمنين، يؤمنون بجميع كتب الله، وليس بالقرآن فقط.
📌 عدم الإيمان بالتوراة والإنجيل يُعد رفضًا مباشرًا لهذا الأمر الإلهي.

---

1. الإيمان بجميع الكتب السماوية هو شرط أساسي لعبادة الله

📌 يوضح القرآن أن الإيمان بجميع كتب الله جزء لا يتجزأ من العبادة الحقيقية.
📌 عندما يقول القرآن بصيغة الجمع "كُتُبِهِۦ" وليس بصيغة المفرد "كِتَابِهِۦ"، فإنه ينفي بشكل قاطع فكرة أن الكتب السابقة قد تحرّفت.

تمامًا العكس بل ،تحرّفا قد والإنجيل التوراة أن فكرة يدعم لا الله.

النساء سورة (4:136):
وَٱلْكِتَٰبِ رَسُولِهِۦ عَلَىٰ نَزَّلَ ٱلَّذِى وَٱلْكِتَٰبِ وَرَسُولِهِۦ بِٱللَّهِ ءَامِنُوا۟ ءَامَنُوٓا۟ ٱلَّذِينَ يَٰٓأَيُّهَا" ◈
"ۚقَبْلُ مِن أَنزَلَ ٱلَّذِىٓ

القرآن في الله من صريحًا أمرًا ينكر الحقيقة في فهو ،والإنجيل التوراة ينكر من.

---

2. غير القديم بالإنجيل نؤمن نحن" :يقول أن للمسلم يمكن هل ؟"المحرف

هذا هل ولكن ،"الأصليين" والتوراة بالإنجيل فقط يؤمنون إنهم المسلمون يقول القرآن؟ مع يتفق

به؟ بالإيمان المسلمين يأمر أن لله يمكن فكيف ،موجود غير الأصلي الإنجيل كان إذا

المائدة سورة (5:47):
"ۚفِيهِ ٱللَّهُ أَنزَلَ بِمَآ ٱلْإِنجِيلِ أَهْلُ وَلْيَحْكُمْ" ◈

به؟ بالحكم الإنجيل أهل الله يأمر فلماذا ،تحرّف قد الإنجيل كان إذا

محرّف أو مزيف كتاب إلى بالتحاكم الناس يأمر لن الله.

الأنعام سورة (6:115):
"ۚلِكَلِمَٰتِهِۦ مُبَدِّلَ لَّا ۚ وَعَدْلًا صِدْقًا رَبِّكَ كَلِمَتُ وَتَمَّتْ" ◈

تتغير؟ لا الله كلمات كانت إذا محرّفًا الإنجيل يكون أن يمكن كيف

السابقة بالكتب الإيمان ضرورة يؤكد الحديث .3

.الإيمان من أساسي جزء السماوية بالكتب الإيمان أن تؤكد النبوية الأحاديث حتى

300: الحديث ،60 الكتاب ،6 المجلد ،البخاري صحيح
والقدر الآخر واليوم ورسله وكتبه وملائكته بالله تؤمن أن الإيمان :ﷺ النبي قال" وشره خيره."

.الإسلامية العقيدة من يتجزأ لا جزء هو الله كتب بجميع الإيمان أن نرى هنا

أركان من ركنًا ينكرون الحقيقة في فهم ،والإنجيل التوراة ينكرون المسلمون كان إذا الإيمان.

خطير مأزق في المسلمون .4

يمكنه فكيف ،اليوم موجود غير لكنه ،"الأصلي" بالإنجيل يؤمن إنه المسلم قال إذا الله؟ أمر تنفيذ
موجود؟ غير بشيء بالإيمان المسلمين يأمر أن لله يمكن هل
.به بالإيمان الصريح الله أمر ينكر فهو ،بالإنجيل يؤمن لا إنه المسلم قال إذا

.القرآن مع مباشرة مواجهة في نفسه يضع والإنجيل التوراة ينكر الذي المسلم

(10:94): يونس سورة
"فَإِن كُنتَ فِى شَكٍّ مِّمَّآ أَنزَلْنَآ إِلَيْكَ فَسْـَٔلِ ٱلَّذِينَ يَقْرَءُونَ ٱلْكِتَٰبَ مِن قَبْلِكَ ۚ"

حال في ،والمسيحيين اليهود أي ،الكتاب أهل إلى بالرجوع محمد النبي يأمر الله الشك.

محرّفة؟ كتب إلى بالرجوع محمد النبي الله يأمر أن يمكن هل

النبي خدع قد الله أن ضمنيًا يعترف فهو ،والإنجيل التوراة ينكر المسلم كان إذا محمد.

مخادع أو عادل غير يكون أن يمكن لا الله .5

الحجر سورة (15:9):
"لَحَٰفِظُونَ لَهُۥ وَإِنَّا ٱلذِّكْرَ نَزَّلْنَا نَحْنُ إِنَّا" ◈

القرآن أم السماوية الكتب جميع ذلك يشمل فهل ،"الذكر" بحفظ وعد قد الله كان إذا فقط؟

محفوظان والإنجيل التوراة أن يعني فهذا ،السماوية الكتب جميع يشمل كان إذا.

كتبه حفظ على قادرًا يكن لم الله أن يعني فهذا ،فقط القرآن إلى يشير كان إذا السابقة، مما يتناقض مع صفاته كإله قادر على كل شيء.

القرآن في الله وعود ينكرون المسلمين أن أو ،محفوظة الله كتب جميع يكون أن إما.

القرآن يهاجمون المقدس الكتاب يهاجمون الذين المسلمون .6 نفسه

تحرّف أنه على يصرون والمسلمون ،يتحرّف لم المقدس الكتاب أن يؤكد القرآن. نصدق؟ فمن

عمران آل سورة (3:3-4):
"وَٱلْإِنجِيلَ ٱلتَّوْرَىٰةَ وَأَنزَلَ يَدَيْهِ بَيْنَ لِّمَا مُصَدِّقًا بِٱلْحَقِّ ٱلْكِتَٰبَ عَلَيْكَ نَزَّلَ" ◈

إنهما يقولوا أن للمسلمين يمكن فكيف ،والإنجيل التوراة يصدّق القرآن إن يقول الله محرّفان؟

نفسه القرآن يهاجم ،الحقيقة في ،والإنجيل التوراة ينكر الذي المسلم.

الفصل خلاصة 7.

أيضاً بهما بالإيمان مأمورون والمسلمون ،والتوراة بالإنجيل يؤمن كان محمد.
تحرّفا قد والإنجيل التوراة أن على القرآن في دليل يوجد لا.
القرآن في الله لأوامر مباشر إنكار هو المقدس للكتاب المستمر الإنكار.

الأمر؟ هذا المسلمون يطيع فهل ،"مِّنْهُمْ أَحَدٍ بَيْنَ نُفَرِّقُ لَا" :قال الله

في الله كلام تكذيب تعني ذلك لإنكار محاولة وأي ،يتحرّف لم المقدس الكتاب ،إذن نفسه القرآن.

والتوراة بالإنجيل آمن محمدًا أن يؤكد القرآن :السابع الفصل

مسلمًا؟ ويظل المقدس الكتاب ينكر أن للمسلم يمكن هل

البقرة سورة (2:285):
"ءَامَنَ ٱلرَّسُولُ بِمَآ أُنزِلَ إِلَيْهِ مِن رَّبِّهِۦ وَٱلْمُؤْمِنُونَ ۚ كُلٌّ ءَامَنَ بِٱللَّهِ وَمَلَٰٓئِكَتِهِۦ وَكُتُبِهِۦ وَرُسُلِهِۦ لَا نُفَرِّقُ بَيْنَ أَحَدٍ مِّن رُّسُلِهِۦ ۚ وَقَالُوا۟ سَمِعْنَا وَأَطَعْنَا ۖ غُفْرَانَكَ رَبَّنَا وَإِلَيْكَ ٱلْمَصِيرُ"
(ترجمة قريب الله)

هذه الآية تثبت بوضوح أن محمداً، وكذلك المؤمنين، يؤمنون بجميع كتب الله، وليس بالقرآن فقط.
عدم الإيمان بالتوراة والإنجيل يُعد رفضًا مباشرًا لهذا الأمر الإلهي.

---

1. غير القديم بالإنجيل نؤمن نحن" :يقول أن للمسلم يمكن هل ؟"المحرف

هذا هل ولكن ،"الأصليين" والإنجيل بالتوراة فقط يؤمنون إنهم يقولون المسلمون القرآن؟ مع يتفق

التالي المثال إلى لننظر ،الادعاء هذا خطأ لإثبات:

أصبح لكنه ،الماضي في نزيهًا شرطيًا وكان الله عبد يُدعى رجلًا هناك أن افترض في ولكن ،الله بعبد أؤمن أنا ،بالطبع" :تقول أن المنطقي من هل .ولادتك قبل فاسدًا ؟"قبل من عليه كان الذي النزيه الشرطي

بالطبع الجد؟ محمل على كلامك القاضي سيأخذ هل ،قانونية محكمة في هذا قلت إذا لا.

الكتاب في يكون أن يجب فالإيمان ،السماوية بالكتب بالإيمان المسلم يؤمر عندما ضائع مفترض كتاب في وليس حاليًا الموجود.

عمران آل سورة (3:84):
"قُلْ ءَامَنَّا بِٱللَّهِ وَمَآ أُنزِلَ عَلَيْنَا وَمَآ أُنزِلَ عَلَىٰٓ إِبْرَٰهِيمَ وَإِسْمَٰعِيلَ وَإِسْحَٰقَ وَيَعْقُوبَ وَٱلْأَسْبَاطِ وَمَآ أُوتِىَ مُوسَىٰ وَعِيسَىٰ وَٱلنَّبِيُّونَ مِن رَّبِّهِمْ لَا نُفَرِّقُ بَيْنَ أَحَدٍ مِّنْهُمْ"

يأمر الله يزال لا فلماذا ،صالح غير أصبح أو تحرّف قد المقدس الكتاب كان إذا به؟ بالإيمان المسلمين

أمر قد يكون الله فإن وإلا ،محفوظين يزالان لا والإنجيل التوراة أن الواضح من زائف أو موجود غير بشيء بالإيمان المسلمين.

تناقضهم بسبب خطيرة معضلة يواجهون المسلمون .2

📌 كما فقط والإنجيل بالتوراة الإيمان منهم يطلب القرآن إن يقولون المسلمين بعض منطقي؟ هذا هل ولكن .تحريفهما قبل الماضي في كانا

📌 بالإيمان المسلمين يأمر القرآن يزال لا فلماذا ،تحرّفت قد المقدسة الكتب كانت إذا بها؟

📖 المائدة سورة (5:47):
"فِيهِ ٱللَّهُ أَنزَلَ بِمَآ ٱلۡإِنجِيلِ أَهۡلُ وَلۡيَحۡكُمۡ" ◈

📌 تحرّف؟ قد كان إذا فيه أنزل بما بالحكم الإنجيل أهل يأمر أن لله يمكن كيف

💡 مزيف أو صحيح غير بكتاب بالحكم الناس الله يأمر أن المستحيل من.

📖 الأنعام سورة (6:115):
"لِكَلِمَٰتِهِۦ مُبَدِّلَ لَّا ۚ وَعَدۡلًا صِدۡقًا رَبِّكَ كَلِمَتُ وَتَمَّتۡ" ◈

📌 تغيرا؟ قد والإنجيل التوراة أن المسلمون يدعي فلماذا ،تتغير لا الله كلمات كانت إذا

الله يهاجمون المقدس الكتاب يهاجمون الذين المسلمون .3 نفسه

📌 الله يتهمون الواقع في فإنهم ،تحرّف قد المقدس الكتاب أن المسلمون يدعي عندما كلمته يحفظ إنه القرآن في قال لأنه ،بالكذب.

📖 الحجر سورة (15:9):
"لَحَٰفِظُونَ لَهُۥ وَإِنَّا ٱلذِّكۡرَ نَزَّلۡنَا نَحۡنُ إِنَّا" ◈

📌 يشمل لا الوعد هذا أن المسلمون يفترض فلماذا ،"الذكر" بحفظ وعد قد الله كان إذا والإنجيل؟ التوراة

**يمكنهم فهل ،السابقة كتبه حماية من يتمكن لم الله إن يقولون المسلمون كان إذا 📌
القرآن؟ لحماية به الوثوق**

**أو فقدت قد كتبه بعض كانت إذا كلمته بحفظ وعده في صادقًا يكون أن لله يمكن لا 📌
تحرّفت.**

القرآن في الله وعود ينكرون المسلمين أن أو ،محفوظة الله كتب جميع يكون أن إما 💡.

لهما ثالث لا خيارين بين المسلمون .4

**هذه إن يقولون المسلمين لكن ،والإنجيل بالتوراة بالإيمان المسلمين يأمر القرآن 📌
نصدق؟ فمن .تحرّفت أو ضاعت قد الكتب**

📖 يونس سورة **(10:94):**
"فَإِن كُنتَ فِى شَكٍّ مِّمَّآ أَنزَلْنَآ إِلَيْكَ فَسْـَٔلِ ٱلَّذِينَ يَقْرَءُونَ ٱلْكِتَٰبَ مِن قَبْلِكَ ۚ" ◈

**حال في ،والمسيحيين اليهود أي ،الكتاب أهل إلى بالرجوع محمد النبي يأمر الله 📌
الشك.**

**مباشرة مواجهة في أنفسهم يضعون فهم ،المقدس الكتاب ينكرون المسلمون كان إذا 📌
القرآن في وأوامره الله مع.**

خيارين أمام فالمسلمون ،تحرّف قد المقدس الكتاب كان إذا 📌:

1. **الحقيقية الله ككلمة اليوم هو كما المقدس الكتاب قبول إما.**
2. **الإسلام ترك وبالتالي ،فيه الله وأوامر القرآن رفض أو.**

الفصل خلاصة .5

مأمورون والمسلمون ،المحفوظه الله كلمتا هما والإنجيل التوراة أن يؤكد القرآن
بهما بالإيمان.

تحرّف قد المقدس الكتاب أن على القرآن في دليل يوجد لا.

كلمته بحفظ القرآن في الله وعود مع يتناقض التحريف ادعاء.

نفسه يجد حيث ،صعب موقف في نفسه يضع المقدس الكتاب ينكر الذي المسلم
القرآن في الواضحة الله أوامر إنكار إلى مضطرًا.

الأمر؟ هذا المسلمون يطيع فهل ،"مِّنْهُمْ أَحَدٍ بَيْنَ نُفَرِّقُ لَا" :قال الله

في الله كلام تكذيب تعني ذلك لإنكار محاولة وأي ،يتحرّف لم المقدس الكتاب ،إذن
نفسه القرآن.

والتوراة بالإنجيل آمن محمدًا أن يؤكد القرآن :السابع الفصل

بحفظها؟ وعد نفسه الله بينما تتحرّف أو تضيع أن السابقة للكتب يمكن هل

المائدة سورة (5:48):

"عَلَيْهِ وَمُهَيْمِنًا ٱلْكِتَٰبِ مِنَ يَدَيْهِ بَيْنَ لِّمَا مُصَدِّقًا بِٱلْحَقِّ ٱلْكِتَٰبَ إِلَيْكَ وَأَنزَلْنَآ" ۚ
(ترجمة معاني القرآن)

المقدس الكتاب ليحفظ جاء نفسه القرآن أن تثبت التي الأدلة أقوى من الآية هذه.

أي) "مُهَيْمِنًا" ليكون بل ،السابقة الكتب ليلغي يأتِ لم القرآن أن بوضوح يعلن الله
لها ومؤكدًا حافظًا).

القرآن إن الله يقول فلماذا ،القرآن نزول قبل تحرّف قد المقدس الكتاب كان إذا
فاسدًا؟ شيئًا الله يحفظ هل ؟"يحفظه"

كتبًا يحفظ أن للقرآن يمكن هل :خطير مأزق في المسلمون .1 فاسدة؟

إنه القرآن يقول فكيف ،الإسلام مجيء قبل تحرّف قد المقدس الكتاب كان إذا
؟"يحفظه"
مما ،حفظه في فشل القرآن أن يعني فذلك ،الإسلام نزول بعد تحرّف قد كان وإذا
!نفسه الله فشل يعني

الله أن ذلك يعني فهل .لإلغائها وليس ،السابقة الله كلمة لحماية مُنزَّل أنه يدعي القرآن
وعده؟ تحقيق في فشل
يتمكن لم القرآن أن يعني فذلك ،القرآن نزول بعد حدث التحريف إن المسلمون قال إذا
المزعوم؟ التحريف حصل فمتى .الحماية في مهمته تنفيذ من

القرآن في واضحًا فشلًا يُظهران الادّعاءين كلا فإن ،التحريف توقيت عن النظر بغض
.كلمته بحفظ الله ووعد

الله؟ من أقوى البشر يكون أن يمكن هل .2

الحجر سورة (15:9):
"إِنَّا نَحْنُ نَزَّلْنَا ٱلذِّكْرَ وَإِنَّا لَهُۥ لَحَٰفِظُونَ"

التوراة يشمل لا الوعد هذا أن المسلمون يفترض فلماذا ،الذكر بحفظ الله وعد إذا
والإنجيل؟
بحفظها؟ وعده رغم كلمته بتحريف ويقوموا الله من أقوى يكونوا أن للبشر يمكن هل

نفسه الله قدرة في يطعنون بذلك فهم ،تحرّف قد المقدس الكتاب إن المسلمون قال إذا
.كلمته حفظ على

المسلمون يقول فكيف ،السابقة الكتب بحفظ يأمر القرآن .3 زالت؟ إنها

الأنعام سورة (6:115):

''ۚ لِكَلِمَٰتِهِۦ مُبَدِّلَ لَا ۚ وَعَدْلًا صِدْقًا رَبِّكَ كَلِمَتُ وَتَمَّتْ''

التوراة أن المسلمون يدّعي فكيف ،''لِكَلِمَٰتِهِۦ مُبَدِّلَ لَا'' :بوضوح يقول القرآن كان إذا تغيرا؟ قد والإنجيل

بتحريفها؟ يسمح ثم تغييرها يمكن لا كلمته إن يقول أن لله يمكن هل

القرآن في الله وعود ينكرون المسلمين أن أو ،محفوظة الله كتب جميع تكون أن إما نفسه.

الكتاب؟ أهل إلى بالرجوع محمدًا الله أمر لماذا .4

يونس سورة (10:94):

''ۚ قَبْلِكَ مِن ٱلْكِتَٰبَ يَقْرَءُونَ ٱلَّذِينَ فَسْـَٔلِ إِلَيْكَ أَنزَلْنَآ مِّمَّآ شَكٍّ فِى كُنتَ فَإِن''

الكتاب؟ أهل إلى بالرجوع محمدًا الله يأمر فلماذا ،تحرّف قد المقدس الكتاب كان إذا

ومحرّف؟ فاسد بشيء يستعين بأن رسوله الله يأمر كيف

أمر قد يكون الله فإن وإلا ،محفوظين يزالان لا والإنجيل التوراة أن الواضح من محمدًا بالرجوع إلى كتاب محرف.

نفسه القرآن يهاجمون التحريف يدّعون الذين المسلمون .5

نفسه القرآن يهاجمون فإنهم ،تحرّف قد المقدس الكتاب أن المسلمون يدّعي عندما، السابقة الكتب يحفظ أنه يعلن القرآن لأن.

كلمته بحفظ القرآن في الله وعود مع يتناقض التحريف ادعاء.

عمران آل سورة (3:84):

وَيَعْقُوبَ وَإِسْحَٰقَ وَإِسْمَٰعِيلَ إِبْرَٰهِيمَ عَلَىٰٓ أُنزِلَ وَمَآ عَلَيْنَا أُنزِلَ وَمَآ بِٱللَّهِ ءَامَنَّا قُلْ"
"مِّنْهُمْ أَحَدٍ بَيْنَ نُفَرِّقُ لَا رَّبِّهِمْ مِن وَٱلنَّبِيُّونَ وَعِيسَىٰ مُوسَىٰ أُوتِىَ وَمَآ وَٱلْأَسْبَاطِ

به؟ بالإيمان المسلمين الله يأمر فكيف ،تحرّف قد المقدس الكتاب كان إذا

فاسد؟ بشيء بالإيمان المسلمين يأمر الله هل

مستحيل موقف في المسلمون .6

غير يكون القرآن فإن ،القرآن نزول قبل تحرّف المقدس الكتاب إن المسلمون قال إذا لحفظه جاء إنه يقول لأنه منطقي.

الكتب حفظ في القرآن بفشل يعترفون فإنهم ،القرآن نزول بعد تحرّف إنه قالوا وإذا السابقة.

الله ووعد القرآن فشل يُظهران الادّعاءين كلا فإن ،التحريف توقيت عن النظر بغض كلمته بحفظ.

الفصل خلاصة .7

مأمورون والمسلمون ،المحفوظتان الله كلمتا هما والإنجيل التوراة أن يؤكد القرآن بهما بالإيمان.

لا يوجد دليل في القرآن على أن الكتاب المقدس قد تحرّف.
ادعاء التحريف يتناقض مع وعود الله في القرآن بحفظ كلمته.
المسلم الذي ينكر الكتاب المقدس يضع نفسه في موقف صعب، حيث يجد نفسه مضطرًا إلى إنكار أوامر الله الواضحة في القرآن.

قال الله: "لَا نُفَرِّقُ بَيْنَ أَحَدٍ مِّنْهُمْ"، فهل يطيع المسلمون هذا الأمر؟

إذن، الكتاب المقدس لم يتحرّف، وأي محاولة لإنكار ذلك تعني تكذيب كلام الله في القرآن نفسه.

الفصل السابع: القرآن يؤكد أن محمدًا آمن بالإنجيل والتوراة

ثالثًا: إذا كان المسلمون يدّعون أن الكتاب المقدس الأصلي كان موجودًا ولكنه فُقد أو تحرّف، فليجيبوا على الأسئلة التالية:

1. إذا كان الكتاب المقدس الأصلي غير المحرف موجودًا سابقًا، فكيف تمكن البشر من تحريف كتاب الله؟
2. أليس هذا اعترافًا ضمنيًا بأن الله القوي قد هُزم على أيدي البشر الضعفاء؟
3. من الذي قام بتحريف هذا الكتاب الإلهي الذي ضمن الله نفسه أنه لن يتغير؟
4. أليس وعد الله بحفظ كتبه ينطبق بشكل أساسي على هذه الكتب الأصلية الأولى التي شكلت أساس تواصله الإلهي مع البشرية؟
5. لماذا فشل الله إذن في حماية هذه الكتب الأصلية التي يُفترض أنها كانت غير محرفة؟
6. ألا تتهمون الله بخداع عباده عندما تقولون إن كلامه لم يُحرف بينما تدّعون العكس؟
7. ألا تتهمون الله بالفشل في حماية كلمته من التحريف؟
8. ألا تمنعون المسلمين المخلصين من طاعة أمر الله بالإيمان بجميع كتبه؟

في محاولتهم اليائسة لإثبات أن الكتاب المقدس قد تحرّف، يرتكب هؤلاء المدافعون المسلمون تجديفًا خطيرًا ضد الله ويخدعون إخوانهم المسلمين عن قصد أو دون قصد.

والآن، بالنسبة لأولئك الذين يقولون إن الكتاب المقدس يحتوي فقط على "بعض الحقائق" وليس كله كلام الله، فإن الله يحذرهم بشدة في القرآن:

سورة البقرة (2:85):
"أَفَتُؤْمِنُونَ بِبَعْضِ ٱلْكِتَٰبِ وَتَكْفُرُونَ بِبَعْضٍ فَمَا جَزَآءُ مَن يَفْعَلُ ذَٰلِكَ مِنكُمْ إِلَّا خِزْيٌ فِى

ترجمة) ''تَعْمَلُونَ عَمَّا بِغَٰفِلٍ ٱللَّهُ وَمَا ۗ ٱلْعَذَابِ أَشَدِّ إِلَىٰٓ يُرَدُّونَ ٱلْقِيَٰمَةِ وَيَوْمَ ٱلدُّنْيَا ٱلْحَيَوٰةِ (يوسف علي

"ببعض؟ وتكفرون الكتاب ببعض أفتؤمنون" **:الاستنكار بصيغة يسأل الله**

وهو ،أخرى أجزاءً ويرفض الله كتاب من أجزاءً يقبل من لكل موجّه التحذير هذا البقية ويرفضون المقدس الكتاب آيات بعض يقبلون الذين المسلمين على ينطبق.

يهددهم حيث ،السلوك هذا يمارسون الذين لأولئك شديدة عقوبة من يحذر الله الآخرة في الأليم والعذاب الدنيا في بالخزي.

الآخر البعض ويرفضون المقدس الكتاب أجزاء بعض يقبلون الذين المسلمون ،إذن القيامة؟ يوم ''العذاب أشد'' لمواجهة استعداد على هم هل .نفسه الله تحذير يتحدّون

دليل أي بدون المقدس الكتاب يرفضون المسلمون!

المقدس الكتاب من آيات أي وتحديد اختيار في الإلهي الحق المسلمين منح الذي من صحيحة؟ غير وأيها صحيحة

كلمته؟ في خاطئ هو وما صحيح هو ما يقرروا حتى الله هم المسلمون هل

الموجود المقدس الكتاب مع مقارنته يمكنهم ''أصلي إنجيل'' المسلمين لدى هل مزيفة؟ وأيها صحيحة أجزاء أي لمعرفة اليوم

الأصلي التوقيع يُظهر لم ولكنه ،ما شخص توقيع بتزوير قمت أنك أحدهم ادّعى إذا الادعاء؟ هذا ستقبل فهل ،مطلقًا الشخص لهذا

أي تقديم من يتمكنوا لم إذا محرّف المقدس الكتاب بأن الادّعاء للمسلمين يمكن كيف بها؟ ليقارنوا أصلية نسخة

دليل؟ أي دون فارغ ادعاء مجرد هذا أليس

فإن ،مقارنتها يمكنهم المقدس الكتاب من أصلية نسخة أي المسلمين لدى يكن لم إذا له أساس لا افتراض مجرد سوى ليس تحرّف قد بأنه ادّعاءهم.

محرّف المقدس الكتاب هل :شديد تناقض في المسلمون ⚠️ به؟ للاستشهاد صالح أنه أم

إنه يقولون بينما محمد نبوة لإثبات المقدس الكتاب من المسلمون يقتبس لماذا 📌 محرف؟

صحة لإثبات المسلمون يستخدمه فلماذا ،تحريفه تم قد المقدس الكتاب كان إذا 📌 الإسلام؟

،تحرّف قد المقدس الكتاب إن يقولون فهم ،للغاية متناقض موقف في المسلمون 📖 كتاب يكون أن يمكن كيف .الإسلام صحة لإثبات يستخدمونه الوقت نفس في ولكنهم محمد؟ نبوة لإثبات به موثوقًا مصدرًا محرّف

،يناقضه لأنه صحيحًا ليس الإسلام فإن وبالتالي صحيحًا المقدس الكتاب يكون أن إما 📌 .باطل الإسلام لدعم به استشهاد أي فإن وبالتالي ،تحرّف قد المقدس الكتاب أن أو

!موقفه تبرير في يفشل الإسلام فإن ،الحالتين كلتا في 📌

والإنجيل؟ بالتوراة بالإيمان محمدًا الله أمر لماذا ⚠️

📖 عمران آل سورة (3:3-4):

"نَزَّلَ عَلَيْكَ ٱلْكِتَٰبَ بِٱلْحَقِّ مُصَدِّقًا لِّمَا بَيْنَ يَدَيْهِ وَأَنزَلَ ٱلتَّوْرَىٰةَ وَٱلْإِنجِيلَ مِن قَبْلُ هُدًى ◈ لِّلنَّاسِ وَأَنزَلَ ٱلْفُرْقَانَ"

ككتب "قَبْلُ مِن" نزلهما وأنه "لِّلنَّاسِ هُدًى" كانا والإنجيل التوراة إن يقول الله 📌 .مقدسة

قال عندما مخطئًا الله كان هل تحرّفت؟ قد الكتب هذه أن الآن المسلمون يعتقد فلماذا 📌 إنها هدى؟

ذلك من صراحةً المسلمين الله يحذر لم فلماذا ،تحرّفتا والإنجيل التوراة كانت إذا 📌 في القرآن؟

يرفضونه الذين والمسلمون ،المقدس الكتاب صحة على يشهد القرآن أن الواضح من 💡
القرآن مع صريح تناقض في هم.

السابع الفصل خلاصة 📌:

📌 دون ،المقدس الكتاب ذلك في بما ،الله كتب بجميع بالإيمان المسلمين يأمر القرآن
تمييز.

📌 نفسه القرآن تعاليم مع يتعارض محرّف المقدس الكتاب بأن ادعاء أي.

📌 يصبح القرآن فإن ،الإسلام نزول قبل تحرّف المقدس الكتاب إن المسلمون قال إذا
ليحفظه جاء إنه يقول لأنه منطقي غير.

📌 بحفظ مهمته في فشل القرآن أن يعني فهذا ،الإسلام نزول بعد تحرّف إنه قالوا إذا
المقدس الكتاب ،مما يعني فشل الله نفسه!

📌 الوقت نفس وفي الإسلام صحة لإثبات المقدس الكتاب استخدام للمسلمين يمكن لا
محرّف بأنه الادعاء.

📌 أنه أكد ،العكس على بل ،تحرّف قد المقدس الكتاب أن من المسلمين يحذر لم الله
محفوظ.

💡 القرآن يرفضون الحقيقة في هم المقدس الكتاب يرفضون الذين المسلمون ،إذن
الله كلام ويكذبون ،نفسه!

قد السماوية الكتب ينكر من أن يؤكد القرآن :السابع الفصل
بعيدًا ضلالًا ضل

⚡ إلى الله يوجهه الذي الشديد التحذير هذا الآن تأمل
المقدس الكتاب ينكرون الذين المسلمين:

📖 النساء سورة (4:136):
"يَا أَيُّهَا ٱلَّذِينَ ءَامَنُوٓاْ ءَامِنُواْ بِٱللَّهِ وَرَسُولِهِۦ وَٱلْكِتَٰبِ ٱلَّذِى نَزَّلَ عَلَىٰ رَسُولِهِۦ وَٱلْكِتَٰبِ ٱلَّذِىٓ

ضَلَٰلًا ضَلَّ فَقَدْ ٱلْءَاخِرِ وَٱلْيَوْمِ وَرُسُلِهِۦ وَكُتُبِهِۦ وَمَلَٰٓئِكَتِهِۦ بِٱللَّهِ يَكْفُرْ وَمَن ۚ قَبْلُ مِن أَنزَلَ
"بَعِيدًا (ترجمة يوسف علي)

".بعيدًا ضلالًا" ضل فقد "بكتبه يكفر" من أن بجلاء يوضح القرآن
مما ،الجمع بصيغة "كتبه" قالت بل ،المفرد بصيغة "كتابه" تقل لم الآية أن لاحظ
.الله أنزلها التي السماوية الكتب جميع إلى يشير
قبل أنزلت التي الكتب يشمل التحذير هذا فإن ،السماوية الكتب آخر هو القرآن ولأن
.والإنجيل والزبور التوراة أي ،القرآن
.المقدس الكتاب في فقط اليوم موجودة الثلاثة الكتب هذه

فإنه ،المقدس بالكتاب الإيمان دون بالقرآن فقط يؤمن المسلم كان إذا أنه يعني هذا
.انتظاره في شديدة وعقوبة ،"بعيدًا ضلالًا ضل"

البقرة سورة) الآيتين بأن تؤمن كنت إذا ،المسلم أيها ،الأبدية الله كلمات من هما (4:136 النساء وسورة 2:85 !المقدس الكتاب عن تعلمته فيما النظر إعادة فعليك

:التالية الأسئلة نفسك اسأل
1 هل من المنطقي أن يحذرني الله من أنني سأضل ضلالًا بعيدًا إذا أنكرت كتبه، إذا كانت
كتبه قد فُقدت؟
2 هل من المنطقي أن يحذرني الله من أنني سأضل ضلالًا بعيدًا إذا كانت كتبه قد تحرفت؟
3 هل من المنطقي أن يجهز الله لي عذابًا أليمًا إذا أنكرت كتبه، بينما هي غير موجودة أو
مزورة؟

إذا كانت كتب الله قد فُقدت أو تحرفت كما يدعي البعض، فإن هذا التحذير القرآني
!يصبح بلا معنى

إذن، لماذا لا يزال هذا التحذير موجودًا في القرآن حتى اليوم؟
لماذا لا يزال الله يطلب من المسلمين أن يؤمنوا بجميع كتبه، وليس فقط بالقرآن؟

لملايين فائدة بلا سيكون التحذير هذا فإن ،محفوظ مقدس كتاب هناك يكن لم إن ⚠️ القرآن في اليوم يقرؤونه الذين المسلمين!

الكتاب لتعاليم الخضوع لعدم المسلم أيها لك عذر لا 📖 المقدس!

تعاليم تنكر بذلك فإنك ،القرآن باستثناء كتبه جميع بتحريف سمح الله أن زعمت إذا 📌 نفسه القرآن.

عنهما يتحدث الذي القرآن تناقض فإنك ،تحرفا قد والإنجيل التوراة إن قلت إذا 📌 شديد باحترام.

به؟ بالإيمان ويأمر به يشيد القرآن بينما بالتحريف المقدس الكتاب تتهم كيف 📌

أن أم نفسه؟ مع يتناقض أن يمكن القرآن هل !منفتح بعقل التناقض هذا في فكر 💡 فهمه؟ يسيئون من هم المسلمين

على ويؤكد يمدحها إنه ،العكس بل ،تحرفت قد السابقة الكتب إن أبدًا يقول لا القرآن 📖 صحتها.

حقيقي دليل أي دون المقدس الكتاب يرفضون المسلمون ⚡!

أنه يعتقدون كانوا إذا محمد نبوة لإثبات المقدس الكتاب المسلمون يستخدم لماذا 📌 محرف؟

صحة ليؤكدوا منه المسلمون يقتبس فلماذا ،تحرف قد المقدس الكتاب كان إذا 📌 الإسلام؟

،تحرف قد المقدس الكتاب إن يقولون فهم ،للغاية متناقض موقف في المسلمون
كتاب يكون أن يمكن كيف .الإسلام صحة لإثبات يستخدمونه الوقت نفس في ولكنهم
محمد؟ نبوة لإثبات به موثوقًا مصدرًا محرف

،يناقضه لأنه صحيحًا ليس الإسلام فإن وبالتالي صحيحًا المقدس الكتاب يكون أن إما
.باطل الإسلام لدعم به استشهاد أي فإن وبالتالي ،تحرف قد المقدس الكتاب أن أو

!موقفه تبرير في يفشل الإسلام فإن ،الحالتين كلتا في

:الفصل هذا خلاصة

دون ،المقدس الكتاب ذلك في بما ،الله كتب بجميع بالإيمان المسلمين يأمر القرآن
.تمييز

.نفسه القرآن تعاليم مع يتعارض محرّف المقدس الكتاب بأن ادعاء أي

يصبح القرآن فإن ،الإسلام نزول قبل تحرّف المقدس الكتاب إن المسلمون قال إذا
.ليحفظه جاء إنه يقول لأنه منطقي غير

بحفظ مهمته في فشل القرآن أن يعني فهذا ،الإسلام نزول بعد تحرّف إنه قالوا إذا
!نفسه الله فشل يعني مما ،المقدس الكتاب

الوقت نفس وفي الإسلام صحة لإثبات المقدس الكتاب استخدام للمسلمين يمكن لا
.محرّف بأنه الادعاء

أنه أكد ،العكس على بل ،تحرّف قد المقدس الكتاب أن من المسلمين يحذر لم الله
.محفوظ

القرآن يرفضون الحقيقة في هم المقدس الكتاب يرفضون الذين المسلمون ،إذن
!الله كلام ويكذبون ،نفسه

،والحكم ،الكتاب أُعطوا قد السابقون الأنبياء :الثامن الفصل والنبوة

والنبوة ،والحكم ،الكتاب أُعطوا قد السابقون الأنبياء 📖

:قال الله في القرآن الكريم

6:84-89: الأنعام سورة 📖
"وَوَهَبْنَا لَهُۥٓ إِسْحَٰقَ وَيَعْقُوبَ ۚ كُلًّا هَدَيْنَا ۚ وَنُوحًا هَدَيْنَا مِن قَبْلُ ۖ وَمِن ذُرِّيَّتِهِۦ دَاوُۥدَ وَسُلَيْمَٰنَ وَأَيُّوبَ وَيُوسُفَ وَمُوسَىٰ وَهَٰرُونَ ۚ وَكَذَٰلِكَ نَجْزِى ٱلْمُحْسِنِينَ ۝ وَزَكَرِيَّا وَيَحْيَىٰ وَعِيسَىٰ وَإِلْيَاسَ ۖ كُلٌّ مِّنَ ٱلصَّٰلِحِينَ ۝ وَإِسْمَٰعِيلَ وَٱلْيَسَعَ وَيُونُسَ وَلُوطًا ۚ وَكُلًّا فَضَّلْنَا عَلَى ٱلْعَٰلَمِينَ ۝ وَمِنْ ءَابَآئِهِمْ وَذُرِّيَّٰتِهِمْ وَإِخْوَٰنِهِمْ ۖ وَٱجْتَبَيْنَٰهُمْ وَهَدَيْنَٰهُمْ إِلَىٰ صِرَٰطٍ مُّسْتَقِيمٍ ۝ ذَٰلِكَ هُدَى ٱللَّهِ يَهْدِى بِهِۦ مَن يَشَآءُ مِنْ عِبَادِهِۦ ۚ وَلَوْ أَشْرَكُوا۟ لَحَبِطَ عَنْهُم مَّا كَانُوا۟ يَعْمَلُونَ ۝ أُو۟لَٰٓئِكَ ٱلَّذِينَ ءَاتَيْنَٰهُمُ ٱلْكِتَٰبَ وَٱلْحُكْمَ وَٱلنُّبُوَّةَ ۚ فَإِن يَكْفُرْ بِهَا هَٰٓؤُلَآءِ فَقَدْ وَكَّلْنَا بِهَا قَوْمًا لَّيْسُوا۟ بِهَا بِكَٰفِرِينَ" (ترجمة يوسف علي).

☝ **هذه الآية القرآنية تتحدث عن الأنبياء الذين سبقوا محمدًا، والذين أعطوا "الكتاب" و"الحكم" و"النبوة".**

- ◈ هؤلاء الأنبياء كانوا رجالًا أتقياء اختارهم الله ووجههم.
- ◈ يسمي القرآن بعض هؤلاء الأنبياء، ومن بينهم داود وموسى وعيسى وغيرهم من الشخصيات التوراتية.
- ◈ هؤلاء الأنبياء عاشوا وماتوا قبل محمد بزمن طويل.

💡 **إذن، عندما قال الله لمحمد: "فَإِن يَكْفُرْ بِهَا هَٰٓؤُلَآءِ" فإنه لم يكن يشير إلى الأنبياء السابقين، بل إلى "ذريتهم" الذين كانوا معاصرين لمحمد.**

☝ **لهذا السبب، أضاف المترجم يوسف علي في تفسيره: "ذريتهم" للمساعدة في فهم النص في السياق.**

جدًا؟ مهمة الآية هذه لماذا

1 الذين ،به الحقيقيين المؤمنين أيدي في دائمًا سيظل المقدس الكتاب أن يضمن الله
الله ككلمة عليه يحافظون.
تغيير أو تحريف أي من دائمًا محفوظًا المقدس الكتاب بقاء يضمن الله أن يعني هذا.
أناس أيدي إلى نقله لضمان سيتدخل الله فإن ،لتحريفه محاولة أي هناك كان إذا يحمونه.
المسلمون يدعي كما تحرف قد المقدس الكتاب يكون أن يمكن لا ،إذن.

2 المقدس الكتاب على الحفاظ أهمية على يؤكد الله يزال لا ،القرآن نزول بعد حتى.
من فهل ،"تحريفه" بسبب المقدس الكتاب محل ليحل جاء قد القرآن كان لو
عليه؟ بالحفاظ الله يأمر أن المنطقي
محرف؟ أنه يُفترض كان إذا مقدسًا كتابًا الله يحمي لماذا
المقدس الكتاب محل ليحل جاء القرآن بأن الإسلامي الادعاء تمامًا يدمر هذا.

3 الكتاب نفس هو محمد زمن في موجودًا كان الذي المقدس الكتاب أن تثبت الآية هذه
اليوم أيدينا بين الذي المقدس.
الخطأ الأيدي في يقع بأن المقدس للكتاب أبدًا يسمح لن بأنه وعد الله لأن.
المحرفة غير الله ككلمة الأبد إلى وسيبقى ،يتغير لم المقدس الكتاب أن يؤكد هذا.

ينكرون المقدس الكتاب موثوقية ينكرون الذين المسلمون نفسه الله!

- محفوظ أنه القرآن في يؤكد الله بينما المقدس الكتاب ينكروا أن للمسلمين يمكن كيف دائمًا؟
- تم قد بأنه القول على يجرؤ فمن ،محفوظًا سيبقى المقدس الكتاب إن الله قال إذا تحريفه؟
- المسلمين؟ علماء أم الله ،نصدقه أن يجب الذي من

كاذبًا؟ الله يكون أن يمكن هل :متفتح بعقل السؤال هذا في تفكر أن عليك ،المسلم أيها
!لا بالطبع

بالفشل الله يتهم الحقيقة في فهو ،تغير قد المقدس الكتاب أن يدعي مسلم أي ،إذن
!كلمته حماية في

باستمرار يؤكد القرآن ،العكس بل .تحرف قد المقدس الكتاب إن أبدًا يقل لم القرآن
.المحرفة غير الله كلمة أنه

صحيحة تزال لا تعاليمه جميع أن يعني فهذا ،يتحرف لم المقدس الكتاب أن وبما
.اتباعها ،المسلمون فيهم بمن ،الجميع على ويجب

الإسلام أن يعني هذا فإن ،الإسلام تعاليم مع يتناقض المقدس الكتاب أن بما ،ولكن
!الله عند من ليس

الكتاب أن أو ،صحيحًا ليس الإسلام وبالتالي ،صحيحًا المقدس الكتاب يكون أن إما
الإسلام ،الحالتين كلتا وفي .كلمته حماية في ينجح لم الله أن يعني مما ،تحرف قد المقدس
!يفشل

:الفصل هذا خلاصة

أبدًا يسمح لن وأنه ،السابقين للأنبياء المقدس الكتاب أعطى قد الله أن يؤكد القرآن
.الخطأ الأيدي في يسقط بأن

يعني مما ،وعده تحقيق في فشل الله أن يعني فهذا ،تحرف قد المقدس الكتاب كان إذا
.كاذب القرآن أن

.دائمًا محفوظًا سيبقى إنه قال بل ،تغير قد المقدس الكتاب إن أبدًا يقل لم الله

!كفر وهذا ،بالكذب الله يتهمون المقدس الكتاب ينكرون الذين المسلمون

.للحق الأساسي المرجع وهو ،الحقيقية الله كلمة هو المقدس الكتاب أن يؤكد القرآن

القرآن يهاجمون الواقع في هم المقدس الكتاب يهاجمون الذين المسلمون ،إذن
!نفسه

الفصل الثامن: إذا كان الأنبياء السابقون قد أُعطوا الكتاب والحكم والنبوة، فلماذا نحتاج إلى القرآن؟

هل كانت كتب الأنبياء السابقين ناقصة؟

سؤال جوهري يجب على كل مسلم التفكير فيه بجدية: إذا كان الله قد أنزل الكتب السماوية على الأنبياء السابقين، وأعطاهم **الحكم** و**النبوة** و**الكتاب**، فلماذا إذن نحتاج إلى القرآن؟ هل كانت هذه الكتب ناقصة؟

يقول القرآن في سورة الأنعام 6:89:
"أُو۟لَٰٓئِكَ ٱلَّذِينَ ءَاتَيْنَٰهُمُ ٱلْكِتَٰبَ وَٱلْحُكْمَ وَٱلنُّبُوَّةَ ۚ فَإِن يَكْفُرْ بِهَا هَٰٓؤُلَآءِ فَقَدْ وَكَّلْنَا بِهَا قَوْمًا لَّيْسُوا۟ بِهَا بِكَٰفِرِينَ"

هذه الآية توضح أن الأنبياء السابقين أُعطوا جميع الأمور الدينية الأساسية: الكتاب، الحكم، والنبوة.

يقول القرآن في سورة النساء 4:163-164:
"إِنَّآ أَوْحَيْنَآ إِلَيْكَ كَمَآ أَوْحَيْنَآ إِلَىٰ نُوحٍ وَٱلنَّبِيِّۦنَ مِنۢ بَعْدِهِۦ ۚ وَأَوْحَيْنَآ إِلَىٰٓ إِبْرَٰهِيمَ وَإِسْمَٰعِيلَ وَإِسْحَٰقَ وَيَعْقُوبَ وَٱلْأَسْبَاطِ وَعِيسَىٰ وَأَيُّوبَ وَيُونُسَ وَهَٰرُونَ وَسُلَيْمَٰنَ ۚ وَءَاتَيْنَا دَاوُۥدَ زَبُورًا"

- **الكتاب الذي نزل على هؤلاء الأنبياء كان كاملاً، ولم يكن هناك حاجة إلى كتاب جديد!**
- **إذا كان الكتاب الذي أنزله الله على موسى وعيسى وسائر الأنبياء كاملاً، فلماذا إذن نحتاج إلى القرآن؟**
- **هل الله غير قادر على إنزال كتاب كامل من البداية؟!**

الذي القرآن يُستخدم فلماذا ،ناقصة الكتب هذه تكن لم إذا بالكامل؟ يناقضها

يقول في القرآن سورة المائدة 5:46-47:
"وَقَفَّيْنَا عَلَىٰٓ ءَاثَٰرِهِم بِعِيسَى ٱبْنِ مَرْيَمَ مُصَدِّقًا لِّمَا بَيْنَ يَدَيْهِ مِنَ ٱلتَّوْرَىٰةِ ۖ وَءَاتَيْنَٰهُ ٱلْإِنجِيلَ فِيهِ هُدًى وَنُورٌ وَمُصَدِّقًا لِّمَا بَيْنَ يَدَيْهِ مِنَ ٱلتَّوْرَىٰةِ وَهُدًى وَمَوْعِظَةً لِّلْمُتَّقِينَ ۝ وَلْيَحْكُمْ أَهْلُ ٱلْإِنجِيلِ بِمَآ أَنزَلَ ٱللَّهُ فِيهِ ۚ وَمَن لَّمْ يَحْكُم بِمَآ أَنزَلَ ٱللَّهُ فَأُو۟لَٰٓئِكَ هُمُ ٱلْفَٰسِقُونَ"

- القرآن نفسه يعترف بأن التوراة والإنجيل هما "هدى ونور".
- ويأمر أهل الإنجيل بالحكم بما أنزل الله فيه.
- لكن القرآن نفسه يتناقض مع تعاليم الإنجيل والتوراة في الكثير من القضايا، مما يضع المسلمين في مأزق كبير.

✕ إذا كان الكتاب المقدس هو "هدى ونور"، فلماذا يحتاج المسلمون إلى القرآن الذي يناقضه بالكامل؟

إذا كانت التوراة والإنجيل متوفرتين في زمن محمد، فلماذا يُزعم أنهما محرّفتان؟

يقول في القرآن سورة المائدة 5:43:
"وَكَيْفَ يُحَكِّمُونَكَ وَعِندَهُمُ ٱلتَّوْرَىٰةُ فِيهَا حُكْمُ ٱللَّهِ ۚ"

- هذه الآية توضح أن اليهود في زمن محمد كانوا يحتكمون إلى التوراة التي تحتوي على "حكم الله".
- فإذا كانت التوراة قد تم تحريفها، فلماذا يحتكم إليها؟
- كيف يُعقل أن يأمر القرآن بالاحتكام إلى كتاب يُزعم أنه مُحرَّف؟

أيضًا، يقول في القرآن سورة يونس 10:94:
"فَإِن كُنتَ فِى شَكٍّ مِّمَّآ أَنزَلْنَآ إِلَيْكَ فَسْـَٔلِ ٱلَّذِينَ يَقْرَءُونَ ٱلْكِتَٰبَ مِن قَبْلِكَ ۚ"

أهل إلى بالرجوع محمدًا الله يأمر فلماذا ،تحريفهما تم قد والإنجيل التوراة كانت إذا ◈ الإرشاد؟ على للحصول الكتاب
!لا بالطبع محرف؟ كتاب إلى الرجوع محمد من الله يطلب أن يمكن هل ◈

جميع في والإنجيل التوراة نسخ جميع تحريف يمكن كيف ⚡ العالم؟ أنحاء

📖 .الإسلام ظهور قبل وأفريقيا ،وآسيا ،أوروبا في منتشرًا كان المقدس الكتاب
📖 .والسريانية واللاتينية واليونانية العبرية باللغة المخطوطات آلاف هناك كانت
📖 الوقت؟ نفس في النسخ هذه جميع تغيير يمكن كيف

☝ منطقي غير إدعاء هو تحريفها تم قد والإنجيل التوراة نسخ جميع بأن الادعاء .تاريخيًا ومستحيل
📜 تتطابق وهي ،الإسلام قبل السنين مئات إلى تعود المقدس للكتاب مخطوطات لدينا .اليوم لدينا ما مع
📜 ،الميلاد قبل الثاني القرن إلى تعود التي الميت البحر مخطوطات :المثال سبيل على .الميلادي الرابع القرن إلى تعود التي والسينائية الفاتيكان ومخطوطات

◈ مع القديمة المخطوطات هذه تتطابق فكيف ،تحرف قد المقدس الكتاب كان إذا الحديثة؟ النصوص
◈ والإنجيل؟ التوراة "تحريف" على تاريخي دليل أي تقديم المسلمون يستطيع لا لماذا

✕ تقديم يستطيعون لا لكنهم ،كتبهم حرّفوا والنصارى اليهود أن يدّعون المسلمون !المقدس الكتاب من مختلفة نسخة على واحد دليل

الفصل هذا خلاصة:

- القرآن إلى حاجة هناك يكن ولم كاملاً يزال ولا كان المقدس الكتاب.
- إنهما المسلمون يقول فكيف ،"ونور هدى" هما والإنجيل التوراة بأن يعترف القرآن محرَّفتان؟
- اليوم المسلمون يزعم فلماذا ،محمد زمن في متوفرتين والإنجيل التوراة كانت إذا محرّفتان؟ أنهما
- تحريفه يمكن فكيف ،العالم أنحاء جميع في انتشر قد المقدس الكتاب كان إذا بالكامل؟

يحاول الذي هو الإسلام بل ،أبدًا يتحرف لم المقدس الكتاب أن هي الواضحة الحقيقة الحقيقة تحريف!

للحقيقة الوحيد المرجع وهو ،الحقيقية الله كلمة هو المقدس الكتاب.

يائسة محاولة الواقع في هي المقدس الكتاب تحريف لإثبات محاولة أي فإن ،لذا منها يعاني التي التناقضات من الإسلام لإنقاذ.

09 الفصل

لسورة وفقًا الخطأ من معصوم المقدس الكتاب :التاسع الفصل 6:89-90 الأنعام

المقدس الكتاب عصمة على القرآنية الأدلة 📖

في الفصل السابق، ناقشنا سورة الأنعام 6:84-89. الآن، سنواصل تحليلنا بالنظر إلى الآيتين التاليتين 6:89-90. توفر لنا هاتان الآيتان دليلًا قويًا آخر على سلامة الكتاب المقدس وعدم تحريفه، وهو ما تؤكده أيضًا أصح كتب الحديث في العالم الإسلامي.

6:89-90 الأنعام سورة في القرآن يقول 📖:

"أُولَٰٓئِكَ ٱلَّذِينَ ءَاتَيْنَٰهُمُ ٱلْكِتَٰبَ وَٱلْحُكْمَ وَٱلنُّبُوَّةَ ۚ فَإِن يَكْفُرْ بِهَا هَٰٓؤُلَآءِ فَقَدْ وَكَّلْنَا بِهَا قَوْمًا لَّيْسُوا۟ بِهَا بِكَٰفِرِينَ ۞ أُو۟لَٰٓئِكَ ٱلَّذِينَ هَدَى ٱللَّهُ ۖ فَبِهُدَىٰهُمُ ٱقْتَدِهْ ۗ قُل لَّآ أَسْـَٔلُكُمْ عَلَيْهِ أَجْرًا ۖ إِنْ هُوَ إِلَّا ذِكْرَىٰ لِلْعَٰلَمِينَ" (يوسف علي)

:الآيات هذه تحليل 💡

◈ **"أُو۟لَٰٓئِكَ ٱلَّذِينَ ءَاتَيْنَٰهُمُ ٱلْكِتَٰبَ"** – أي أن الله أعطى الأنبياء السابقين **الكتاب** (التوراة والإنجيل).

◈ **"أُو۟لَٰٓئِكَ ٱلَّذِينَ هَدَى ٱللَّهُ"** – أي أن هؤلاء الأنبياء قد تلقوا الهداية الإلهية من الله مباشرةً.

◈ **"فَبِهُدَىٰهُمُ ٱقْتَدِهْ"** – أمر الله محمدًا أن يقتدي بهداهم.

👉 هذا يعني أن محمدًا كان مأمورًا باتباع الكتب السابقة، مما يدل على أنها لم تكن مفقودة أو محرفة!

محرّفة؟ كتب باتباع محمدًا الله أمر هل

باتباعه؟ محمدًا نبيه الله يأمر فكيف ،تحرف قد المقدس الكتاب كان إذا

- بأن نبيه الله يأمر فكيف ،محمد زمن قبل تحريفهما تم قد والإنجيل التوراة كانت إذا الكتب؟ تلك أُعطوا الذين الأنبياء بهدى يقتدي
- ينزل لم ولماذا ذلك؟ من الله يحذر لم فلماذا ،محمد زمن بعد حدث قد التحريف كان إذا تغير؟ قد أنه مزعوم كتاب إلى الرجوع من المسلمين تحذر آية

،باتباعه مأمور محمدًا وأن "الهدى" على يحتوي المقدس الكتاب أن القرآن يؤكد التحريف من محفوظ أنه يعني مما.

بالقرآن؟ المقدس الكتاب يُستبدل لم لماذا

يتناقض الاعتقاد هذا لكن ،السابقة الكتب محل ليحل جاء القرآن أن المسلمون يعتقد نفسه القرآن تعاليم مع.

5:46-47: المائدة سورة في القرآن يقول

وَءَاتَيْنَٰهُ ٱلتَّوْرَىٰةِ مِنَ يَدَيْهِ بَيْنَ لِّمَا مُصَدِّقًا مَرْيَمَ ٱبْنِ بِعِيسَى ءَاثَٰرِهِم عَلَىٰٓ وَقَفَّيْنَا"
"وَنُورٌ هُدًى فِيهِ ٱلْإِنجِيلَ

- اليوم المسلمون يدّعي فلماذا ،"ونور هدى" على يحتويان والتوراة الإنجيل كان إذا تحرفا؟ قد أنهما
- كلمته؟ حفظ في فشل قد الله يكون أن يمكن هل

!ذلك؟ في يفشل أن يُعقل فهل ،كلمته بحفظ وعد قد الله كان إذا

السابقة؟ الكتب اتباع عن الصحيح الحديث يقول ماذا

156: حديث ،60 كتاب ،6 المجلد ،البخاري صحيح في جاء

ابن فأجابه ،38:24 ص سورة في السجود عن عباس ابن سأل أنه مجاهد روى قائلاً عباس:
(6:85-90 الأنعام سورة) "ٱقْتَدِهْ فَبِهُدَىٰهُمُ ٱللَّهُ هَدَى ٱلَّذِينَ أُو۟لَٰٓئِكَ" :قرأ ثم ،نعم".
"بهم يقتدي أن أمر ممن (محمد) نبيكم كان" :عباس ابن قال ثم.

أن يعني مما ،والإنجيل التوراة أنبياء باتباع مأمورًا كان محمدًا أن يؤكد الحديث هذا محرفة وغير صحيحة تزال لا تعاليمهم!

الأدلة؟ هذه المسلمون يتجاهل لماذا

تاريخي أو علمي دليل دون محرّف المقدس الكتاب أن الصغر منذ يُلقنون المسلمون!
تغيّر قد المقدس الكتاب أن على تاريخي دليل أي يوجد لا!
ذلك؟ المسلمون ينكر فلماذا ،والإنجيل التوراة مصداقية على يشهد نفسه القرآن

يقولوا أن للمسلمين يمكن فكيف ،والإنجيل التوراة باتباع محمدًا أمر الله كان إذا اليوم أن هذه الكتب محرّفة؟

الفصل هذا خلاصة:

- ✓ **"ونور هدى" هما والإنجيل التوراة بأن يشهد القرآن.**
- ✓ **بينها التمييز وعدم السابقة الكتب باتباع محمدًا يأمر القرآن.**
- ✓ **التوراة أُعطوا الذين الأنبياء باتباع مأمورًا كان محمدًا أن يؤكد الصحيح الحديث والإنجيل.**

عكس تثبت والقرآنية التاريخية الأدلة بل ،المقدس الكتاب تحريف على دليل يوجد لا ✅ ذلك.

،الله لكلام الحقيقي المرجع وهو ،يتحرّف ولم محفوظ المقدس الكتاب :الخلاصة 📖 القرآن وليس!

لسورة وفقًا معصوم المقدس الكتاب :التاسع الفصل 📖 الأنعام 6:89-90

والتوراة (المزامير) الزبور عصمة على القرآني الدليل ✨

يؤكد القرآن في مواضع متعددة أن النبي **محمد** كان مأمورًا باتباع الأنبياء السابقين وأخذ الهداية من الكتب التي أوحيت إليهم، بما في ذلك **الزبور (المزامير)**، **التوراة**، **والإنجيل**. هذا يثبت بما لا يدع مجالًا للشك أن هذه الكتب لم تكن محرفة أو ضائعة في زمن محمد، وإلا فكيف يأمره الله باتباعها؟

6:84: الأنعام سورة في الله يقول ◈
"وَوَهَبْنَا لَهُۥٓ إِسْحَٰقَ وَيَعْقُوبَ ۚ كُلًّا هَدَيْنَا ۚ وَنُوحًا هَدَيْنَا مِن قَبْلُ ۖ وَمِن ذُرِّيَّتِهِۦ دَاوُۥدَ وَسُلَيْمَٰنَ وَأَيُّوبَ وَيُوسُفَ وَمُوسَىٰ وَهَٰرُونَ ۚ وَكَذَٰلِكَ نَجْزِى ٱلْمُحْسِنِينَ"

باتباعه محمدًا وأمر (الزبور) الكتاب داود أعطى الله أن تأكيد: 💡
4:163: النساء سورة 📖
"إِنَّآ أَوْحَيْنَآ إِلَيْكَ كَمَآ أَوْحَيْنَآ إِلَىٰ نُوحٍ وَٱلنَّبِيِّۦنَ مِنۢ بَعْدِهِۦ ۚ وَأَوْحَيْنَآ إِلَىٰٓ إِبْرَٰهِيمَ وَإِسْمَٰعِيلَ وَإِسْحَٰقَ وَيَعْقُوبَ وَٱلْأَسْبَاطِ وَعِيسَىٰ وَأَيُّوبَ وَيُونُسَ وَهَٰرُونَ وَسُلَيْمَٰنَ ۚ وَءَاتَيْنَا دَاوُۥدَ زَبُورًا" (يوسف علي)

17:55: الإسراء سورة 📖
"وَرَبُّكَ أَعْلَمُ بِمَن فِى ٱلسَّمَٰوَٰتِ وَٱلْأَرْضِ ۗ وَلَقَدْ فَضَّلْنَا بَعْضَ ٱلنَّبِيِّۦنَ عَلَىٰ بَعْضٍ ۖ وَءَاتَيْنَا دَاوُۥدَ زَبُورًا" (بيكثال)

الزبور؟ باقي القرآن يحفظ لم لماذا

إذا كان القرآن قد جاء ليكشف الحق ويصحح ما فُقد أو تحرف، فلماذا لا نجد الزبور كاملًا في القرآن؟ في الواقع، نجد فقط جملة واحدة مقتبسة منه:

21:105: الأنبياء سورة
"وَلَقَدْ كَتَبْنَا فِى ٱلزَّبُورِ مِنۢ بَعْدِ ٱلذِّكْرِ أَنَّ ٱلْأَرْضَ يَرِثُهَا عِبَادِىَ ٱلصَّٰلِحُونَ"

الأصلي الزبور كتاب من جدًا ضئيل جزء سوى يمثل لا هذا لكن!
داود؟ إلى به الله أوحى الذي الزبور بقية أين
بالكامل؟ باستعادته القرآن يقم لم فلماذا ،تحرف أو ضاع قد الزبور كان إذا

الإجابة واضحة: الزبور محفوظ بالكامل في الكتاب المقدس! وهو يتكون من **150 مزمورًا** كاملًا محفوظة حتى يومنا هذا.

الأصلية والمزامير القرآن اقتباسات بين مقارنة

37:29: المزمور
"الصديقون يرثون الأرض، ويسكنونها إلى الأبد."

89:34: المزمور
"لا أنقض عهدي، ولا أغيّر ما خرج من شفتيّ."

من الواضح أن الكتاب المقدس قد حفظ كلمات الله دون تحريف، وهو المرجع الأصلي الذي أوصى الله محمدًا باتباعه.

الحقيقيين المؤمنين عبادة كيفية حول الله تعليمات 📖 (المزمور 15:1-5)

- ◈ خيمتك؟ في ينزل من ،يهوه يا
- ◈ قدسك؟ جبل في يسكن من
- ◈ قلبه في بالحق والمتكلم ،بالعدل والعامل ،بالكمال السالك.
- ◈ قريبه يعيّر ولا ،بصاحبه شرًا يصنع ولا ،بلسانه يغتاب لا الذي.
- ◈ ضرر على ولو يمينه ويحفظ ،للرب المتقين يكرم الذي.
- ◈ البريء ضد رشوة يقبل ولا ،بالربا ماله يعطي لا الذي.
- ◈ الأبد إلى يتزعزع لا هذا يفعل من.

خطأ؟ أي يوجد هل تحريف؟ أي الآيات هذه في هل

بها؟ الله أوحى التي الجميلة التعاليم هذه قراءة من المسلمون يمنع لماذا

الأدلة؟ هذه المسلمون يتجاهل لماذا

- تاريخي أو علمي دليل أي دون محرف المقدس الكتاب أن المسلمين تلقين تم لقد.
- محمد زمن منذ تغير قد المقدس الكتاب أن على واحد دليل يوجد لا!
- المسلمون يرفض فلماذا ،والزبور والإنجيل التوراة صحة على يشهد نفسه القرآن ذلك؟

يفعلون؟ لا اليوم المسلمون فلماذا ،الكتب بهذه يؤمن محمد كان إذا

الفصل هذا خلاصة 📖

- ✔ الله من به موحى كتاب الزبور أن يثبت القرآن.
- ✔ كتبهم من الهداية وأخذ السابقين الأنبياء باتباع محمدًا يأمر القرآن.

✅ لا يوجد أي دليل قرآني على أن هذه الكتب تم تحريفها.
✅ الحديث الصحيح يثبت أن محمدًا كان مأمورًا باتباع التوراة والإنجيل والزبور.
✅ المزامير لا تزال محفوظة بالكامل في الكتاب المقدس، بينما القرآن اقتبس منها جزءًا بسيطًا فقط.

📖 الخلاصة: الكتاب المقدس معصوم ومحفوظ ولم يتحرّف، وهو المرجع الحقيقي لكلام الله، وليس القرآن!

📖 الفصل التاسع: الكتاب المقدس معصوم وفقًا لسورة الأنعام 6:89-90

📜 هل يمكن أن يكون الكتاب المقدس قد تحرف؟

◈ إذا كان الكتاب المقدس قد تحرف، لما أمر الله محمدًا بنسخه!
◈ لا يوجد سبب واحد يجعل المسلمين يشكّون في الكتاب المقدس.
◈ يؤكد القرآن نفسه أن الكتاب المقدس هو "كلام الله"، وكلام الله لا يمكن تغييره.
◈ لذلك، يجب قبوله واتباعه كما فعل محمد نفسه بأمر من الله.

يجب على المسلمين أن يسألوا أنفسهم هذه الأسئلة المنطقية:

1️ كيف يمكن أن تبقى التوراة صحيحة لأكثر من عشرين قرنًا، ثم فجأة تتحرف بعد ظهور الإسلام؟
2️ كيف يمكن أن تظل التوراة موثوقة إلى درجة أن محمدًا كان يستخدمها للهداية بعد بدء الوحي، ثم تُعتبر فجأة كتابًا مزيفًا؟
3️ كيف يمكن أن تكون التوراة، الزبور، والإنجيل هي الحل الإلهي الوحيد لمساعدة محمد على حل شكوكه، ثم تصبح غير صالحة فجأة بعد ذلك؟ (🔍 سورة يونس 10:94)
4️ إذا كان الله يعتبر الكتاب المقدس مرجعًا قيّمًا لمحمد، وهو نبي عربي، فكيف يصبح هذا الكتاب فجأة غير ذي قيمة بمجرد أن أدرك المسلمون أن تعاليم محمد تتناقض مع تعاليم الكتاب المقدس؟

أو تحرف قد ،الله كلام على يحتوي الذي ،المقدس الكتاب يكون أن المنطقي غير من ضاع!
الأبد إلى كذلك وستظل ،الأبدية الله كلمات هي والإنجيل ،الزبور ،التوراة كلمات.

الكتاب" كلمة وجود عدم حول المسلمين اعتراض القرآن في "المقدس

وبالتالي ،القرآن في يظهر لا "المقدس الكتاب" مصطلح إن المسلمين بعض يقول أُعطيت التي الأصلية الكتب على فقط تنطبق "الله كلام تغيير يمكن لا" عبارة فإن لموسى ،داود ،وعيسى ،وليس على الكتاب المقدس الحالي.

بعناية نحلله دعونا منطقي؟ الادعاء هذا هل صحيح؟ هذا هل!

إذا كان المسلمون يعتقدون حقًا أن وعد الله بالحفظ ينطبق فقط على الكتب الأصلية التي أُعطيت للأنبياء مثل موسى ،داود ،وعيسى ،فلماذا لا يقبلون هذه الكتب على أنها كلمة الله غير المحرفة؟

لماذا إذن يرفضون التوراة ،الزبور ،والإنجيل ،التي أعطاها الله لهؤلاء الأنبياء؟
لماذا يزعمون بلا دليل أن هذه الكتب قد حُرفت؟
إذا كان القرآن يضمن حفظ هذه الكتب ،فأين هي اليوم؟
هل يمكن للمسلمين إنتاج نسخة أصلية منها لإثبات أن التوراة ،الزبور ،والإنجيل الموجودة في الكتاب المقدس اليوم مختلفة عنها؟
إذا لم يتمكنوا من ذلك ،فكيف يمكن أن تضيع الكتب التي يُفترض أن الله حفظها؟

هذا الادعاء يجعل القرآن نفسه كاذبًا!

؟"المقدس الكتاب" إلى القرآن أشار هل

ولكن ،القرآن في موجودة غير "المقدس الكتاب" كلمة أن المسلمين بعض يدّعي
!واضح خداع هذا

اليونانية الكلمة من مأخوذة وهي ،اللاتينية من تأتي الإنجليزية في "Bible" كلمة
."الصغيرة الكتب" فتعني "Biblia" أما ."الكتاب" تعني والتي ،"Biblos"
.صغيرًا كتابًا 66 من مجموعة الواقع في هو المقدس الكتاب

البحث المسلمين على يجب ،القرآن في "Bible" كلمة عن البحث من بدلاً ،لذلك
"الكتاب" :المكافئ العربي بمصطلحه المقدس الكتاب إلى يشير القرآن كان إذا ما عن
(Al-Kitab).

!القرآن في نجده ما بالضبط هو وهذا

البقرة سورة 2:113:
"شَىۡءٍ عَلَىٰ ٱلۡيَهُودُ لَيۡسَتِ ٱلنَّصَٰرَىٰ وَقَالَتِ شَىۡءٍ عَلَىٰ ٱلنَّصَٰرَىٰ لَيۡسَتِ ٱلۡيَهُودُ وَقَالَتِ
(عبد الله يوسف علي) "ۗ ٱلۡكِتَٰبَ يَتۡلُونَ وَهُمۡ

"الكتاب" بـ القرآن في إليه يُشار المقدس الكتاب (Al-Kitab).
!"الكتاب يتلون" والنصارى اليهود أن يؤكد نفسه القرآن
محرف؟ كتاب تلاوة منهم الله يطلب أن يمكن كيف

الفصل هذا ملخص

- .محرفًا يكن لم أنه يثبت مما ،المقدس الكتاب بنسخ محمدًا يأمر القرآن
- .الإسلام قبل عام 2000 من لأكثر صحيحًا ظل المقدس الكتاب
- .والإنجيل ،الزبور ،التوراة صحة يؤكد نفسه القرآن
- .القرآن في إليه المشار "الكتاب" (Al-Kitab) هو المقدس الكتاب

الله كلام أن يقول لأنه ،به موثوق غير القرآن يجعل تحرف المقدس الكتاب أن ادعاء ✅
يتغير لا.

فيه؟ نشكك حتى نحن فمن ،المقدس الكتاب صحة على يشهد نفسه القرآن كان إذا 💡
للحق النهائي المرجع وهو ،الأصيل الله كلام هو المقدس الكتاب! 💡

البقرة لسورة وفقًا معصوم المقدس الكتاب :التاسع الفصل 📖 2:113

على ليسوا اليهود" :النصارى وقالت ،"شيء على ليسوا النصارى" :اليهود قالت ◈
(أحمد رضا خان) !الكتاب يقرؤون أنهم حين في ،"شيء

عظيمة هذا التصريح القوي يكشف لنا حقيقة:
📌 المقدس الكتاب وهو ،نفسه الكتاب يقرأون كانوا والمسيحيون اليهود.
📌 الله كلام هو الوقت ذلك في لديهم كان الذي الكتاب بأن يشهد القرآن.
📌 قراءته؟ في يستمروا أن منهم الله يطلب فلماذا ،تحرّف قد المقدس الكتاب كان إذا

2:113 البقرة لسورة المسلمين علماء تفسير 🔍

في مشهور مفسر وهو ،دريابادي المجيد عبد لمولانا "القرآن تفسير" تفسير في ◈
يقول ،الإسلامي العالم:
📖 السلطة من المصدر نفس إلى استندا (والنصارى اليهود) الجانبين كلا أن الحقيقة"
- مما جعل النزاع أكثر حدةً وتضييقًا."
📖 من الادعاء هذا صحة إثبات وحاول ،اليهودية رسالة ليكمل جاء أنه أكد الإسلام"
الكتاب المقدس، وهو نفس الكتاب الذي بُنيت عليه اليهودية."

☑ مصطلح أن بوضوح يعترف ،محترم سني مسلم عالم وهو ،دريابادي مولانا
"الكتاب" في القرآن يعني "الكتاب المقدس".
☑ الكتاب" أو "الكتاب" بأن يعترفون صادقين مسلمين علماء هناك أن يؤكد هذا
السماوي" المذكور في القرآن هو في الواقع "الكتاب المقدس".

تؤكد التي القرآنية الآيات من العديد من واحدة سوى ليست 2:113 البقرة سورة ☑
الحقيقة هذه.

الكتاب" هو "الكتاب" أن على القرآن من أخرى تأكيدات 📖 "المقدس

مصطلح بأن يعترف ،الإنجليزية إلى القرآن مترجمي أشهر أحد ،أسد محمد ◈
الأساس هذا على ترجمته ويجب ''المقدس الكتاب'' يعني ''الكتاب''.
للقرآن ترجمته من الأمثلة بعض يلي فيما ◈:

5:15 المائدة سورة 📖:
''المقدس الكتاب أهل يا!''

5:19 المائدة سورة 📖:
''المقدس الكتاب أهل يا!''

5:65-66 المائدة سورة 📖:
''ما وكل والإنجيل التوراة اتبعوا أنهم ولو ،الله واتقوا آمنوا المقدس الكتاب أهل أن لو
أنزل إليهم من ربهم، لتمتعوا بخيرات السماء والأرض.''

5:68 المائدة سورة 📖:
''التوراة اتبعتم إذا إلا لإيمانكم صحيح أساس أي لكم ليس !المقدس الكتاب أهل يا :قل
والإنجيل وكل ما أنزل إليكم من ربكم!''

☑ يُستخدم عندما ''السماوي الكتاب'' أو ''الكتاب'' مصطلح أن تثبت الآيات هذه جميع
للإشارة إلى اليهود والمسيحيين، فإنه يشير إلى الكتاب المقدس فقط.

المقدس الكتاب في آخر ووحي والإنجيل التوراة

بل ،والإنجيل التوراة فقط لهم يُعطَ لم الكتاب أهل أن تؤكد 5:65-66 المائدة سورة
!آخر وحي أيضًا

"الإنجيل"و "التوراة" باتباع أُمِروا "المقدس الكتاب أهل" أن بوضوح تقول الآية
".الله من إليهم أُنزل ما كل"و

لحفظها عليهم نزلت والإنجيل التوراة بجانب أخرى كتبًا هناك أن على يدل هذا
.واتباعها

.الإلهية الحماية تحت كانت المقدس الكتاب في الكتب هذه كل

فلماذا ،الكتب بهذه بالتمسك والمسيحيين اليهود أمر الله بأن يقرّ نفسه القرآن كان إذا
تحرّف؟ قد المقدس الكتاب بأن القول على اليوم المسلمون يصر

مزيفة الكتب هذه تكون أن يمكن فكيف ،كتبهم باتباع الكتاب أهل يأمر القرآن كان إذا
محرفة؟ أو

الخلاصة

- .المقدس الكتاب يقرأون كانوا والمسيحيين اليهود أن يؤكد القرآن
- ."المقدس الكتاب" يعني القرآن في "الكتاب" بأن يعترفون المسلمين علماء
- غير أنه يثبت مما ،المقدس بالكتاب بالتمسك والمسيحيين اليهود يأمر القرآن
.محرف
- قراءته؟ من المسلمين الله يحذر لم فلماذا ،تحرّف قد المقدس الكتاب كان إذا
- ذلك؟ المسلمون يرفض فلماذا ،والإنجيل التوراة باتباع الكتاب أهل أمر قد الله كان إذا

.تتغير لم التي الله كلمة هو المقدس الكتاب أن يثبت نفسه القرآن أن الواضح من

مباشر رفض الحقيقة في هو تحريفه تم قد المقدس الكتاب بأن ادعاء أي فإن ،لذلك
!نفسه القرآن لشهادة

لسورة وفقًا المقدس الكتاب عصمة إثبات :التاسع الفصل 📖 5:68 المائدة

فوق من أُنزل ما وكل والإنجيل التوراة باتباع الأمر ◈

يأمر القرآن أتباع الكتاب المقدس بأن يتبعوا التوراة والإنجيل، **5:68 المائدة في سورة** وكل ما أُنزل من الله. وهذا دليل قوي على أن الله أنزل على أتباع الكتاب المقدس كتبًا إضافية بجانب التوراة والإنجيل.

5:68 المائدة سورة ◈:

من إليكم أنزل وما والإنجيل التوراة تقيموا حتى شيء على لستم الكتاب أهل يا قل" 📖 **ربكم."** (يوسف علي)

☑ هذه الآية تؤكد أن أتباع الكتاب المقدس لم يُعطَ لهم فقط التوراة والإنجيل، بل أيضًا كتبًا أخرى من عند الله.

☑ هذا يعني أن الكتاب المقدس يحتوي على نصوص إلهية أخرى غير التوراة والإنجيل، مما يدل على أنه **كتاب إلهي كامل، وليس مجرد أجزاء منفصلة كما يزعم بعض المسلمين.**

المركب الإلهي الكتاب :المقدس الكتاب 📜

☑ **الكتب من العديد من يتألف مركب كتاب هو (Al-Kitab - الكتاب) المقدس الكتاب الإلهية.**

☑ **القرآن يُذكرها التي الكتب بين من هي والإنجيل ،(المزامير) الزبور ،التوراة صراحة.**

☑ **لأن "واحدًا كتابًا" تُعتبر جميعها لكن ،مختلفًا كتابًا 66 من المقدس الكتاب يتكون نفسه الله :واحد مؤلفها.**

💡 **كتب عدة من يتكون المقدس الكتاب فإن ،شقق عدة على المبنى يحتوي قد كما تمامًا داخله.**

نزلت التي الفردية الكتب على فقط ينطبق الإلهي الحفظ بأن الادعاء فإن ،وبالتالي
يقول كمن هو ،ككل المقدس الكتاب على وليس ،وعيسى وداود موسى مثل الأنبياء على
سليمة ستبقى بداخله الشقق لكن يتدمر أن يمكن المبنى إن!

- معقول غير منطق هذا!
- مدمّرًا؟ كله المبنى كان إذا الشقق على الحفاظ يمكن كيف
- كله المقدس الكتاب أن يُزعم بينما فردي بشكل المقدسة الكتب حفظ يمكن لا ،بالمثل تحرّف قد.

التناقض في يقعون المسلمون!

- الكتاب تحرّف بينما حُفظت قد الأصلية المقدسة الكتب أن يدّعون الذين المسلمون المقدس ،ككل **يقعون في تناقض ذاتي.**
- **نفسه**، لأن القرآن يؤكد بوضوح أن التوراة، الزبور **القرآن** فهم في النهاية **يناقضون** ،أبدًا تتغير لن التي الله كلمات هي والإنجيل.
- **نفسه الله على** ومع ذلك، نجد أن المسلمين الذين يرفضون الكتاب المقدس **يجدفون** ،**العكس يقول القرآن أن حين في ،تغيرت قد كلمته أن يزعمون لأنهم!**

- **والخداع؟ الأوهام تصل أن يمكن مدى أي إلى**
- **الحقيقية؟ الله كلمة تشويه المسلمين بعض يحاول كيف ترون ألا**
- **كلمة في الطعن محاولة من والخداع التضليل على أكبر دليل هناك يكون أن يمكن هل الواضحة؟ الله**

الصادقين للمسلمين تحذير!

- **المقدس الكتاب في الطعن إلى تهدف التي الحيل بهذه تُخدَعوا أنفسكم تدعوا لا.**
- **بحماية وعد الذي الله على تجديف أيضًا هي بل ،منطقية مغالطات مجرد ليست هذه كلمته.**
- **نفسه القرآن شهادة رفض يعني المقدس الكتاب رفض إن.**

،بأنفسكم المقدس الكتاب فاقرأوا ،الحق عن تبحثون صادقين مسلمين كنتم إذا
!يتغير ولن لم الذي الله كلام أنه القرآن يؤكد كيف وانظروا

10 الفصل

بالكتاب بالإيمان مأمورًا كان محمد :العاشر الفصل 📖 المقدس

الله كتب بجميع بالإيمان مأمور محمد ◈

لقد أمر الله محمدًا بالإعلان عن إيمانه بكل ما أنزل الله من الكتب، وليس فقط بالقرآن. وهذا يتضح بجلاء في الآية التالية:

📖 **42:15 الشورى سورة**
(خان-الهلالي) **"كِتَابٍ مِن اللَّهُ أَنزَلَ بِمَا آمَنتُ وَقُلْ أَهْوَاءَهُمْ تَتَّبِعْ وَلَا"**
(القادري طاهر محمد) **".الله أنزله كتاب بكل آمنتُ :وقل"** 📖
".كاملاً إيمانًا أؤمن وفيها ،الله أنزلها التي الكتب بجميع آمنتُ لقد :لهم وقل" 📖
(المنتخب)

◈ **.التمييز يقبل لا إلهي أمر الله كتب بكل الإيمان أن تؤكد** هذه الآية

◈ نزلت التي الكتب ذلك في بما ،**الله أنزلها التي الكتب بكل** بالإيمان مأمورًا كان محمد والإنجيل والزبور التوراة أي – والنصارى اليهود على.

◈ **التحريف** حتى زمن محمد **من محفوظة** هذا يؤكد أن هذه الكتب **ظلت**.

السابقة بالكتب بالإيمان المسلمين لكل صريح أمر

◈ المسلمين بالإيمان بكل كتبه لم يقتصر الأمر على محمد وحده، بل أمر الله **جميع**.

4:136 النساء سورة
''الَّذِي وَالْكِتَابِ رَسُولِهِ عَلَىٰ نَزَّلَ الَّذِي وَالْكِتَابِ وَرَسُولِهِ بِاللَّهِ آمِنُوا آمَنُوا الَّذِينَ أَيُّهَا يَا''
''بَعِيدًا ضَلَالًا ضَلَّ فَقَدْ الْآخِرِ وَالْيَوْمِ وَرُسُلِهِ وَكُتُبِهِ وَمَلَائِكَتِهِ بِاللَّهِ يَكْفُرْ وَمَن ۚ قَبْلُ مِن أَنزَلَ''
(علي أونال)

✓ **الإلهية**، وليس فقط بالقرآن **الكتب بجميع بالإيمان المسلمين تأمر الآية هذه**.
✓ **لكل مستمر إلهي** لم تُنزِل أي آية بعد هذه الآية لتنسخها أو تلغيها، مما يعني أنها **أمر**
ومكان زمان كل في المسلمين.

بها؟ بالإيمان المسلمين القرآن يأمر أن يُعقل فهل ،تحرفت قد السابقة الكتب كانت إذا
ذلك؟ من المسلمين الله يحذّر لم فلماذا ،تغيرت قد الكتب هذه كانت إذا

المقدس؟ الكتاب دون الله أمر اتباع للمسلمين يمكن هل

◈ **المسلمون به يؤمن أن يجب الذي الوحيد الكتاب يكون أن يمكن لا** القرآن أن يتضح.
◈ اختياريًا وليس ،**إجباري** أمر جميعها الله بكتب فالإيمان.
◈ **اختفت قد لله السابقة الكتب كل أن يعني** وإذا رفض المسلمون الكتاب المقدس، **فهذا!**

نفسه القرآن تعاليم يلغون الواقع في فإنهم ،المقدس الكتاب المسلمون رفض إذا،
معنى ذات غير أوامره ويجعلون.
قابلة غير أصبحت أوامر على يحتوي وهو الله كلام القرآن يكون أن يمكن فهل
للتطبيق؟

محمد زمن في متوفرة كانت والإنجيل التوراة أن إثبات

32:23 السجدة سورة

''إِسْرَائِيلَ لِّبَنِي هُدًى وَجَعَلْنَاهُ لِّقَائِهِ مِّن مِرْيَةٍ فِي تَكُن فَلَا الْكِتَابَ مُوسَى آتَيْنَا وَلَقَدْ''
(علي يوسف)

''.إسرائيل لبني هدى وجعلناه ،لقائه من شك في تكن فلا الكتاب موسى آتينا ولقد''
(شاكر)

- **.تُحرّف ولم محمد زمن في موجودة كانت التوراة أن على قاطع دليل الآية هذه**
- ليطّلع له متاحة كانت التوراة أن أي ،**''لِّقَائِهِ مِّن مِرْيَةٍ فِي تَكُن فَلَا''** :لمحمد يقول الله عليها.
- لأن الهداية ،**''إِسْرَائِيلَ لِّبَنِي هُدًى وَجَعَلْنَاهُ''** ولو كانت التوراة قد تغيرت، لما قال الله لا تأتي من كتاب محرف.

أنه يدّعون اليوم المسلمون بينما المقدس الكتاب بصحة يشهد أن للقرآن يمكن كيف محرف؟

اليوم؟ المسلمون يرفضه فلماذا ،المقدس بالكتاب بالإيمان أمر قد نفسه محمد كان إذا

تتغير؟ لم فكيف ،الإنجيل قبل موجودة كانت التوراة

- **.القرآن نزول من سنة 1500 من أكثر قبل كُتبت** التوراة
- .محمد زمن في **صحيحة تزال لا التوراة** أن القرآن يشهد ،ذلك ومع
- إذا كانت التوراة قد ظلت سليمة لعدة قرون، فلماذا يقول المسلمون إنها تغيرت بعد ذلك؟

يزعم كما محرفة كانت إذا ،للتحكيم والإنجيل التوراة على يعتمد محمد كان لماذا اليوم؟ المسلمون

شهادته؟ المسلمون يرفض فكيف ،والإنجيل التوراة بصحة يعترف القرآن كان إذا

المقدس الكتاب صحة على القرآن من القاطعة الأدلة

- القرآن يقر بصحة التوراة والإنجيل في العديد من المواضع.
- محمد نفسه كان مأمورًا بالإيمان بها.
- القرآن لم يقل أبدًا أن الكتب السابقة قد تغيرت أو فُقدت.

سورة يونس 10:94
"فَإِن كُنتَ فِي شَكٍّ مِّمَّا أَنزَلْنَا إِلَيْكَ فَاسْأَلِ الَّذِينَ يَقْرَؤُونَ الْكِتَابَ مِن قَبْلِكَ"

الله يأمر محمدًا بأن يسأل أهل الكتاب (اليهود والمسيحيين) إذا كان لديه شك في الوحي!

إذا كان الكتاب المقدس محرفًا، فلماذا يأمر الله محمدًا بالرجوع إليه؟

الاستنتاج النهائي: المسلمون في ضلال عندما يرفضون الكتاب المقدس

- القرآن يقر بصحة الكتاب المقدس، لكن المسلمين اليوم يرفضونه دون دليل.
- رفض الكتاب المقدس يعني رفض أوامر الله في القرآن نفسه!
- إذا كان القرآن صحيحًا، فلا يمكن أن يكون الكتاب المقدس محرفًا.

إما أن يقبل المسلمون الكتاب المقدس كما فعل محمد، أو يرفضوا القرآن نفسه.

لا يمكن أن يكون الاثنين صحيحين في نفس الوقت.

الخيار لكم! هل تتبعون تعاليم القرآن الحقيقية، أم تتبعون تقاليد خاطئة تناقض كلام الله؟

الكتاب) والإنجيل التوراة يُؤَكِّد القرآن :العاشر الفصل 📖
(المقدس

والإنجيل التوراة لصحة يشهد القرآن ◈

يُؤكد القرآن أن التوراة والإنجيل هما كتب مقدسة من عند الله، وأنهما لم يُحرفا أو يُبدَّلا. بل، القرآن يشهد على أنه جاء ليُصَدِّق الكتب السابقة، وليس ليُبطلها.

📖 **2:41 البقرة سورة**
"ثَمَنًا بِآيَاتِي تَشْتَرُوا وَلَا بِهِ كَافِرٍ أَوَّلَ تَكُونُوا وَلَا مَعَكُمْ لِمَا مُصَدِّقًا أَنزَلْتُ بِمَا وَآمِنُوا" "فَاتَّقُونِ وَإِيَّايَ قَلِيلًا" (فريد الحق)

📖 **"ثَمَنًا بِآيَاتِي تَشْتَرُوا وَلا بِهِ كَافِرٍ أَوَّلَ تَكُونُوا وَلا مَعَكُمْ لِمَا مُصَدِّقًا أَنزَلْتُ بِمَا وَآمِنُوا" "فَاتَّقُونِ وَإِيَّايَ قَلِيلًا"** (بيكثال)

💡 **إنه القرآن يقول فلماذا ،المسلمين بعض يدَّعي كما مُحرَّفًا المقدس الكتاب كان إذا "مَعَكُمْ لِّمَا مُصَدِّقٌ"؟**
💡 **محرف؟ أنه يُزعم لكتاب "مصدقًا" القرآن يكون أن يمكن كيف**

في مُحرَّف وغير صحيحًا يزال ولا كان المقدس الكتاب أن قاطع بشكل تؤكد الآية هذه محمد زمن.
صحته على ويشهد ليؤكده بل ،المقدس الكتاب يُلغي أو لينسخ يأتِ لم القرآن.

والإنجيل التوراة صحة على القرآن تأكيد 📖

📖 **3:3 عمران آل سورة**
"نَزَّلَ عَلَيْكَ الْكِتَابَ بِالْحَقِّ مُصَدِّقًا لِمَا بَيْنَ يَدَيْهِ وَأَنزَلَ التَّوْرَاةَ وَالْإِنجِيلَ" (بيكثال)

◈ **"مُصَدِّقًا" هي هنا الأساسية الكلمة (Saddaqa).**
◈ **،كحقيقة التثبيت ،كحقيقة القبول ،التصديق" العربية اللغة في الكلمة هذه تعني**

المصداقية وإعطاء ،الإيمان".
◈ الله ككلام المقدس الكتاب صحة يُؤكِّد كان ،الكلمة هذه محمد استخدم عندما ،بالتالي.

محرَّفًا؟ كتابًا يُصَدِّق القرآن إن يقول أن لعاقل يمكن هل
تصديقه؟ على القرآن يُؤكِّد فلماذا ،حُرِّف قد المقدس الكتاب كان لو

الإسلام مجيء بعد حتى مُحرَّف وغير صحيحًا ظل المقدس الكتاب أن يُثبت هذا.

القرآن؟ جاء لماذا

- ◈ عليه ليُؤَكِّد بل ،المقدس الكتاب ليُصحح القرآن يأتِ لم.
- ◈ عليه ليشهد بل ،المقدس الكتاب لينسخ القرآن يأتِ لم.
- ◈ ليؤيده بل ،المقدس الكتاب ليناقض القرآن يأتِ لم.

صحة يُؤَكِّد القرآن فإن ،آخر شاهد أقوال صحة على المحكمة في شاهد يشهد مثلما المقدس الكتاب.
الله استخدمه لما وإلا ،محمد زمن في محرفًا يكن لم المقدس الكتاب أن يعني وهذا القرآن لصحة كدليل.

المقدس؟ الكتاب صحة القرآن يُؤَكِّد لماذا

2:41 البقرة سورة
"مَعَكُمْ لِّمَا مُصَدِّقًا أَنزَلْتُ بِمَا وَآمِنُوا"

5:46 المائدة سورة
"فِيهِ الْإِنجِيلَ وَآتَيْنَاهُ ۖ التَّوْرَاةِ مِنَ يَدَيْهِ بَيْنَ لِّمَا مُصَدِّقًا مَرْيَمَ ابْنِ بِعِيسَى آثَارِهِم عَلَىٰ وَقَفَّيْنَا
وَنُورٌ هُدًى"

- .التوراة يُصَدِّق الإنجيل أن القرآن يُؤكِّد
- .والتوراة الإنجيل يُصَدِّق القرآن أن كما
- مُحَرَّفًا؟ كتابًا الله يُصَدِّق أن يُمكن هل ،إذن

محرفين؟ كانا إذا كليهما القرآن يُصَدِّق فكيف ،التوراة يُصَدِّق الإنجيل كان إذا
نفسه؟ يُبطل أن للقرآن يُمكن هل

المقدس؟ الكتاب يُبطِل القرآن هل

.تحرف قد المقدس الكتاب إن تقول آية أي القرآن في يوجد لا
.ضاعا أو تغيرا قد الإنجيل أو التوراة أن يُثبت القرآن في دليل أي يوجد لا
.الله كلام والإنجيل التوراة أن تُؤكِّد التي الآيات عشرات هناك ،بالعكس بل

10:94 يونس سورة
"فَإِن كُنتَ فِي شَكٍّ مِّمَّا أَنزَلْنَا إِلَيْكَ فَاسْأَلِ الَّذِينَ يَقْرَءُونَ الْكِتَابَ مِن قَبْلِكَ ۚ لَقَدْ جَاءَكَ الْحَقُّ مِن رَّبِّكَ فَلَا تَكُونَنَّ مِنَ الْمُمْتَرِينَ"

الكتاب؟ أهل بسؤال محمدًا الله يأمر فلماذا ،تغير قد المقدس الكتاب كان إذا
الله؟ كلام أنه القرآن يُؤكد بينما المقدس الكتاب هو الشك مصدر يكون كيف

المسلمين أن أو ،صحيح المقدس الكتاب إن يقول عندما صادقًا القرآن يكون أن إما
.محرَّف المقدس الكتاب أن ادعائهم في مخطئون اليوم

وغير الله كلام هو المقدس الكتاب :النهائي الاستنتاج محرف

- .الله عند من والإنجيل التوراة أن يُؤَكِّد القرآن
- .تغيرت أو تحرفت قد السابقة الكتب أن أبدًا يقل لم القرآن

تمييز دون الله كتب بجميع بالإيمان أُمِر نفسه محمد.
يُنَاقِضه ولا المقدس الكتاب يُصَدِّق القرآن.

نفسه القرآن يخالفون المقدس الكتاب يرفضون الذين المسلمون.
صحتهما يُؤَكِّد بل ،تحرفا قد والإنجيل التوراة إن أبدًا يقل لم القرآن.
إنه قال عندما صادقًا ليس القرآن أن يعني فهذا ،تغيَّر قد المقدس الكتاب كان إذا يُصَدِّقه.

كما به الإيمان الجميع على ويجب ،محرف غير وهو ،الله كلمة هو المقدس الكتاب أُمِر محمد.

نفسه القرآن ترفض أو ،المقدس الكتاب صحة على القرآن شهادة تقبل أن إما.
نفسه الوقت في المقدس الكتاب ورفض القرآن قبول يمكنك لا!

11 الفصل

مَأْمُورُونَ والمسيحيون اليهود :عشر الحادي الفصل 🕮 وَالْإِنْجِيلِ التَّوْرَاةِ بِاسْتِخْدَامِ

التوراة في أنزله بما بالحكم والمسيحيين اليهود يأمر الله ◈ والإنجيل

يُحرَّفا ولم ،والتوجيه للحكم صالحة إلهيّة كُتُبٌ هما والإنجيل التوراة أن القرآن يُؤكِّد 💡 يُبدَّلا أو.

5:43 المائدة سورة 🕮
أُوْلَٰئِكَ وَمَا ذَٰلِكَ بَعْدِ مِن يَتَوَلَّوْنَ ثُمَّ اللَّهِ حُكْمُ فِيهَا التَّوْرَاةُ وَعِندَهُمُ يُحَكِّمُونَكَ وَكَيْفَ" بِالْمُؤْمِنِينَ" (بيكثال)

أولئك وما ذلك بعد من يتولون ثم الله حكم فيها التوراة وعندهم يحكمونك وكيف" 🕮 بالمؤمنين" (شاكر)

التوراة لديهم كان اليهود أن يثبت مما ،محمد زمن في المدينة في وقع الحدث هذا 📌 الصحيحة.
"الله حكم" على تحتوي أنها أكد بل ،تحرفت قد التوراة إن أبدًا القرآن يقل لم 📌.
إليها؟ بالاحتكام اليهود الله يأمر فلماذا ،محرّفة التوراة كانت إذا 📌

عن بالعجز الله يتهمون فإنهم ،تغييرها تم قد التوراة أن يزعمون المسلمون كان إذا 🖎 كلمته حفظ.

الله؟ كلام تغيير البشر يستطيع هل

بالعجز لله صريحًا اتهامًا يُعَدُّ الإنجيل أو التوراة حرّفوا البشر إن القول.

6:115 الأنعام سورة
''لِكَلِمَاتِهِ مُبَدِّلَ لَا ۚ وَعَدْلًا صِدْقًا رَبِّكَ كَلِمَتُ وَتَمَّتْ''

18:27 الكهف سورة
''لِكَلِمَاتِهِ مُبَدِّلَ لَا ۖ رَبِّكَ كِتَابِ مِن إِلَيْكَ أُوحِيَ مَا وَاتْلُ''

أبدًا تغييره يمكن لا الله كلام بأن تشهدان الآيتان هاتان.
أن المسلمين بعض يدّعي بينما الله كلام تغيير استحالة يؤكد أن للقرآن يمكن كيف تغير؟ قد المقدس الكتاب

كلمته حفظ على قادرًا يكن لم الله أن يعني فهذا ،تغير قد المقدس الكتاب كان إذا، صريح كفر وهذا.

نفسها هي محمد زمن في اليهود امتلكها التي التوراة اليوم

5:46 المائدة سورة
''الْإِنجِيلَ وَآتَيْنَاهُ التَّوْرَاةِ مِنَ يَدَيْهِ بَيْنَ لِّمَا مُصَدِّقًا مَرْيَمَ ابْنِ بِعِيسَى آثَارِهِم عَلَىٰ وَقَفَّيْنَا''
وَنُورٌ هُدًى فِيهِ''

التوراة؟ ليُصَدِّق جاء الإنجيل إن القرآن يقول فلماذا ،حُرّفت قد التوراة كانت لو
إليها؟ بالاحتكام اليهود الله يأمر فلماذا ،فاسدة التوراة كانت لو
صحتها؟ تنفي صريحة بآية القرآن يأتِ لم فلماذا ،تحرفت قد التوراة كانت لو

والكتاب ،أبدًا تتحرف لم التوراة أن هي المسلمين بعض يرفضها التي الحقيقة محمد زمن في موجودًا كان الذي الكتاب نفس هو اليوم نملكه الذي المقدس.

المقدس؟ الكتاب لينسخ أتى القرآن هل

صحته على ليشهد جاء بل ،المقدس الكتاب لينسخ جاء إنه أبدًا يقل لم القرآن.

10:94 يونس سورة

''فَإِن كُنتَ فِى شَكٍّ مِّمَّآ أَنزَلْنَآ إِلَيْكَ فَسْـَٔلِ ٱلَّذِينَ يَقْرَءُونَ ٱلْكِتَٰبَ مِن قَبْلِكَ ۚ لَقَدْ جَآءَكَ ٱلْحَقُّ
''ٱلْمُمْتَرِينَ مِنَ تَكُونَنَّ فَلَا رَّبِّكَ مِن

الكتاب؟ أهل يسأل أن محمدًا الله يأمر فلماذا ،تحرف قد المقدس الكتاب كان إذا
مزيف؟ كتاب عن يسأل أن نبيه من الله يطلب أن يمكن هل

إنهما قال عندما أخطأ قد القرآن أن يعني فهذا ،محرّفتين والإنجيل التوراة كانت إذا
قبوله يمكن لا وهذا ،الله كلام.

محرّف وغير الله كلمة هو المقدس الكتاب :نهائي استنتاج

- الله كلام والإنجيل التوراة أن يُؤَكِّد القرآن.
- تحرفا إنهما أبدًا القرآن يقل لم.
- والإنجيل التوراة في أنزله بما بالحكم والمسيحيين اليهود يأمر الله.
- المقدسة الكتب بجميع يؤمن أن أُمِر نفسه محمد.

الله كلام لأنه المقدس الكتاب رفض يمكنك فلا ،بالقرآن وتؤمن مسلمًا كنت إذا
المحفوظ.
نفسه القرآن ترفض أو ،المقدس الكتاب صحة على القرآن شهادة تقبل أن إما!

والإنجيل التوراة أن يؤكد القرآن :عشر الحادي الفصل محفوظان

تُحرّف لم التوراة أن على دليل – 5:43 المائدة سورة

أُوْلَٰٓئِكَ وَمَآ ذَٰلِكَۚ بَعْدِ مِنْ يَتَوَلَّوْنَ ثُمَّ ٱللَّهِۚ حُكْمُ فِيهَا ٱلتَّوْرَىٰةُ وَعِندَهُمُ يُحَكِّمُونَكَ وَكَيْفَ" بِٱلْمُؤْمِنِينَ" (المائدة 5:43)

السنوات خلال نزلت وقد ،المصحف ترتيب في الخامسة السورة هي المائدة سورة محمد حياة من الأخيرة الخمس.

قبل النبي بها قام حجة آخر وهي "الوداع حجة" أثناء نزلت السورة هذه من 3 الآية وفاته.

التوراة استبدال الله من القصد يكن لم ،القرآن اكتمال اقتراب عند حتى أنه يعني هذا بالقرآن.

أيديهم بين التي التوراة تعاليم باتباع اليهود الله أمر ،بالعكس بل.

لديهم بينما بينهم للحكم محمد إلى لجأوا لأنهم اليهود يُوَبِّخُ الله ،الآية هذه في التوراة.

بها بالحكم الله أمرهم لما ،محرّفة التوراة كانت لو.

محرّفة وغير موثوقة تزال ولا كانت التوراة أن على قاطع دليل هذا.

التوراة؟ إلى بالاحتكام اليهود الله يأمر لماذا

محفوظة تبقى أن يجب فيها المكتوبة الأحكام فإن ولذلك ،"القانون" تعني التوراة ودقة بعدالة القضائية الأحكام تنفيذ يمكن حتى بالكامل.

"الْكَافِرُونَ هُمُ فَأُوْلَٰئِكَ اللَّهُ أَنْزَلَ بِمَا يَحْكُمْ لَمْ وَمَنْ" (المائدة 5:44)

فادحًا خطأً سيكون اتباعها فإن ،تغييرها تم قد التوراة كانت إذا.
وصحيحة محفوظة بقيت أنها يعني مما ،بها يحكمون لا الذين يوبّخ الله لكن.

محرّف؟ كتاب باتباع الناس الله يأمر أن يمكن هل!

5:47 المائدة سورة - أيضًا محفوظ الإنجيل

فَأُوْلَٰٓئِكَ ٱللَّهُ أَنزَلَ بِمَآ يَحۡكُم لَّمۡ وَمَن فِيهِۚ ٱللَّهُ أَنزَلَ بِمَآ ٱلۡإِنجِيلِ أَهۡلُ وَلۡيَحۡكُمۡ" هُمُ ٱلۡفَٰسِقُونَ" (المائدة 5:47)

أيديهم بين الموجود الإنجيل إلى بالاحتكام المسيحيين تأمر الآية هذه.
باتباعه الله أمرهم لما ،محرّفًا الإنجيل كان لو.

صالحًا كان الإنجيل أن يعني وهذا ،"وَلۡيَحۡكُمۡ" المضارع الزمن يستخدم هنا القرآن المستقبل في كذلك وسيظل محمد زمن في للحكم.
بعض يدعي كما تحريفه يتم ولم محفوظًا يزال ولا كان الإنجيل أن يثبت هذا المسلمين.

إليه؟ بالاحتكام المسيحيين الله سيأمر هل ،تحرّف قد الإنجيل كان لو!

الإسلام؟ بعد تغيّر المقدس الكتاب هل

محمد ولادة قبل العالم أنحاء جميع في متداولًا كان المقدس الكتاب.
وأفريقيا وآسيا أوروبا في التغيير هذا يحدث أن يمكن كيف ،تغييره تم قد كان إذا الوقت؟ نفس في كلها!
عن تختلف "محرفة غير أصلية" نسخة وجود على تاريخي دليل أي يوجد لا المقدس الكتاب من الحالية النسخة.

✅ زمن في المسيحيين حوزة في كان ،والإنجيل التوراة ذلك في بما ،المقدس الكتاب اليوم نفسه وهو ،محمد.
✅ بها؟ أوحى التي السابقة كتبه يحفظ لم فلماذا ،القرآن حفظ قد الله كان إذا

كلمته حفظ في بالفشل لله اتهامًا يُعتبر بالتحريف المقدس الكتاب اتهام.

المحرّفة غير الله كلمة هو المقدس الكتاب :الخلاصة

✅ والإنجيل بالتوراة بالحكم والمسيحيين اليهود أمر الله.
✅ يُحرّف لم المقدس الكتاب أن يؤكد القرآن.
✅ الإسلام بعد تغير قد المقدس الكتاب أن على دليل يوجد لا.
✅ القرآن في الله لكلام تكذيبًا يُعتبر محرّف المقدس الكتاب بأن الادعاء.

ذاته القرآن لأن والإنجيل التوراة رفض يمكنك فلا ،بالقرآن وتؤمن مسلمًا كنت إذا صحتهما على يشهد.

المقدس الكتاب صحة يؤكد القرآن :عشر الحادي الفصل

القرآن؟ مجيء حتى فقط والإنجيل التوراة باتباع والمسيحيين اليهود الله أمر هل

"وَكَيْفَ يُحَكِّمُونَكَ وَعِندَهُمُ ٱلتَّوْرَىٰةُ فِيهَا حُكْمُ ٱللَّهِ ثُمَّ يَتَوَلَّوْنَ مِنۢ بَعْدِ ذَٰلِكَ وَمَآ أُو۟لَٰٓئِكَ بِٱلْمُؤْمِنِينَ" (المائدة 5:43)

"وَلْيَحْكُمْ أَهْلُ ٱلْإِنجِيلِ بِمَآ أَنزَلَ ٱللَّهُ فِيهِ ۚ وَمَن لَّمْ يَحْكُم بِمَآ أَنزَلَ ٱللَّهُ فَأُو۟لَٰٓئِكَ هُمُ ٱلْفَٰسِقُونَ" (المائدة 5:47)

✅ لا يوجد في أي من الآيتين ما يشير إلى أن هذا الأمر كان ساريًا فقط حتى مجيء القرآن.
✅ بل بالعكس، بعد نزول القرآن، يستمر الله في توجيه اليهود والمسيحيين للحكم

والإنجيل بالتوراة.
بصحتهما يعترف بل ،الإنجيل أو التوراة محل يحل ولا ينسخ لا القرآن أن يثبت هذا ✓

لديهم لأن ،القرآن أو محمد تعاليم إلى يحتاجون لا "الكتاب أهل" أن يعني وهذا
المقدس الكتاب في الحقيقية الله كلمة بالفعل.

أنهم المسلمون يدّعي فلماذا ،والمسيحيين لليهود كافيًا المقدس الكتاب كان إذا
القرآن؟ إلى بحاجة
يزالان لا أنهما يعني فهذا ،والإنجيل التوراة إلى بالاحتكام يأمرهم الله كان إذا
للاستعمال صالحين.

محمد؟ زمن في كان الذي نفسه هو المقدس الكتاب هل

✓ محمد زمن قبل قرون إلى يعودان والجديد القديم العهد.
✓ كانت والمسيحيين لليهود الأصلية النصوص أن إلى يشير تاريخي دليل أي يوجد لا
اليوم الموجودين والجديد القديم العهدين عن مختلفة.
✓ هي محمد زمن في والمسيحيين اليهود بحوزة كانت التي الكتب بأن يعترف القرآن
حقيقي إلهي وحي.

"لَقَدْ كَانَ فِي قَصَصِهِمْ عِبْرَةٌ لِأُوْلِي ٱلْأَلْبَٰبِۗ مَا كَانَ حَدِيثًا يُفْتَرَىٰ وَلَٰكِن تَصْدِيقَ ٱلَّذِى
بَيْنَ يَدَيْهِ وَتَفْصِيلَ كُلِّ شَىْءٍ وَهُدًى وَرَحْمَةً لِّقَوْمٍ يُؤْمِنُونَ" (يوسف 12:111)

هذه الآية تثبت أن القرآن يصدّق على الأصل الإلهي للكتب السابقة.

إذا كان الكتاب المقدس قد تغيّر أو تم تحريفه، فإن هذا يتناقض مع وعد الله بأن "لا
مبدل لكلماته".

"وَتَمَّتْ كَلِمَتُ رَبِّكَ صِدْقًا وَعَدْلًاۚ لَّا مُبَدِّلَ لِكَلِمَٰتِهِۦۚ وَهُوَ ٱلسَّمِيعُ ٱلْعَلِيمُ" (الأنعام
6:115)

✓ المخطوطات القديمة للكتاب المقدس التي تعود إلى ما قبل الإسلام، مثل مخطوطات
البحر الميت، تثبت أن النص الموجود اليوم هو نفسه الموجود في زمن محمد.

المقدس؟ الكتاب المسلمون يهاجم لماذا

محاولة هو المقدس الكتاب على المسلمين هجوم وراء الرئيسية الأسباب أحد المسيحية مصداقية تقويض.

عليهم السهل من فسيكون ،المقدس الكتاب مكانة إضعاف من المسلمون تمكن إذا الإسلام إلى وتحويلهم المسيحيين إرباك.

عند الموضوع تغيير مثل ،ذلك لتحقيق مختلفة استراتيجيات المسلمون يستخدم صعبة بأسئلة مواجهتهم.

لصحة يشهد نفسه القرآن أن سيكتشف متفتح بعقل القرآن يقرأ الذي المسلم لكن المقدس الكتاب!

- للهداية الوحيد المصدر أنه على المقدس الكتاب إلى يشير القرآن.
- نفسه القرآن على مباشر غير هجوم هو المقدس الكتاب على الهجوم ،إذن.

الحقيقية الله كلمة يزال لا المقدس الكتاب :الخلاصة

- عليهما يؤكد بل ،الإنجيل أو التوراة يلغي لا القرآن.
- الإسلام بعد تحريفه تم قد المقدس الكتاب أن على تاريخي دليل يوجد لا.
- تُحرّف لم أنها يعني فهذا ،كتبهم إلى بالاحتكام والمسيحيين اليهود يأمر الله كان إذا.
- القرآن على مباشر غير هجوم هو المقدس الكتاب على الهجوم.

القرآن في موثّق لأنه المقدس الكتاب إنكار يمكنك فلا ،بالقرآن وتؤمن مسلمًا كنت إذا نفسه!

الفصل 12

من المقدس الكتاب حفظ الله :عشر الثاني الفصل 📖 التحريف

التحريف؟ من المقدس الكتاب الله حفظ هل 📌

📖 "إِنَّا نَحۡنُ نَزَّلۡنَا ٱلذِّكۡرَ وَإِنَّا لَهُۥ لَحَٰفِظُونَ" (الحجر 15:9)

✅ في مواضع عديدة، يكشف القرآن عن عزيمة الله في الحفاظ على الكتاب المقدس من التحريف.

✅ لقد أعطى الله ضمانًا شخصيًا بحماية كتبه الموحى بها في التوراة والإنجيل.

✅ لم يكتفِ الله بحماية الكتاب المقدس، بل كلف القرآن بمهمة مقدسة لحمايته أيضًا.

📖 "إِنَّا أَنزَلۡنَا ٱلتَّوۡرَىٰةَ فِيهَا هُدًى وَنُورٌۚ يَحۡكُمُ بِهَا ٱلنَّبِيُّونَ ٱلَّذِينَ أَسۡلَمُواْ لِلَّذِينَ هَادُواْ وَٱلرَّبَّٰنِيُّونَ وَٱلۡأَحۡبَارُ بِمَا ٱسۡتُحۡفِظُواْ مِن كِتَٰبِ ٱللَّهِ وَكَانُواْ عَلَيۡهِ شُهَدَآءَ" (المائدة 5:44)

✅ **الأنبياء** أن تكشف الآية هذه ،**والأحبار** ،**والربانيين** قد **تم تكليفهم شخصيًا من الله بحماية كتابه المقدس**.

بعض يدّعي كما بتحريفه يسمح أن يمكن فهل ،كتابه بحماية أمر قد الله كان إذا المسلمين؟

بتحريف قاموا من هم الله اختارهم الذين الأتقياء الرجال هؤلاء يكون أن يعقل هل الكتاب؟

الأمانة؟ هذه سيخونون أنهم يعلم لأناس كتابه حماية سيفوض الله كان هل

كل مرة يدّعي فيها المسلمون أن الكتاب المقدس محرف، فإنهم في الحقيقة يطعنون في حكمة الله ذاته!

كتابه؟ حماية في يفشل أن يمكن الله هل

المسلمون الذين يقولون أن التوراة والإنجيل قد تحرفوا **يقعون في مشكلة كبيرة**.

لأن هذا يعني أن **الأنبياء والأحبار فشلوا في حماية كتاب الله، وبالتالي فشل الله في اختياره لهم**.

وهذا يعني أن الله لم يكن يعلم أنهم سيفشلون!

وهذا يقودنا إلى أسئلة خطيرة:

- حكمه؟ في أخطأ قد الله يكون أن يمكن هل
- كلمته؟ حماية على قادر غير الله يكون أن يمكن هل
- كتابه؟ لحماية أمناء غير رجالًا يختار أن يمكن يخطئ لا الذي الله هل

بأنه الله تتهم أنك أو ،يُحرّف لم المقدس الكتاب بأن وتؤمن الله حكمة في تثق أن إما كتابه حماية في فشل!

"**لَا مُبَدِّلَ لِكَلِمَٰتِهِۦ وَلَن تَجِدَ مِن دُونِهِۦ مُلْتَحَدًا**" (الكهف 18:27)

تحرف؟ المقدس الكتاب أن المسلمون يقول فلماذا ،الله لكلمات مبدل لا كان إذا

محفوظ المقدس الكتاب أن على يشهد القرآن 🕮

وفقًا للقرآن، فإن الله حفظ كلمته في الكتاب المقدس وجعل هناك رجالًا صالحين لحمايته:

(المائدة 5:44) "ٱلنَّبِيُّونَ بِهَا يَحْكُمُ وَنُورٌۚ هُدًى فِيهَا ٱلتَّوْرَىٰةَ أَنزَلْنَا إِنَّا" 🕮

إذا كانت التوراة قد تحرفت، فلماذا يأمر الله الأنبياء بالحكم بها؟

(المائدة 5:47) "فِيهِۚ ٱللَّهُ أَنزَلَ بِمَآ ٱلْإِنجِيلِ أَهْلُ وَلْيَحْكُمْ" 🕮

إذا كان الإنجيل محرفًا، فكيف يأمر الله المسيحيين بالحكم به؟

✅ **محمد زمن في ومحفوظين صحيحين كانا والإنجيل التوراة أن تثبت الآيات هذه.**

✅ **لاحقًا تحريفها تم قد الكتب هذه أن على قرآني دليل أي يوجد ولا.**

الإسلامي للعالم يمكن فكيف ،محمد زمن بعد تحرفتا قد والإنجيل التوراة كانت إذا في ،وأفريقيا ،وآسيا ،أوروبا في المنتشرة المقدس الكتاب نسخ جميع يغير أن بأسره الوقت؟ نفس

وتاريخيًا عقلانيًا مستحيل هذا.

بالقرآن؟ نثق فكيف ،محرفًا المقدس الكتاب كان إذا 🕮

المسلمون يقولون أن القرآن نزل ليحفظ كلمة الله، ولكن إذا كان الله قد سمح بتحريف كلمته في الكتاب المقدس، فكيف نثق أنه لم يسمح بتحريف القرآن؟

(الأنعام 6:115) "لِكَلِمَٰتِهِۦۚ مُبَدِّلَ لَّا وَعَدْلًاۚ صِدْقًا رَبِّكَ كَلِمَتُ وَتَمَّتْ" 🕮

إذا كانت كلمات الله لا يمكن تغييرها، فهذا يشمل التوراة والإنجيل أيضًا.

أنه يثقون فلماذا ،المقدس الكتاب حماية يستطع لم الله أن يعتقدون المسلمون كان إذا القرآن؟ حفظ

المسلمون الذين يرفضون الكتاب المقدس يرفضون القرآن أيضًا، لأن القرآن يؤكد أنه محفوظ.

!كلمته وتكذّب بالله تؤمن أن يمكنك لا :الخاتمة

- **يُحرّف لم المقدس الكتاب أن يثبت نفسه القرآن.**
- **كلمته حماية في يفشل أن لله يمكن لا.**
- **الحقيقية الله كلمة هو المقدس الكتاب بأن تؤمن أن فيجب ،بالله تؤمن كنت إذا.**
- **الله على هجوم الحقيقة في هو المقدس الكتاب على الهجوم.**

المسلمون يرفض فلماذا ،السماوية الكتب بجميع بالإيمان مأمورًا محمد كان إذا المقدس؟ بالكتاب الإيمان اليوم

(الشورى 42:15) "كِتَٰبٍۢ مِن ٱللَّهُ أَنزَلَ بِمَآ ءَامَنتُ وَقُلْ"

محفوظ لأنه ،يتغير لم المقدس الكتاب بأن تؤمن أن فيجب ،بالله تؤمن مسلمًا كنت إذا الله من.

موثوقان والجديد القديم العهدان :عشر الثاني الفصل وصادقان

هل كان العهد القديم والعهد الجديد موثوقين أثناء نزول القرآن؟

كيف كان ينظر الله إلى هذه الكتب المقدسة؟

هل يقر القرآن بصحتها؟

دعونا نترك القرآن يجيب عن هذه الأسئلة:

"وَلَوْ أَنَّهُمْ أَقَامُوا التَّوْرَاةَ وَالْإِنجِيلَ وَمَا أُنزِلَ إِلَيْهِم مِّن رَّبِّهِمْ لَأَكَلُوا مِن فَوْقِهِمْ وَمِن تَحْتِ أَرْجُلِهِم مِّنْهُمْ أُمَّةٌ مُّقْتَصِدَةٌ وَكَثِيرٌ مِّنْهُمْ سَاءَ مَا يَعْمَلُونَ" (المائدة 5:66)

هذه الآية تكشف أربعة حقائق جوهرية عن التوراة والإنجيل:

أولًا: عندما يتحدث القرآن عن **التوراة** والإنجيل، فإنه يشير إلى **العهد القديم والعهد الجديد** اللذين كانا متداولين في ذلك الوقت.

ثانيًا: إذا كان **اليهود** والمسيحيون قد التزموا بـ **"التوراة والإنجيل وما أُنزل إليهم من ربهم"،** لكانوا قد **تمتعوا بالبركات الإلهية والسعادة.**

- **هل يمكن أن يحدث ذلك إذا كانت هذه الكتب غير نقية أو محرّفة؟**
- **كيف يأمرهم الله باتباع كتب محرفة ويعدهم بالبركة والسعادة إن فعلوا ذلك؟**

ثالثًا: تشهد هذه الآية بأن **هناك يهودًا ومسيحيين كانوا على الطريق الصحيح في زمن محمد.**

- **"مِّنْهُمْ أُمَّةٌ مُّقْتَصِدَةٌ"** أي أن بعضهم **ما زالوا على الصراط المستقيم.**
- **لكي يكونوا على الطريق الصحيح، فإن الكتب التي بين أيديهم يجب أن تكون غير محرفة ونقية.**

رابعًا: بعد ذكر التوراة والإنجيل، يذكر القرآن أن اليهود والمسيحيين مطالبون أيضًا باتباع **"ما أنزل إليهم من ربهم".**

- **هذا يشير إلى بقية الكتب المقدسة التي تلقاها الأنبياء والرسل، والتي تتضمن العهدين القديم والجديد.**

- لدى متاحًا وكان محرفًا يكن لم بعهديه المقدس الكتاب أن على دليل وهذا محمد زمن في والمسلمين والمسيحيين اليهود.

الجديد؟ والعهد القديم العهد بموثوقية يعترف القرآن هل

بِرُوحِ أَيَّدتُّكَ إِذْ وَٰلِدَتِكَ وَعَلَىٰ عَلَيْكَ نِعْمَتِى ٱذْكُرْ مَرْيَمَ ٱبْنَ يَٰعِيسَى ٱللَّهُ قَالَ وَإِذْ" "وَٱلْإِنجِيلَ وَٱلتَّوْرَىٰةَ وَٱلْحِكْمَةَ ٱلْكِتَٰبَ عَلَّمْتُكَ وَإِذْ وَكَهْلًاۖ ٱلْمَهْدِ فِى ٱلنَّاسَ تُكَلِّمُ ٱلْقُدُسِ (المائدة 5:110)

- والإنجيل التوراة السلام عليه عيسى أعطى الله أن توضح الآية هذه.
- ضاعت أو تحرفت قد الكتب هذه أن القرآن من موضع أي في الله يقل لم.

(آل عمران 3:93) "صَادِقِينَ كُنتُمْ إِن فَٱتْلُوهَا بِالتَّوْرَاةِ فَأْتُوا قُلْ"

- محرفة؟ كانت إذا التوراة إلى الرجوع الناس من الله يطلب لماذا
- نملكها التي نفسها هي محمد زمن في متاحة كانت التي التوراة أن تثبت الآية هذه اليوم.

زمن في متاحين الجديد والعهد القديم العهد كان هل محمد؟

المسلمون الذين يقولون إن التوراة والإنجيل قد حُرّفا يجب أن يواجهوا الحقائق التالية:

(5:44 المائدة) "وَنُورٌ هُدًى فِيهَا ٱلتَّوْرَىٰةَ أَنزَلْنَا إِنَّا"

وَءَاتَيْنَٰهُ ٱلتَّوْرَىٰةِ مِنَ يَدَيْهِ بَيْنَ لِّمَا مُصَدِّقًا مَرْيَمَ ٱبْنِ بِعِيسَى ءَاثَٰرِهِم عَلَىٰٓ وَقَفَّيْنَا" (المائدة 5:46) "وَنُورٌ هُدًى فِيهِ ٱلْإِنجِيلَ

✅ **محمد زمن في موجودين كانا والإنجيل** هذه الآيات تؤكد أن **التوراة**.
✅ **أثناء أو قبل تحريفهما تم قد الإنجيل أو** لم يذكر الله في أي مكان في القرآن أن **التوراة محمد زمن**.

للحكم؟ عليها يعتمد أن لمحمد يمكن كان فكيف ،تحريفها تم قد الكتب هذه كانت إذا

(المائدة 5:47) **"فِيهِ ٱللَّهُ أَنزَلَ بِمَآ ٱلۡإِنجِيلِ أَهۡلُ وَلۡيَحۡكُمۡ"**

✅ **تحريفه؟ تم قد كان إذا الإنجيل في أنزل بما بالحكم المسيحيين الله يأمر كيف**

تحريف تم وكيف متى تحديد المسلمون يستطيع هل والإنجيل؟ التوراة

المسلمون الذين يزعمون أن الكتاب المقدس قد تحرف يجب أن يجيبوا عن الأسئلة التالية:

1. **المقدس؟ الكتاب تحريف تم متى**
2. **العالم؟ أنحاء جميع في منتشرًا كان إذا تحريفه تم كيف**
3. **بتحريفه؟ قام الذي من**
4. **التحريف؟ هذا على تاريخي دليل يوجد لا فلماذا ،تحريفه تم إذا**

إذا لم يكن لدى المسلمين إجابة واضحة لهذه الأسئلة، فإن ادعاءهم بأن الكتاب المقدس قد تحرف **ليس أكثر من مجرد افتراء بلا دليل**.

✅ **تحريفهما يتم لم والجديد القديم العهدين أن تثبت التاريخية الحقائق**.
✅ **والإنجيل التوراة نصوص أن تثبت الميت البحر مخطوطات مثل القديمة المخطوطات لم تتغير على مر العصور**.

الله من ومحفوظ به موحى المقدس الكتاب :الخاتمة

- ذلك؟ من القرآن يحذر لم فلماذا ،تحرفا قد والجديد القديم العهد كان إذا
- والإنجيل؟ التوراة إلى بالرجوع والمسلمين محمدًا الله يأمر لماذا
- لماذا لم يقل محمد أبدًا أن هذه الكتب محرفة؟

يؤكد القرآن لأن ،القرآن أيضًا يرفضون والإنجيل التوراة يرفضون الذين المسلمون صحتها.

"لِكَلِمَاتِهِ مُبَدِّلَ لَا ۚ وَعَدْلًا صِدْقًا رَبِّكَ كَلِمَتُ وَتَمَّتْ" (الأنعام 6:115)

- **الله لأن ،تحريفهما يتم لم والإنجيل التوراة بأن تؤمن أن فيجب ،بالله تؤمن كنت إذا بحمايتهما وعد.**
- **تتغير لم التي الحقيقية الله كتب هما والجديد القديم العهدين أن تثبت الأدلة كل.**

اليهود الله أمر التي المقدسة الكتب :عشر الثاني الفصل اليوم المقدس الكتاب نفسها هي باتباعها والمسيحيين

اليوم؟ المقدس الكتاب صحة القرآن يؤكد هل

وَمِن فَوْقِهِمْ مِن لَأَكَلُوا رَّبِّهِمْ مِّن إِلَيْهِم أُنزِلَ وَمَا وَالْإِنجِيلَ التَّوْرَاةَ أَقَامُوا أَنَّهُمْ وَلَوْ" تَحْتِ أَرْجُلِهِم مِّنْهُمْ أُمَّةٌ مُّقْتَصِدَةٌ وَكَثِيرٌ مِّنْهُمْ سَاءَ مَا يَعْمَلُونَ" (المائدة 5:66)

- **المحرفة**، لأن **القرآن غير الله كلمة هو اليوم نملكه الذي المقدس** هذا يعني أن **الكتاب ليؤكده بل ،محله ليحل ينزل لم.**

- **الكتاب في سوى آخر مكان أي في عليها العثور يمكن** بما أن هذه الكتب المقدسة **لا غير المقدس الكتاب أن حقيقة قبول سوى آخر خيار لديهم ليس** المسلمين فإن ،**المقدس**

محرف.
كلمته حفظ في فشل الله وأن كاذب القرآن أن يعني فهذا ،ذلك رفضوا إذا

مهم؟ هذا ولماذا المائدة؟ سورة نزلت متى

بخمس وفاته المائدة نزلت خلال السنوات الأخيرة من حياة محمد، أي قبل سورة
فقط سنوات.

استبدال القرآن من القصد يكن لم ،الوحي من الأخيرة المراحل في حتى أنه يعني هذا
المقدس الكتاب.
في ذلك عن إعلان أو تحذير أي يوجد لا فلماذا ،تحريفه تم قد المقدس الكتاب كان إذا
القرآن؟

المقدس؟ الكتاب تغيير على دليلاً مسلم أي يقدم لم لماذا

تغيرت أنها يُزعم التي بالآيات قائمة أحد يقدم إذا تم تغيير الكتاب المقدس، فلماذا لم
بالأصل؟ مقارنة مع

المسيحيين بين يُتلى وكان محمد زمن خلال متاحًا كان المقدس الكتاب أن الحقيقة
العالم أنحاء جميع في واليهود.
النصوص مقارنة للمسلمين يمكن لا فلماذا ،تعديلات أو تغييرات أي هناك كانت إذا
دعواهم؟ لإثبات الحالية النسخ مع الأصلية

بقاع كل في المنتشرة المقدس الكتاب نسخ من الملايين يكون أن المستحيل من
أثر أي دون فجأة اختفت قد الأرض.
بدون افتراضات إلى فقط يستند المقدس الكتاب بتحريف الإسلامي الادعاء فإن ،لذلك
واضحة أدلة.

المقدس الكتاب صحة في يشك أن مسلم أي على يجب لا

- اللحظة نفس في القرآن تعاليم رفض يعني تغير قد المقدس الكتاب بأن الاعتقاد.
- أنهما يعني مما ،محمد حياة خلال موثوقين كانا والإنجيل التوراة بأن يشهد القرآن الأبد إلى موثوقين سيبقيان.

(6:34 الأنعام) "اللهِ لِكَلِمَاتِ مُبَدِّلَ لَا"
(الأنعام 6:115) "لِكَلِمَاتِهِ مُبَدِّلَ لَا ۚ وَعَدْلًا صِدْقًا رَبِّكَ كَلِمَتُ وَتَمَّتْ"

- تغير؟ قد المقدس الكتاب يكون أن يمكن فكيف ،كلمته بحماية وعد قد الله كان إذا
- المسلمون هل .كلمته حفظ في فشل أنه أو كاذب الله أن يعني فهذا ،تغير إذا هذا؟ لقبول مستعدون

فإن ،5:66 المائدة سورة في الإلهي الأمر لإلغاء لاحقًا آية أي ينزل لم القرآن أن بما الأبد إلى ساريًا يظل المقدس الكتاب باتباع الله أمر.
الأبد إلى محرف غير المقدس الكتاب بقي إذا فقط ممكن وهذا.

- يهاجمون الحقيقة في هم المقدس الكتاب يهاجمون الذين المسلمين فإن ،وبالتالي نفسه القرآن!

الفصل 13

كما محرفًا ليس المقدس الكتاب :عشر الثالث الفصل 🕮 المسلمون يزعم

القرآن كان إذا محرفًا المقدس الكتاب يكون أن يمكن هل به؟ بالتمسك والمسيحيين اليهود يأمر

🕮 **"قُلْ يَا أَهْلَ الْكِتَابِ لَسْتُمْ عَلَى شَيْءٍ حَتَّى تُقِيمُوا التَّوْرَاةَ وَالْإِنجِيلَ وَمَا أُنزِلَ إِلَيْكُم مِّن رَّبِّكُمْ"** (المائدة 5:68)

القرآن على أن هذا دليل قاطع **لا يعترف بأي تحريف في التوراة** بل يأمر **والإنجيل**، أهل الكتاب أن **يقيموا التوراة والإنجيل** ويعملوا بما فيهما.

- ✔ إذا كان الكتاب المقدس قد تم تحريفه، فلماذا لم يُحذر القرآن المسلمين من اتباعه؟
- ✔ لماذا يطلب القرآن من اليهود والمسيحيين التمسك به إذا كان قد تم تحريفه؟
- ✔ كيف يكون الكتاب المقدس محرفًا بينما يصفه القرآن بأنه كلام الله ويأمر الناس بالتمسك به؟

؟"الكتاب أهل" لقب والمسيحيين اليهود على يُطلق لماذا

"الْكِتَابِ أَهْلَ يَا"

بالتحريف اتهام أو إدانة وليس ،**وتشريف تكريم** اللقب هذا.

الله كلام يمتلكون أنهم على لم يُطلق القرآن هذا اللقب على أي أمة أخرى، مما **يدل الحقيقي.**

القرآن في به ومعترفًا موثوقًا مقدسًا كتابًا يمتلكون أنهم يعني "الكتاب أهل".

في المقدسة الأسفار جميع صحة القرآن يؤكد لماذا المقدس؟ الكتاب

(المائدة 5:68) "رَّبِّكُمْ مِّن إِلَيْكُم أُنزِلَ وَمَا وَالْإِنجِيلَ التَّوْرَاةَ تُقِيمُوا حَتَّى"

هذا يشمل:

- **(الخمسة موسى أسفار) التوراة**
- **(الجديد العهد في وردت كما المسيح بشارة) الإنجيل**
- **الأنبياء وكتابات المزامير**

تحريفه يتم لم أنه يثبت مما ،المقدس الكتاب في اليوم موجودة الكتب هذه كل.

والمسيحيين اليهود القرآن يأمر أن المنطقي من فهل ،محرفًا المقدس الكتاب كان إذا به؟ بالتمسك

المقدس؟ الكتاب القرآن يُلغِ لم لماذا

بخمس وفاته محمد، أي قبل حياة من الأخيرة السنوات المائدة نزلت في سورة
سنوات.

يذكر لم فلماذا ،الإسلام قدوم مع المقدس الكتاب يُلغى أن المفترض من كان إذا
صراحة؟ ذلك القرآن

من بدلاً القرآن على والاعتماد كتبهم عن التخلي الكتاب أهل من الله يطلب لم لماذا
ذلك؟

الحكم؟ هذا لتغيير ذلك بعد آية أي الله يكشف لم لماذا

الإلهي للوحي الصحيح المصدر زال وما كان المقدس الكتاب أن على يدل هذا.

التناقض؟ هذا على الرد للمسلمين يمكن كيف

المسلمون يزعمون أن الكتاب المقدس قد تم تحريفه، ومع ذلك، عندما يفتحون القرآن،
والتوراة بالإنجيل يجدون أمرًا صريحًا بالتمسك.

مصدر أنه القرآن يخبرهم بينما محرف المقدس الكتاب أن الادعاء يمكنهم كيف
الله؟ لكلام موثوق

منهم يطلب لأنه الناس يُضلل القرآن أن يعني فهذا ،حُرِّف قد المقدس الكتاب كان إذا
محرف كتاب اتباع!

توجيهات يُقدم القرآن أن أو محفوظًا المقدس الكتاب يكون أن إما :الحتمية النتيجة
خاطئة!

أو نفسه الله في يشككون إما فإنهم ،محرف المقدس الكتاب أن المسلمون زعم كلما
كاذب كتاب بأنه القرآن يُدينون.

14 الفصل

الفصل الرابع عشر: القرآن يشهد على نزاهة الكتاب المقدس الأبدية 📖

شهادة قوية من القرآن على نزاهة الكتاب المقدس 📌

إحدى أقوى الأدلة في القرآن التي تشهد على النزاهة الأبدية للكتاب المقدس تظهر في الآية التالية من القرآن:

📖 سورة آل عمران 3:55
إِذْ قَالَ اللَّهُ يَا عِيسَىٰ إِنِّي مُتَوَفِّيكَ وَرَافِعُكَ إِلَيَّ وَمُطَهِّرُكَ مِنَ الَّذِينَ كَفَرُوا وَجَاعِلُ " ⬣ الَّذِينَ اتَّبَعُوكَ فَوْقَ الَّذِينَ كَفَرُوا إِلَىٰ يَوْمِ الْقِيَامَةِ" (ترجمة معاني القرآن)

"وَجَاعِلُ الَّذِينَ اتَّبَعُوكَ فَوْقَ الَّذِينَ كَفَرُوا إِلَىٰ يَوْمِ الْقِيَامَةِ" ✝

هذه العبارة تحمل دلالة لاهوتية عميقة للغاية. فالله لا يقول فقط إن المؤمنين بالمسيح سيكونون فوق غير المؤمنين، **بل الذين يتبعونه**.

الذين يتبعون المسيح هم المسيحيون الحقيقيون الذين يعيشون وفقًا لتعاليمه، وهو ما نجده في الكتاب المقدس. 📌

تحليل تفصيلي لهذه الآية لإثبات نزاهة الكتاب المقدس

- ☑ لكي يكون المسيحيون مرفوعين فوق الكافرين إلى يوم القيامة، يجب أن يستمر الإيمان المسيحي الحقيقي في الوجود حتى ذلك اليوم.

- ☑ لكي يستمر الإيمان المسيحي الحقيقي، يجب أن يكون هناك مسيحيون مؤمنون حقيقيون حتى يوم القيامة.

- ☑ لكي يوجد مسيحيون مؤمنون حقيقيون حتى يوم القيامة، يجب أن يكون لديهم إيمان مستقيم بالله حتى النهاية.

- ☑ لكي يكون لدى المسيحيين إيمان مستقيم بالله، يجب أن يكون لديهم مصدر صحيح للهداية حتى النهاية.

- ☑ لكي يكون لديهم مصدر صحيح للهداية، يجب أن يبقى الكتاب المقدس صحيحًا وغير محرف حتى النهاية.

- ☑ لكي يبقى الكتاب المقدس صحيحًا وغير محرف حتى النهاية، يجب أن يكون محفوظًا من التحريف.

وبالتالي، يشهد القرآن نفسه على أن الكتاب المقدس لا يمكن أن يكون محرفًا أبدًا.

استنتاجات هامة من هذه الآية

- ✔ القرآن يعترف بأن أتباع المسيح سيكونون فوق غير المؤمنين حتى يوم القيامة، مما يعني أن إيمانهم لم ولن يتم تحريفه.

- ✔ بما أن إيمان المسيحيين قائم على الكتاب المقدس، فلا يمكن أن يكون محرفًا، وإلا فإن القرآن سيكون كاذبًا في هذه الشهادة.

- ✔ لا يمكن أن يكون الكتاب المقدس محرفًا اليوم لأنه يجب أن يبقى صحيحًا حتى يوم القيامة وفقًا للقرآن.

هل يمكن للمسلمين إنكار هذا المنطق؟ إذا فعلوا ذلك، فإنهم يكذبون القرآن نفسه.

وبالتالي، أي ادعاء بأن الكتاب المقدس قد تم تحريفه يتناقض بشكل مباشر مع شهادة القرآن نفسه!

الفصل 15

الفصل الخامس عشر: القرآن يثبت أن الكتاب المقدس غير محرف وأن أتباع المسيح هم المؤمنون الحقيقيون

القرآن يثبت أن أتباع المسيح هم المؤمنون الحقيقيون

القرآن نفسه يميز أتباع المسيح عن الكافرين، مما يثبت أن المسيحيين هم المؤمنون الحقيقيون. فكيف يمكن للمسيحيين أن يُعتبروا **"فوق الذين كفروا إلى يوم القيامة"** (سورة آل عمران 3:55) بينما يدّعي المسلمون أن المسيحيين يتبعون كتابًا محرفًا؟

من المستحيل أن يكرّم الله أتباع المسيح بهذا الشكل إذا كانوا يعتمدون على كتاب فاسد أو محرّف.

النقطة الأهم هي أن هذه الآية لا تقول إن المسيحيين سيكونون فوق الكافرين فقط حتى مجيء محمد أو حتى نزول القرآن، بل حتى **يوم القيامة**.

منذ تأسيس المسيحية وحتى اليوم، لم يخضع المسيحيون أبدًا لتعاليم القرآن، بل ظلوا متمسكين بتعاليم الكتاب المقدس.

فكيف يمكن أن يجعل الله المسيحيين "فوق الذين كفروا إلى يوم القيامة" وهم لا يتبعون القرآن؟

الجواب واضح، ولكنه غير مقبول عند المسلمين. هذه الآية تثبت بما لا يدع مجالًا للشك أن الكتاب المقدس وحده هو الكافي لخلاص المسيحيين – في الماضي والحاضر والمستقبل.

وبالتالي، الادعاء بأن القرآن جاء ليحل محل الكتاب المقدس هو مجرد كذبة مختلقة من قبل المسلمين، وليس لها أي أساس في القرآن نفسه.

هل يمكن للكافرين تحريف الكتاب المقدس بينما وعد الله أتباع المسيح بالتفوق عليهم؟

إذا كان الله قد جعل أتباع المسيح "فوق الذين كفروا إلى يوم القيامة"، فكيف يمكن أن يكون الكافرون أقوى منهم لدرجة أن يتمكنوا من تحريف كتابهم المقدس؟

هل يعقل أن يكون أتباع المسيح الذين أعطاهم الله التفوق عاجزين عن حماية كتابهم؟

إذا كان الكافرون قد نجحوا في تحريف الكتاب المقدس، ألا يعني ذلك أن الكفار هم المتفوقون؟

وهذا يعني أن وعد الله في القرآن غير صحيح! أي أن القرآن نفسه يكون خاطئًا!

بما أن القرآن يقول إن أتباع المسيح سيكونون فوق الكافرين إلى يوم القيامة، فهذا يتطلب وجود أتباع حقيقيين للمسيح في كل جيل. ولكن كيف يمكنهم اتباع المسيح إذا لم يكن لديهم كتابه الحقيقي؟

الجواب: هذا ممكن فقط إذا كانت تعاليم المسيح محفوظة بشكل كامل وصحيح في الكتاب المقدس!

وبالتالي، يعتمد صدق هذا الوعد الإلهي في القرآن على الحفاظ المستمر على الكتاب المقدس.

إذا أصبح الكتاب المقدس محرفًا، فإن هذه الآية في القرآن تفقد مصداقيتها. لذا، ☑ يجب أن يظل الكتاب المقدس غير محرف حتى يظل القرآن صادقًا.

مرة أخرى، كلما ادعى المسلمون أن الكتاب المقدس محرّف، فإنهم في الواقع يثبتون أن القرآن خاطئ!

الكتاب المقدس محفوظ إلى الأبد بحسب يسوع المسيح

إنجيل متى 5:18

"الحق أقول لكم، إنه إلى أن تزول السماء والأرض، لن يزول حرف واحد أو نقطة واحدة من الناموس حتى يتم كل شيء."

هذا يعني أن الكتاب المقدس سيبقى محفوظًا إلى الأبد، ولن يضيع أي جزء منه حتى تتحقق كل وعود الله.

وهذا يؤكد بشكل قاطع أن الكتاب المقدس هو كلمة الله الحقيقية، وسيظل كذلك إلى الأبد.

16 الفصل

الفصل السادس عشر: القرآن يؤكد وجود الكتب المقدسة الحقيقية 🕮

"القرآن يؤكد أن التوراة والإنجيل لا يزالان "كتب الله القائمة 📌

سورة يوسف 12:111 🕮
لَقَدْ كَانَ فِي قَصَصِهِمْ عِبْرَةٌ لِّأُولِي الْأَلْبَابِ ۗ مَا كَانَ حَدِيثًا يُفْتَرَىٰ وَلَٰكِن تَصْدِيقَ الَّذِي "
".بَيْنَ يَدَيْهِ وَتَفْصِيلَ كُلِّ شَيْءٍ وَهُدًى وَرَحْمَةً لِّقَوْمٍ يُؤْمِنُونَ

لِلَّذِي تصديقٌ" هو بل ،"يُفترى حديثًا" ليس القرآن أن بوضوح تعلن أعلاه الآية ◈
."يَدَيْهِ بَيْنَ

وهذا يشير بوضوح إلى أن التوراة والإنجيل لا يزالان قائمين ككتب موثوقة عند ◈
نزول القرآن.

إن استخدام الفعل "تَصْدِيقَ" في الزمن المضارع يؤكد أن التوراة والإنجيل لا ☑
يزالان موثوقين عند نزول القرآن، بل حتى يومنا هذا.

لو كان الكتاب المقدس قد تم تحريفه أو تغييره، لما أشار القرآن إليه على أنه ☑
."تصديقٌ لِلَّذِي بَيْنَ يَدَيْهِ"

التوراة والإنجيل موصوفان بأنهما "كتب الله القائمة" وليس مجرد كتب قديمة

سورة يوسف 12:111 (ترجمات مختلفة):

"إنه ليس حديثًا مفترى، بل هو تصديق لما بين يديه من كتب الله القائمة." (تفسير خان-الهلالي)

"لم يكن هذا القرآن افتراءً بل هو تصديق لما بين يديه، وتفصيل كل شيء، وهدى ورحمة لقوم يؤمنون." (بيكثال)

"إنه ليس حديثًا مختلقًا، بل هو تأكيد للكتب السابقة التي بين يديه." (شبير أحمد)

لاحظ أن القرآن لا يتحدث عن التوراة والإنجيل بصيغة الماضي، بل بصيغة الحاضر، حيث يقول: "تصديق الذي بين يديه".

وهذا يعني أن التوراة والإنجيل لم يكونا مجرد كتب موثوقة في الماضي، بل كانا لا يزالان موثوقين حتى في زمن محمد، مما يؤكد أن الكتاب المقدس لم يُحرَّف.

إذا كان المسلمون يعتقدون أن التوراة والإنجيل قد تم تحريفهما، فلماذا لا يزال القرآن يشير إليهما على أنهما "كتب الله القائمة"؟

لو كان هناك أي تحريف، لكان الله قد تبرأ من هذه الكتب، لكنه على العكس تمامًا، يصفها بأنها "كتب الله القائمة".

هل يمكن أن يدّعي الله ملكية كتب زائفة أو محرّفة؟

يؤكد القرآن أن الله هو المالك الشرعي للتوراة والإنجيل.

إذا تم تغيير هذه الكتب أو تحريفها، فهل من المنطقي أن يستمر الله في اعتبارها "كتبه القائمة"؟

على سبيل المثال، إذا كتبتُ بحثًا علميًا، وقام شخص آخر بتغيير مضمونه بالكامل وأضاف أفكاره الخاصة، فلن أقبل أن يُنسب هذا البحث لي بعد الآن. سأتبرأ منه لأن محتواه لم يعد يمثل أفكاري الأصلية.

ولكن في حالة التوراة والإنجيل، نجد أن الله لا يتبرأ منهما بل يؤكد أنهما "كتبه القائمة".

فكيف يمكن للمسلمين أن يدّعوا بأن الكتاب المقدس قد تحرّف بينما الله نفسه يعلن في القرآن أنه "كتبه القائمة"؟

إذا كان الكتاب المقدس قد تغيّر، فهل يعقل أن يظل الله يشير إليه باعتباره كتابه؟ هل يمكن لله أن يدّعي ملكية كتاب زائف أو محرّف؟

الجواب واضح: التوراة والإنجيل لا يزالان كتب الله الحقيقية، ولم يتم تحريفهما كما يدّعي المسلمون.

إذا كان الكتاب المقدس محرّفًا، فلماذا يشير القرآن إليه على أنه موثوق؟

لو كان هناك أي دليل على تحريف الكتاب المقدس، فلماذا لم يذكر القرآن أي شيء عن هذا التحريف؟

إذا كان الكتاب المقدس قد تغير، فلماذا يستمر القرآن في مدحه والإشارة إليه على أنه "هدى ورحمة"؟

سورة المائدة 5:46

" وقفينا على آثارهم بعيسى ابن مريم مصدقًا لما بين يديه من التوراة وآتيناه الإنجيل فيه هدى ونور ومصدقًا لما بين يديه من التوراة وهدى وموعظة للمتقين".

هذا يثبت أن الإنجيل والتوراة كانا صحيحين عند نزول القرآن، وإلا فلماذا يصفهما الله بأنهما "هدى ونور"؟

إذا كان هناك تحريف، فلماذا لا نجد أي آية في القرآن تقول إن التوراة أو الإنجيل قد تغيرا أو تم تزويرهما؟

كل الادعاءات التي يطلقها المسلمون حول تحريف الكتاب المقدس تتناقض مع تعاليم القرآن نفسه.

استنتاج: القرآن يشهد للكتاب المقدس

من خلال دراسة آيات القرآن، يتضح بجلاء أن الكتاب المقدس لم يُحرَّف بل ظل محفوظًا كما هو.

القرآن يصف التوراة والإنجيل بأنهما "كتب الله القائمة".
القرآن يؤكد أنهما "هدى ونور".
القرآن يصف الإنجيل بأنه "تصديق الذي بين يديه".

لو كان الكتاب المقدس محرّفًا، لكان من المستحيل أن يمدحه القرآن بهذه الطريقة.

وبالتالي، كلما ادعى المسلمون أن الكتاب المقدس محرّف، فإنهم في الواقع يكذّبون القرآن نفسه!

لذلك، على المسلمين أن يعيدوا النظر في اعتقادهم بأن الكتاب المقدس محرّف، لأن هذا الاعتقاد يتعارض مع تعاليم القرآن.

"فَتِّحْ عَيْنَيْكَ عَلَى الْحَقِّ، وَكُنْ مِنَ الَّذِينَ يَتَّبِعُونَ كَلِمَةَ اللهِ دُونَ تَحَيُّزٍ."

الفصل السادس عشر: القرآن يشهد لصحة الكتاب المقدس

التوراة إلى يشير الله يزال لا ،القرآن نزول بعد حتى "القائمة كتبه" أنهما على والإنجيل

12:111 يوسف سورة
"لَقَدْ كَانَ فِي قَصَصِهِمْ عِبْرَةٌ لِّأُولِي الْأَلْبَابِ ۗ مَا كَانَ حَدِيثًا يُفْتَرَىٰ وَلَٰكِن تَصْدِيقَ الَّذِي بَيْنَ يَدَيْهِ وَتَفْصِيلَ كُلِّ شَيْءٍ وَهُدًى وَرَحْمَةً لِّقَوْمٍ يُؤْمِنُونَ".

يؤكد الله في هذه الآية أن القرآن ليس "يُفترى حديثًا"، بل هو "تصديقٌ لِلَّذِي بَيْنَ يَدَيْهِ".
هذا يعني أن الكتب التي بين يديه، وهي التوراة والإنجيل، ما زالت قائمة وحقيقية في وقت نزول القرآن.

السؤال المنطقي هنا: لماذا يستمر الله في الإشارة إلى التوراة والإنجيل على أنهما "القائمة كتبه" إذا كان الغرض الحقيقي من القرآن هو استبدالهما؟
هل يمكن أن يُطلق عليهما "كتب الله القائمة" إذا كانتا قد تعرضتا للتحريف؟
هل يمكن أن تصبح "كتب الله القائمة" كتبًا زائفة عبر الزمن وعلى يد البشر؟

هذه الأسئلة تكشف التناقض الواضح في اعتقاد المسلمين بأن الكتاب المقدس محرَّف، لأن القرآن نفسه ينفي هذا الاعتقاد.

كيف يمكن للقرآن أن يؤكد "كتب الله القائمة" إذا كانت قد تعرضت للتحريف؟

سورة يوسف 12:111 تقول بوضوح: "القرآن ليس حديثًا مفترى، بل هو تصديقٌ لِلَّذِي بَيْنَ يَدَيْهِ".

لو كانت الكتب السابقة محرَّفة، فهل يعقل أن يكون القرآن "تصديقًا" لها؟
هل يمكن للقرآن أن يكون شاهداً على كتاب زائف؟
هل يمكن أن يكون القرآن مصدقًا لكتاب محرف؟

كلما ادّعى المسلمون أن الكتاب المقدس قد تم تحريفه، فإنهم في الواقع يتهمون الله نفسه بالكذب، لأنه قال إن القرآن يصدّق التوراة والإنجيل.

وهذا يعني أن المسلمين الذين يزعمون أن الكتاب المقدس محرَّف يتهمون الله بعدم الصدق في قوله إن القرآن يصدّق الكتاب المقدس.

العلاقة بين صحة القرآن وصحة الكتاب المقدس

لماذا يكرر الله في القرآن أنه "يؤكد الكتب السابقة"؟

سورة يوسف 12:111 تقول إن القرآن "ليس حديثًا مفترى" لأنه "يصدّق الذي بين يديه".

يستخدم الله مصداقية الكتاب المقدس كدليل على مصداقية القرآن!

إذا كان الكتاب المقدس قد تحرّف، فهذا يعني أن القرآن مبني على شهادة كتاب مزوّر، مما يؤدي إلى فقدان مصداقية القرآن نفسه.

وبالتالي، فإن صحة القرآن تعتمد بشكل أساسي على صحة الكتاب المقدس.

إذا قال المسلمون إن الكتاب المقدس محرف، فإنهم بذلك يقولون ضمنيًا إن القرآن فقد مصداقيته أيضًا، لأنه يعتمد على الكتاب المقدس كشاهد له.

هل أتى القرآن ليُلغِي الكتاب المقدس؟

يدّعي بعض المسلمين أن القرآن أتى ليحل محل التوراة والإنجيل، لكن هل يدعم القرآن هذا الادعاء؟

سورة المائدة **5:68**

"قُلْ يَا أَهْلَ الْكِتَابِ لَسْتُمْ عَلَىٰ شَيْءٍ حَتَّىٰ تُقِيمُوا التَّوْرَاةَ وَالْإِنجِيلَ وَمَا أُنزِلَ إِلَيْكُم

الْقَوْمِ عَلَى تَأْسَ فَلَا ۚ وَكُفْرًا طُغْيَانًا رَّبِّكَ مِن إِلَيْكَ أُنزِلَ مَّا مِّنْهُم كَثِيرًا وَلَيَزِيدَنَّ ۗ رَّبِّكُمْ مِّن الْكَافِرِينَ".''

بالكتاب يلتزموا بأن (والمسيحيين اليهود) الكتاب لأهل واضحًا أمرًا تعطي الآية هذه لديهم الذي المقدس.

واتباعه؟ بإقامته الله يأمرهم فلماذا ،تحرّف قد المقدس الكتاب كان إذا

فاسد كتاب باتباع يأمر لا الله لأن ،يُحرّف لم المقدس الكتاب أن على قاطع دليل هذا مزور أو.

المسلمون اختلقها كذبة هو المقدس الكتاب محل ليحل أتى القرآن بأن الادعاء ،إذن القرآن تعاليم من جزءًا وليست.

المقدس الكتاب بصحة يشهد القرآن :استنتاج

''القائمة الله كتب'' هما والإنجيل التوراة أن يؤكد القرآن :أولًا.

هو صحته لإثبات صحته على ويعتمد المقدس الكتاب يُصَدِّق القرآن :ثانيًا.

واتباعه المقدس بالكتاب بالتمسك والمسيحيين اليهود يأمر القرآن :ثالثًا.

تحرّف قد المقدس الكتاب أن تزعم القرآن في واحدة آية توجد لا :رابعًا.

نفسه القرآن تعاليم تناقض كذبة هو تحريفه تم قد المقدس الكتاب بأن الادعاء ،إذن.

يُكَذِّبُون الواقع في فإنهم ،تحرّف قد المقدس الكتاب أن المسلمون زعم كلما المقدس الكتاب بصحة يشهد القرآن لأن ،نفسه القرآن.

الكتاب بأن الاعتقاد لأن ،افتراضاتهم في النظر يعيدوا أن المسلمين على يجب ،لهذا نفسه القرآن تكذيب إلى يؤدي محرّف المقدس!

تغيير بلا باقٍ وهو ،واحد الله وكتاب ،يرى أن يريد لمن واضح الحق.

17 الفصل

الفصل السابع عشر: القرآن يثبت صحة الكتاب المقدس

ماذا يعني التصديق في القرآن؟

- **".سابقًا به يُعتقد كان ما شيء دقة أو صحة إثبات"** :يعني التصديق
- **".إثبات يقينية أو صلاحية أو دقة أو أصالة شيء ما أو شخص ما"** :كما يعني

يعني ذلك فإن ،"والإنجيل التوراة يُصَدِّق" القرآن بالتالي، عندما يُقال في القرآن أن السماوية الكتب هذه ومصداقية صحة يؤكد القرآن أن.
بمعنى آخر، القرآن يثبت صحة الكتاب المقدس باعتباره كلمة الله الحقيقية.

هل يمكن لله أن يُصدّق كتابًا محرَّفًا؟

الكتاب تحريف يجهل أن لله يمكن فهل ،المسلمون يؤمنون بأن الله هو العليم الحكيم المقدس؟
التوراة "**يُصَدِّق**" جاء القرآن أن وتكرارًا مرارًا القرآن في يكتب أن لله يمكن هل حقًا؟ فُسِد قد المقدس الكتاب كان إذا ،والإنجيل
.الآيات التي تقول إن القرآن يُصَدِّق الكتاب المقدس **لا تزال موجودة في القرآن اليوم**

لكي تكون هذه الآيات صحيحة اليوم، يجب أن يكون الكتاب المقدس صحيحًا اليوم أيضًا.

!إذا كان الكتاب المقدس محرفًا، فهذا يعني أن الله قد ارتكب خطأً فادحًا في القرآن

آيات قرآنية تؤكد صحة الكتاب المقدس

سورة البقرة 2:41
" وَآمِنُوا بِمَا أَنْزَلْتُ مُصَدِّقًا لِمَا مَعَكُمْ وَلَا تَكُونُوا أَوَّلَ كَافِرٍ بِهِ ۖ وَلَا تَشْتَرُوا بِآيَاتِي ثَمَنًا قَلِيلًا وَإِيَّايَ فَاتَّقُونِ"

سورة البقرة 2:91
" وَإِذَا قِيلَ لَهُمْ آمِنُوا بِمَا أَنْزَلَ اللَّهُ قَالُوا نُؤْمِنُ بِمَا أُنْزِلَ عَلَيْنَا وَيَكْفُرُونَ بِمَا وَرَاءَهُ وَهُوَ الْحَقُّ مُصَدِّقًا لِمَا مَعَهُمْ"

سورة آل عمران 3:3
"نَزَّلَ عَلَيْكَ الْكِتَابَ بِالْحَقِّ مُصَدِّقًا لِمَا بَيْنَ يَدَيْهِ وَأَنْزَلَ التَّوْرَاةَ وَالْإِنْجِيلَ"

سورة المائدة 5:48
"وَأَنْزَلْنَا إِلَيْكَ الْكِتَابَ بِالْحَقِّ مُصَدِّقًا لِمَا بَيْنَ يَدَيْهِ مِنَ الْكِتَابِ وَمُهَيْمِنًا عَلَيْهِ"

سورة الأنعام 6:92
"وَهَٰذَا كِتَابٌ أَنْزَلْنَاهُ مُبَارَكٌ مُصَدِّقُ الَّذِي بَيْنَ يَدَيْهِ"

سورة يونس 10:37
"وَمَا كَانَ هَٰذَا الْقُرْآنُ أَنْ يُفْتَرَىٰ مِنْ دُونِ اللَّهِ وَلَٰكِنْ تَصْدِيقَ الَّذِي بَيْنَ يَدَيْهِ"

سورة يوسف 12:111
" لَقَدْ كَانَ فِي قَصَصِهِمْ عِبْرَةٌ لِأُولِي الْأَلْبَابِ ۗ مَا كَانَ حَدِيثًا يُفْتَرَىٰ وَلَٰكِنْ تَصْدِيقَ الَّذِي بَيْنَ يَدَيْهِ"

سورة فاطر 35:31 📖
"وَالَّذِي أَوْحَيْنَا إِلَيْكَ مِنَ الْكِتَابِ هُوَ الْحَقُّ مُصَدِّقًا لِمَا بَيْنَ يَدَيْهِ"

جميع هذه الآيات تؤكد أن القرآن يُصَدِّق التوراة والإنجيل، مما يعني أن التوراة والإنجيل كانا ولا يزالان صحيحين عند نزول القرآن. ☑

وبما أن هذه الآيات لا تزال موجودة في القرآن اليوم، فهذا يعني أن الكتاب المقدس لم يُحرَّف. ☑

إذا كان الكتاب المقدس محرَّفًا، فهذا يعني أن القرآن الآن يُصَدِّق كتبًا مزيفة، وهذا يجعل القرآن كاذبًا.

ما الذي يجب على المسلمين التفكير فيه؟

كل هذه الآيات تشير بوضوح إلى أن القرآن يؤكد صحة الكتاب المقدس، وهذا يعني أن القرآن يعتمد على صحة الكتاب المقدس كدليل على صحته.

إذا كان الكتاب المقدس قد تحرف، فهذا يعني أن القرآن بني على شهادة كتاب مزور، مما يفقده مصداقيته.

المسلم الذي يدّعي أن الكتاب المقدس محرَّف يواجه معضلة خطيرة:

1 إما أن يؤمن بأن الكتاب المقدس لم يُحرف، وبالتالي يصدق القرآن.
2 أو يؤمن بأن الكتاب المقدس قد تم تحريفه، وهذا يعني أن القرآن أصبح خاطئًا ومبنيًا على شهادة زائفة.

بالتالي، لا يمكن للمسلمين تصديق القرآن وإنكار صحة الكتاب المقدس في نفس الوقت. هذا تناقض واضح!

ماذا يعني كل هذا؟

إذا كان الكتاب المقدس محرَّفًا، فكيف يمكن للقرآن أن يُصَدِّقه؟ .1 ☑
إذا كان الكتاب المقدس محرَّفًا، فهل يُمكن أن يكون القرآن صادقًا؟ .2 ☑
إذا كان الكتاب المقدس محرَّفًا، فلماذا لم يقل الله في القرآن صراحةً إنه تحرّف؟ .3 ☑

.في النهاية، لا يوجد في القرآن أي دليل على أن الكتاب المقدس قد تحرف

الادعاء بأن الكتاب المقدس محرَّف هو كذبة اخترعها المسلمون، وليست جزءًا من تعاليم القرآن.

استنتاج: هل المسلمون يتبعون القرآن أم يتبعون تقاليدهم؟

.يُحرَّف لم المقدس الكتاب ،للقرآن وفقًا
.الحقيقية الله كتب هما والإنجيل التوراة ،للقرآن وفقًا
.وفقًا للقرآن، الكتاب المقدس هو المرجع الأساسي الذي يُثبت صحة القرآن نفسه

إذا قال المسلمون إن الكتاب المقدس محرَّف، فهم في الواقع يقولون إن القرآن كاذب.

.الحقيقة واضحة: الكتاب المقدس هو كلمة الله، والقرآن يعترف بذلك

إذا كنت مسلمًا وتؤمن بالقرآن، فعليك أن تؤمن أن الكتاب المقدس لم يُحرَّف.
.وإذا كنت تعتقد أن الكتاب المقدس قد تحرَّف، فهذا يعني أنك تكذب على القرآن نفسه

هذا هو الخيار أمامك: إما أن تؤمن بالقرآن والكتاب المقدس معًا، أو أن ترفض الاثنين معًا. لكن لا يمكنك قبول القرآن ورفض الكتاب المقدس، لأن القرآن يشهد بصحة الكتاب المقدس. ☑

المقدس الكتاب صحة يؤكد القرآن :عشر السابع الفصل

القرآن؟ تغيير يمكن هل

◈ الله قبل من تغيير أو تحريف أي من محفوظ القرآن بأن قويًا إيمانًا يؤمنون المسلمون نفسه.

◈ تؤكد التي القرآنية الآيات في يحدث أن تغيير لأي يمكن فلا ،صحيحًا هذا كان إذا والإنجيل التوراة صحة.

◈ قائمة ستظل والإنجيل التوراة يُصَدِّق القرآن أن تثبت التي الآيات كل أن يعني وهذا الأبد إلى.

الكتاب أن يعني فهذا ،المقدس الكتاب صحة يؤكد دائمًا سيظل القرآن كان إذا الأبد إلى محرف وغير صحيحًا يظل أن يجب المقدس!

استمرار على كبير بشكل تعتمد القرآن المسلمون يجب أن يدركوا أن **مصداقية المقدس الكتاب مصداقية.**

الأساسية النقاط ملخص

☑ **1. عند صحيحًا كان المقدس الكتاب أن مطلق بيقين تثبت السابقة القرآنية الآيات كل محمد على القرآن نزول.**

☑ **2. الكتاب يظل أن فيجب ،الأبدية الله كلمات باعتبارها صحيحة الآيات هذه كانت إذا الأبد إلى صحيحًا المقدس.**

☑ **3. فورًا باطلة تصبح القرآنية الآيات هذه فإن ،مصداقيته المقدس الكتاب فقد إذا.**

☑ **4. أن يؤكد يزال لا القرآن أن يعني فهذا ،القرآن في قائمة تزال لا الآيات هذه أن بما الحقيقية الله كلمة هو المقدس الكتاب.**

☑ **5. يتم لم المقدس الكتاب أن يثبت مما ،الآيات هذه نسخ أو بإلغاء أبدًا الله يقم لم بالقرآن استبداله.**

المحرفة غير الله كلمة هو اليوم أيدينا بين الذي المقدس الكتاب ،إذن.

المقدس الكتاب تحريف بعدم المسلمين علماء اعتراف

- **المقدس الكتاب أن واعترفوا** الحقيقة بهذه أقروا ،وحديثًا قديمًا ،مسلمون علماء هناك **يُحرف لم.**
- **العصر من والآخر ،القديم الإسلامي التاريخ من أحدهما ،مثالين على نظرة لنلقِ الحديث.**

عباس ابن شهادة (618-687 م)

- **القرآن مفسري كبار من وهو ،الصحابة من وكان محمد عم ابن هو عباس ابن.**
- **الإسلامي التاريخ في موثوقية العلماء أكثر** من عباس ابن يُعتبر.
- مذكورة في الحديث التالي "**التحريف**" شهادته حول موضوع:

في ،مجيد قرآن هو بل) :تعالى الله قول باب ،التوحيد كتاب ،البخاري صحيح (محفوظ لوح

أحد لا لكن ،"معناه يفسرون أو يغيرون" يعني "الكَلِم يحرِّفون" :عباس ابن قال الكلمة يفسرون أنهم هو المعنى .الله كتب من كتاب أي من واحدة كلمة ولو تغيير يستطيع "خاطئ بشكل.

- **الله كتب من كتاب أي من واحدة كلمة ولو يغير أن لأحد يمكن لا أنه يؤكد عباس ابن.**
- **المقدس الكتاب في المكتوبة النصوص تحريف يمكن لا ،آخر بمعنى.**
- **وغير سليمة تبقى الأصلية النصوص ولكن ،خاطئة بطريقة النصوص تفسير يتم قد للتحريف قابلة.**

الله عبد سعيد .د :معاصر مسلم عالم شهادة

ملبورن، يؤكد أن الاحترام بجامعة الإسلامية الدراسات أستاذ ،الله عبد سعيد الدكتور
.اليوم حتى يستمر أن يجب والمسيحيين لليهود المقدسة الكتب تجاه القرآن أظهره الذي

:الله عبد سعيد الدكتور قال
الوقت ذلك في والمسيحيين لليهود المقدسة الكتب تجاه القرآن أظهره الذي الاحترام"
تيمية ابن إلى الرازي إلى الطبري من ،القرآن مفسري من العديد .اليوم يستمر أن يجب
".الرأي هذا مشاركة إلى يميلون أنهم يبدو ،قطب سيد وحتى

:أضاف ثم
المقدسة الكتب تجاه اليوم المسلمين من العديد يتبناه الذي الشامل السلبي الموقف"
".التفسير في الكبرى الشخصيات أو القرآن بدعم يحظى أنه يبدو لا والمسيحيين لليهود

.تحرف قد المقدس الكتاب أن فكرة يدعم لا نفسه القرآن ،آخر بمعنى
يؤمنوا لم قطب وسيد ،تيمية ابن ،الرازي ،الطبري مثل الإسلام علماء أعظم إن بل
.نصيًا تحريفه تم قد المقدس الكتاب بأن أبدًا
إلى يستندون لا المقدس الكتاب مصداقية ينكرون الذين المسلمين أن على يدل وهذا
.الإسلام في العلماء وأوثق أقدم إلى أو القرآن

نهائي استنتاج

1. .المحرفة وغير الحقيقية الله كلمة هو المقدس الكتاب أن يؤكد القرآن
2. ،اليوم حتى موجودة تزال لا المقدس الكتاب تصدق التي القرآنية الآيات جميع
.الأبد إلى المقدس الكتاب صحة يثبت مما
3. تحريفه تم قد المقدس الكتاب بأن أبدًا يؤمنوا لم التاريخ عبر الإسلام علماء كبار
.نصيًا
4. الواقع في فإنهم ،تحريفه تم قد المقدس الكتاب أن على المسلمون أصر إذا
.الإيماني موقفهم ويضعفون القرآن يكذبون

المقدس الكتاب تحريف ادعاء في النظر يعيد أن صادق مسلم كل على يجب ،لذلك
.ذلك عكس تثبت ،الإسلامي التاريخ من أو القرآن من سواء ،الأدلة لأن

.بذلك يشهد والقرآن ،يُحرَّف لم المقدس الكتاب :واضحة الحقيقة

18 الفصل

الفصل الثامن عشر: القرآن لم يُرسَل ليحلّ محل الكتاب المقدس 🕮

القرآن لم يُرسَل ليحلّ محلّ الكتاب المقدس

◈ لقد تم تقديم أدلة وفيرة في هذا المقال لإثبات أن **القرآن لم يُرسل ليحلّ محلّ الكتاب المقدس**.

◈ إذا لم يكن القرآن قد أُرسل ليحلّ محلّ الكتاب المقدس، **فلماذا إذن أرسله الله؟ وما الغرض من نزوله؟**

◈ قبل الإجابة على هذا السؤال، من المهم أن نفهم أن **القرآن أُرسل خصيصًا للعرب وباللغة العربية** كما يُثبت ذلك القرآن نفسه:

🕮 **سورة يوسف 12:2**:
"إِنَّا أَنْزَلْنَاهُ قُرْآنًا عَرَبِيًّا لَعَلَّكُمْ تَعْقِلُونَ" (شاكر)

🕮 **سورة الشورى 42:7**:
"وَكَذَٰلِكَ أَوْحَيْنَا إِلَيْكَ قُرْآنًا عَرَبِيًّا" (شاكر)

◈ **كل الكتب المقدسة السابقة أُنزِلت بغير اللغة العربية.**

◈ إذن، لماذا كان من الضروري أن يُرسل الله القرآن؟

◈ **دعونا نترك القرآن يجيب عن هذا السؤال بنفسه:**

🕮 **سورة الأنعام 6:154-156**:
"ثُمَّ آتَيْنَا مُوسَى الْكِتَابَ تَمَامًا عَلَى الَّذِي أَحْسَنَ وَتَفْصِيلًا لِكُلِّ شَيْءٍ وَهُدًى وَرَحْمَةً لَعَلَّهُم بِلِقَاءِ رَبِّهِمْ يُؤْمِنُونَ ۝ وَهَٰذَا كِتَابٌ أَنْزَلْنَاهُ مُبَارَكٌ فَاتَّبِعُوهُ وَاتَّقُوا لَعَلَّكُمْ تُرْحَمُونَ ۝ أَن تَقُولُوا إِنَّمَا أُنزِلَ الْكِتَابُ عَلَىٰ طَائِفَتَيْنِ مِن قَبْلِنَا وَإِن كُنَّا عَن دِرَاسَتِهِمْ لَغَافِلِينَ" (بيكثال)

سورة الأنعام 6:156 📖:
وَلِئَلَّا تَقُولُوا إِنَّمَا أُنزِلَ الْكِتَابُ عَلَىٰ طَائِفَتَيْنِ مِن قَبْلِنَا وَإِن كُنَّا عَن دِرَاسَتِهِمْ لَغَافِلِينَ" "
(المنتخب)

ماذا نتعلم من هذه الآيات؟

◈ **أولًا:** تؤكد هذه الآيات أن **الكتاب المقدس كان موحى به فقط لطائفتين قبل الإسلام**، وهما:

1. **اليهود (أهل التوراة)**
2. **المسيحيون (أهل الإنجيل)**

◈ **ثانيًا:** هذه الآيات تخبرنا بوضوح أن **السبب الحقيقي وراء نزول القرآن هو أن العرب لم يكونوا على دراية برسالة الكتاب المقدس** التي أُرسلت إلى اليهود والمسيحيين.

لقد اشتكى العرب قائلين:
"إنما أُنزل الكتاب على طائفتين من قبلنا وإن كنا عن دراستهم لغافلين"

◈ **لغة مشكلة إذن المشكلة كانت!**

◈ **بلغتهم يكونوا لم لأنهما والإنجيل التوراة يفهمون العرب يكن لم.**

◈ **ولهذا السبب فقط أُنزِل القرآن: ليعطي العرب الفرصة لفهم رسالة الكتاب المقدس بلغتهم الخاصة.**

◈ **وهذا يعني أن القرآن لم يُنزَل ليصحح أو يستبدل الكتاب المقدس، بل ليكون مجرد تكرار له بلغة العرب.**

مجرد هو تحريفه تم المقدس الكتاب لأن أُنزِل القرآن بأن الإسلامي الادعاء ،إذن كذبة!

والدليل على ذلك هو الآية التالية التي تثبت أن القرآن ليس بديلاً عن الكتاب المقدس:

📖 46:12 سورة الأحقاف:
وَمِن قَبْلِهِ كِتَابُ مُوسَىٰ إِمَامًا وَرَحْمَةً ۚ وَهَٰذَا كِتَابٌ مُّصَدِّقٌ لِّسَانًا عَرَبِيًّا لِّيُنذِرَ الَّذِينَ " ظَلَمُوا وَبُشْرَىٰ لِلْمُحْسِنِينَ" (شبير أحمد)

☑ هذه الآية تعلن بوضوح أن التوراة كانت "إمامًا ورحمة" حتى وقت نزول القرآن.
☑ ثم تصف القرآن بأنه مجرد "تصديق" للحق الموجود في التوراة.
☑ إذن، كيف يمكن أن يكون القرآن بديلاً عن الكتاب المقدس؟

استنتاج نهائي 📌

📌 1. القرآن لم يُنزَل ليحلّ محلّ الكتاب المقدس، بل فقط لتكرار رسالته للعرب بلغتهم.
📌 2. مشكلة العرب لم تكن أن الكتاب المقدس محرف، بل أنهم لم يكونوا يفهمونه لأنه لم يكن بلغتهم.
📌 3. القرآن نفسه يصرّح بأن الكتاب المقدس كان موجودًا عندما نزل، ولم يقل أبدًا أنه قد تم تحريفه أو تغييره.
📌 4. إذا كان القرآن يؤكد صحة الكتاب المقدس، فهذا يعني أنه لا يمكن للمسلمين رفض الكتاب المقدس دون رفض القرآن نفسه.

◈ إذن، المسلمون الذين يدّعون أن الكتاب المقدس قد تحرّف، في الواقع هم يتحدّون القرآن نفسه!

📖 الفصل الثامن عشر: القرآن ليس بديلاً عن الكتاب المقدس

📌 القرآن مجرّد تأكيد للكتاب المقدس وليس بديلاً عنه

📖 سورة الأحقاف 46:12:
"وَمِن قَبْلِهِ كِتَابُ مُوسَىٰ إِمَامًا وَرَحْمَةً ۚ وَهَٰذَا كِتَابٌ مُّصَدِّقٌ لِّسَانًا عَرَبِيًّا لِّيُنذِرَ الَّذِينَ ظَلَمُوا وَبُشْرَىٰ لِلْمُحْسِنِينَ" (يوسف علي)

◈ الكتاب من عربية نسخة يكون أن يُفترض القرآن أن أعلاه الآية من ملاحظة يمكن للعرب العربية باللغة موسى لكتاب تأكيدًا وتحديدًا ،المسيحي-اليهودي المقدس.

◈ ".عربيًا لسانًا مصدّق كتاب وهذا" :لهذا السبب تقول الآية بوضوح

"كامل" هو السابق المقدس الكتاب أن على يشهد القرآن أن ،ذلك من الأهم ولكن ذاته حد في:

6:154-156 الأنعام سورة

"ثُمَّ آتَيْنَا مُوسَى الْكِتَابَ تَمَامًا عَلَى الَّذِي أَحْسَنَ وَتَفْصِيلًا لِكُلِّ شَيْءٍ وَهُدًى وَرَحْمَةً لَعَلَّهُم بِلِقَاءِ رَبِّهِمْ يُؤْمِنُونَ"

◈ يحتاج فلماذا ،"شيء لكل تفصيلًا"و "كاملًا" السابق المقدس الكتاب كان إذا الله؟ إلى ليقودهم آخر كتاب أي إلى اليهود أو المسيحيون

◈ القرآن؟ إلى يحتاجون لماذا ،أوضح بعبارة

◈ القرآن لفرض محاولة أي فإن لذا ،مكتمل المقدس الكتاب بأن يعترف نفسه القرآن نفسه القرآن داخل داخلي تناقض هو كبديل!

ليكون فقط بل ،المقدس الكتاب ليستبدل القرآن يُرسل لم ،نفسه للقرآن وفقًا ،إذن اللغة حاجز بسبب المقدس بالكتاب دراية على يكونوا لم الذين للعرب رسالة.

القرآن إلى يحتاج ولا مكتمل المقدس الكتاب

3:16-17 تيموثاوس 2

"كل الكتاب هو موحى به من الله، ونافع للتعليم والتوبيخ والتقويم والتأديب الذي في البر، لكي يكون إنسان الله كاملاً متأهبًا لكل عمل صالح."

◈ فلماذا ،"كامل"و "نافع"و ،"الله من به موحى" بالفعل المقدس الكتاب كان إذا القرآن؟ إلى نحتاج

◈ .آخر بكتاب تصحيحه إلى يحتاج نقص أي يترك لا المقدس الكتاب

هو المقدس الكتاب لأن ،المقدس الكتاب يُصحح أو ليُكمل للقرآن حاجة لا ،إذن
"كامل" بالفعل.

في المسلمين يضع المقدس والكتاب القرآن بين التناقض مأزق

◈ يكون بأن انتهى لكنه ،المقدس الكتاب من عربية نسخة يكون أن يُفترض القرآن مختلفًا عنه بل ومناقضًا له في كثير من المواضع.

◈ إذا كان القرآن "يؤكد" الكتاب المقدس، فكيف يمكن أن يكون مختلفًا عنه؟

◈ إذا كان القرآن هو "تكرار" للكتاب المقدس بلغة عربية، فلماذا يحتوي على تناقضات مع المصدر الذي يُفترض أنه يصدقه؟

المقدس الكتاب اتهام هي المأزق هذا من للخروج للمسلمين الوحيدة الطريقة
بالتحريف!

حماية في بالفشل نفسه الله يتهمون الواقع في فإنهم ،ذلك يفعلون عندما ،ولكن
كلمته، وهذا تجديف ضد الله.

النهائي الاستنتاج

☑ 1. القرآن ليس بديلاً عن الكتاب المقدس، بل مجرد تكرار له بلغة العرب.

☑ 2. القرآن نفسه يعترف بأن الكتاب المقدس مكتمل ولا يحتاج إلى أي تصحيح.

☑ 3. محاولة المسلمين الطعن في الكتاب المقدس تتناقض مع القرآن نفسه.

☑ 4. الاختلاف بين القرآن والكتاب المقدس يضع المسلمين في مأزق عقائدي، مما يدفعهم إلى مهاجمة الكتاب المقدس دون دليل حقيقي.

☑ 5. الكتاب المقدس هو كلمة الله التي لم تتغير، وهو الدليل الكامل للبشرية ولا يحتاج إلى أي إضافة أو تعديل.

◈ إذن، الادعاء الإسلامي بأن القرآن جاء ليحل محل الكتاب المقدس هو ببساطة كذبة لا يدعمها القرآن نفسه!

19 الفصل

الفصل التاسع عشر: القرآن يؤكد أن التوراة، الزبور، الإنجيل، والصحف أعطيت للأنبياء

القرآن يشهد على صحة الكتاب المقدس

لقد أثبتت الأدلة المقدمة حتى الآن الحقائق التالية حول تعاليم القرآن فيما يتعلق بصحة الكتاب المقدس:

1. القرآن يؤكد أن التوراة، الزبور، الإنجيل، والصحف التي أعطيت للأنبياء هي كلام الله.
2. جميع هذه الكتب تشكل محتويات الكتاب المقدس، وهي موجودة فقط في الكتاب المقدس الذي نملكه اليوم.
3. هذه الكتب موصوفة في القرآن على أنها كتب تنتمي إلى الله، والله يضمن حمايتها من التحريف.
4. إذا كان البشر قادرين على تغيير كلام الله، فلن يكون هناك أي وحي إلهي يمكن الوثوق به.
5. بما أن البشر ليسوا أقوى من الله، فمن المستحيل تغيير كلام الله.
6. لذلك، لا أحد يستطيع تغيير الكتاب المقدس. هذه هي التعاليم الواضحة للقرآن.

المسلمون الذين يشكون في أصالة الكتاب المقدس يجب أن يتأملوا في تصريح الله في الآية التالية من القرآن:

سورة يونس 10:37:
" وَمَا كَانَ هَٰذَا ٱلْقُرْءَانُ أَن يُفْتَرَىٰ مِن دُونِ ٱللَّهِ وَلَٰكِن تَصْدِيقَ ٱلَّذِي بَيْنَ يَدَيْهِ وَتَفْصِيلَ ٱلْكِتَٰبِ لَا رَيْبَ فِيهِ مِن رَّبِّ ٱلْعَٰلَمِينَ" (التفسير الميسر)

لفهم هذه الآية بشكل أعمق، نقدم أربع ترجمات مختلفة:

(محمد صرور)
" لا يمكن لأحد أن يكون قد ألف هذا القرآن سوى الله. فهو يؤكد صحة الكتاب الموجود (الكتاب المقدس) ويوضح تفاصيله. لا شك في أنه من رب العالمين".

(فاروق مالك)
" هذا القرآن ليس كتابًا من صنع البشر، بل هو تأكيد للوحي السابق (التوراة، الزبور، والإنجيل) ويوضح تفاصيل الكتاب المقدس. لا شك في أنه وحي من رب العالمين".

(أ. بيولي) 🕮
هذا القرآن لم يكن ليُختلق من دون الله. بل هو تصديق لما سبقه وشرح للكتاب الذي لا "
".شك فيه، من رب العالمين

(مجموعة الموحدين) 🕮
هذا القرآن لم يكن ليُصنع بدون الله؛ إنه لتأكيد ما بين يديه، وتوضيح للكتاب الذي لا "
".شك فيه، من رب العالمين

مرة أخرى، نرى أن القرآن يصرّح بوضوح أنه "يؤكد صحة الكتاب الموجود"
.الذي يخص الله، وهذا دليل إضافي على أصالة الكتاب المقدس

دلالة كلمة "يُصَدِّقُ" في القرآن

◈ الكلمة العربية "يُصَدِّقُ" المستخدمة في سورة يونس 10:37 تعني "التأكيد أو
".بالفعل الإثبات أو التصديق على صحة شيء موجود
◈ المقدس الكتاب يكون أن الضروري من ،المقدس الكتاب صحة القرآن يؤكد لكي
.الآية هذه فيه نزلت الذي الوقت في محرف وغير حقيقيًا
◈ الكتاب أن يعني هذا فإن ،اليوم حتى القرآن في موجودة تزال لا الآية هذه أن وبما
.الآن حتى صحيحًا يزال لا المقدس
◈ إنكار صحة الكتاب المقدس يعني إنكار صحة القرآن، لأن القرآن يعتمد على تأكيد
.صحة الكتب السابقة

!إبطال الكتاب المقدس يعني إبطال القرآن نفسه

أهمية الإنجيل والتوراة للمسلمين

:سورة يونس 10:37 تقول أيضًا 🕮
".وتفصيل الكتاب لا ريب فيه من رب العالمين"

◈ إذا إلا ذلك فعل يمكنه لا لكن ،ويشرحه المقدس الكتاب يُفصِّل القرآن أن وهذا يعني
التحريف من محفوظًا المقدس الكتاب كان.

◈ تفاصيله؟ فقد أو تغييره تم قد كتابًا يفسر أن للقرآن يمكن كيف

◈ صحته في مشكوك أو موجود غير نفسه الأصل كان إذا شيء تأكيد يمكنك لا.

◈ لذلك، لكي يصدق القرآن على الكتاب المقدس، يجب أن يكون الكتاب المقدس
موجودًا بصيغته الأصلية.

القرآن يؤكد صحة الكتاب المقدس، وبالتالي لا يمكن للمسلمين رفضه دون رفض
تعاليم القرآن نفسه.

خلاصة الفصل التاسع عشر

☑ 1. القرآن يشهد بوضوح على صحة التوراة، الزبور، الإنجيل، والصحف التي
أعطيت للأنبياء.

☑ 2. القرآن لا يقول إن الكتاب المقدس قد تحرف، بل يؤكده ككلام الله المحفوظ.

☑ 3. إذا كان المسلمون يؤمنون بأن القرآن لا يمكن تحريفه، فعليهم أيضًا الإيمان بأن
الكتب السابقة لا يمكن تحريفها.

☑ 4. المسلمون الذين يشككون في صحة الكتاب المقدس يناقضون القرآن نفسه.

☑ 5. إنكار صحة الكتاب المقدس يعني إنكار صحة القرآن لأن القرآن يعتمد على تأكيد
الكتب السابقة.

إذن، المسلمون الذين يدعون أن الكتاب المقدس قد تحرف يقعون في تناقض خطير
مع تعاليم القرآن نفسه!

حول إدراكه في المسلمون فشل ما :عشر التاسع الفصل
المقدس الكتاب لصحة القرآن تأكيد

المقدس؟ الكتاب صحة القرآن يؤكد كيف

أن القرآن في الله يصرح مرة كل في أنه حقيقة هو إدراكه في المسلمون يفشل ما ◆
صحة من تمامًا متأكد الله أن يعني فإنه ،المقدس الكتاب "ليُصَدِّقَ" أُرسل القرآن
الأصيل ككلامه المقدس الكتاب.
القرآن تأكيد أن يعني مما ،الحقيقة هذه على كدليل القرآنية الآيات هذه يعلن الله ◆
المقدس الكتاب صحة في الله من المطلقة الثقة لهذه نتيجة فقط هو المقدس للكتاب.

مخطئًا؟ الله يكون أن يمكن هل

10:37: يونس سورة
"وَتَفْصِيلَ يَدَيْهِ بَيْنَ ٱلَّذِي تَصْدِيقَ وَلَٰكِن ٱللَّهِ دُونِ مِن يُفْتَرَىٰ أَن ٱلْقُرْءَانُ هَٰذَا كَانَ وَمَا"
"ٱلْعَٰلَمِينَ رَّبِّ مِن فِيهِ رَيْبَ لَا ٱلْكِتَٰبِ"

"فِيهِ رَيْبَ لَا" كتاب بأنه القرآن سبق الذي الكتاب يصف الله أن نلاحظ هنا

في الشك بعدم المسلمين يأمر أن لله يمكن فكيف ،حُرِّف قد المقدس الكتاب كان إذا
صحته؟

القرآن حول شكوك لديه كان نفسه محمد!

لديه كان ،محمد النبي وهو ،القرآن تلقى الذي الشخص أن نعرف أن المذهل من ◆
نفسه القرآن حول شكوك!
شكوكه لحل واضحًا حلاً له قدم الله أن هو للدهشة إثارة والأكثر ◆.

10:94: يونس سورة
"ٱلْحَقُّ جَآءَكَ لَقَدْ ۚ قَبْلِكَ مِن ٱلْكِتَٰبَ يَقْرَءُونَ ٱلَّذِينَ فَسْـَٔلِ إِلَيْكَ أَنزَلْنَآ مِّمَّا شَكٍّ فِي كُنتَ فَإِن"
ٱلْمُمْتَرِينَ مِنَ تَكُونَنَّ فَلَا رَّبِّكَ مِن " (التفسير الميسر)

جيدًا هذا لاحظوا:

صحة من للتأكد ''قَبْلِكَ مِن ٱلْكِتَٰبَ يَقْرَءُونَ الَّذِينَ'' ليسأل يذهب أن محمدًا يأمر الله ◈
القرآن!
قبل المقدس الكتاب يقرأون كانوا الذين والمسيحيون اليهود إنهم هؤلاء؟ هم من ◈
محمد.
شكوكه؟ لحل إليهم يرجع أن نبيه الله يأمر فلماذا ،حُرِّف قد المقدس الكتاب كان إذا ◈

!معنى بلا يصبح الإلهي الأمر هذا فإن ،تحريفه تم قد المقدس الكتاب كان إذا 📌

على يجب ألا ،شكوكه لحل الكتاب أهل إلى يلجأ أن منه طُلب قد نفسه محمد كان إذا ☑
نفسه؟ الشيء يفعلوا أن اليوم المسلمين

!يؤكده الله لكن ،المقدس الكتاب يرفضون المسلمون 📌

الحقيقة في هو بل ،البشر لكلام رفض مجرد ليس المقدس للكتاب المسلمين رفض ◈
!نفسه الله لكلام رفضٌ
يزال لا أنه يعني مما ،''الموجود الكتاب'' لقب المقدس الكتاب على يُطلق القرآن ◈
به وموثوقًا صحيحًا.
بعدم الله يتهمون الواقع في فإنهم ،المقدس الكتاب صحة المسلمون ينكر عندما لكن ◈
القرآن في الحقيقة قول.

📖 سورة يونس **10:37:**
''يَدَيْهِ بَيْنَ ٱلَّذِي تَصْدِيقَ وَلَٰكِن ٱللَّهِ دُونِ مِن يُفْتَرَىٰ أَن ٱلْقُرْءَانُ هَٰذَا كَانَ وَمَا''

عليه يعتمد بل ،المقدس الكتاب صحة يُثبت فقط ليس القرآن أن تؤكد الآية هذه 📌
موثوق كمرجع.

لأنه صالح غير يصبح نفسه القرآن فإن ،المقدس الكتاب تحريف تم إذا ،أخرى بعبارة ◈
به موثوق غير أو موجود غير بكتاب يستشهد.
المقدس الكتاب أن يعني فهذا ،اليوم القرآن في موجودة تزال لا الآية هذه أن بما لكن ◈
موثوقًا ويظل يتغير لم.

الواقع في لكنهم المقدس الكتاب يهاجمون المسلمون القرآن يهدمون

- ☑ به يستشهد لأنه به موثوق غير يصبح القرآن فإن ،تغير قد المقدس الكتاب كان إذا ويؤكده.
- ☑ مع يتناقض ما وهو ،كلمته حفظ في فشل قد الله فإن ،تغير قد المقدس الكتاب كان إذا الإلهية صفاته.
- ☑ أن على دليل أي يملكون يعودوا لم المسلمين فإن ،تغير قد المقدس الكتاب كان إذا القرآن لأن صحيح القرآن يعتمد على الكتاب المقدس كمصدر أصيل.

نفسه الإسلام تقوض بل ،فحسب المسيحية تقوض لا المقدس الكتاب مهاجمة إن!

عشر التاسع الفصل خلاصة

- ☑ 1. المحرف وغير الصحيح الله كلام هو المقدس الكتاب أن يؤكد القرآن.
- ☑ 2. المقدس الكتاب في الشك بعدم المسلمين يأمر القرآن في الله.
- ☑ 3. الشك عند المقدس الكتاب إلى يرجع أن الله أمره نفسه محمد.
- ☑ 4. القرآن في مكتوب هو كما الله كلام رفض يعني المقدس الكتاب رفض.
- ☑ 5. نفسه القرآن مصداقية يُضعف حُرِّف قد المقدس الكتاب بأن الادعاء.

غير بشكل القرآن يرفضون المقدس الكتاب صحة ينكرون الذين المسلمين فإن ،لذلك مباشر!

المقدس الكتاب صحة يؤكد القرآن :عشر التاسع الفصل

المقدس الكتاب حجية على وتأثيرها 21:7 الأنبياء سورة

21:7 الأنبياء سورة
''تَعْلَمُونَ لَا كُنتُمْ إِن ٱلذِّكْرِ أَهْلَ فَسْأَلُوا إِلَيْهِمْ نُوحِي رِجَالًا إِلَّا قَبْلِكَ مِن أَرْسَلْنَا وَمَا''
(التفسير الميسر)

المعرفة عدم أو الشك حالة في ''الذكر أهل'' إلى بالرجوع محمد النبي تأمر الآية.

- **الكتاب أتباع'' إلى ''الذكر أهل'' مصطلح يشير ،أسد محمد الشهير للمترجم وفقًا ''المقدس.**
- **محمد زمن في يُعتبر كان ،والإنجيل التوراة ذلك في بما ،المقدس الكتاب أن يؤكد هذا الإلهي للوحي موثوقًا مصدرًا.**

محرف؟ كتاب لديهم قوم إلى يرجع أن نبيه يأمر أن لله يمكن فهل
☑ **المقدس الكتاب صحة من تمامًا متأكدًا كان إذا إلا بذلك الله يأمر أن المستحيل من.**

بعد ضروريًا المقدس الكتاب في الطعن أصبح هل القرآن؟ تناقضات اكتشاف

- **في المسلمون بدأ أن بعد إلا يظهر لم المقدس الكتاب في الطعن أن ملاحظة يجب المقدس والكتاب القرآن بين التناقضات اكتشاف.**
- **ادعاء أي هناك يكن لم ،المقدس الكتاب اكتمال بعد قرون خمسة من أكثر مدار على بتحريفه.**
- **قد المقدس الكتاب بأن الادعاء في المسلمون العلماء بدأ ،الإسلام انتشار بعد فقط القرآن عن اختلافه لتبرير وذلك ،تحرف.**

نحلل دعونا صحيحًا؟ هذا يكون أن يمكن هل لكن:

☑ **أدلة هناك يكون أن فيجب ،الإسلام ظهور بعد تغير قد المقدس الكتاب كان إذا ذلك على تاريخية.**
☑ **الأدلة؟ هي أين ولكن**

أو التحريف حدث متى على تاريخي دليل أي تقديم من اليوم حتى مسلم أي يتمكن لم ☑ حدث كيف أو به قام من!

الادعاءات على فقط تعتمد بل ،حقيقي دليل بأي مدعومة غير الادعاءات هذه 📌 إثبات أي دون المتكررة!

المقدس الكتاب صحة تثبت القديمة المخطوطات 📌

أن تؤكد القديمة واليونانية السريانية والمخطوطات الميت البحر مخطوطات ◈ اليوم لدينا التي نفسها هي الميلادي السابع القرن في لمحمد متاحة كانت التي النصوص.
موثوقًا يزال لا أنه المنطقي فمن ،محمد زمن في به موثوقًا المقدس الكتاب كان إذا ◈ اليوم به.
يكن لم أنه يعني فهذا ،المسلمون يدعي كما اليوم به موثوق غير كان إذا ولكن ◈ محمد زمن في حتى به موثوقًا!

الشك حالة في المقدس الكتاب إلى بالرجوع محمدًا يأمر الله ولكن! 📌
10:94 يونس سورة 📖
"فَإِن كُنتَ فِي شَكٍّ مِّمَّا أَنزَلْنَا إِلَيْكَ فَسْـَٔلِ ٱلَّذِينَ يَقْرَءُونَ ٱلْكِتَـٰبَ مِن قَبْلِكَ ۚ"

لحل إليه بالرجوع نبيه الله يأمر لماذا ،به موثوق غير المقدس الكتاب كان فإذا ◈ شكوكه؟

أمر قد الله أن أو ،اليوم هو كما وصحيحًا محفوظًا المقدس الكتاب يكون أن إما ☑ محمدًا بالرجوع إلى مصدر محرف، وهو أمر غير منطقي.

المسلمين؟ أم الله نصدق؟ من

اليوم المسلمين ولكن .وصحيح موثوق المقدس الكتاب أن بوضوح يقول القرآن
العكس يزعمون!

حماية يستطع لم بأنه يتهمونه وهم القيامة يوم الله مواجهة على المسلمون يجرؤ هل
التحريف؟ من كلمته
وحيه؟ حفظ على القدرة بعدم الله اتهام على المسلمون يجرؤ هل
الله؟ على تجديفًا هذا أليس

المقدس الكتاب عن يقوله بما يقبلوا أن فعليهم ،بالقرآن يؤمنون المسلمون كان إذا.
نفسه القرآن يرفضون الواقع في فهم ،ذلك رفضوا وإذا!

الله؟ تكذيب على تجرؤ هل :الخلاصة

6:115 الأنعام سورة
"وَتَمَّتْ كَلِمَتُ رَبِّكَ صِدْقًا وَعَدْلًا ۚ لَا مُبَدِّلَ لِكَلِمَٰتِهِۦ ۚ"

الله كلام لأنه المقدس الكتاب يتحرف أن المستحيل فمن ،يتبدل لا الله كلام كان إذا
أيضًا.
هو كما ذاته الله كلام ينكرون ،الحقيقة في ،المقدس الكتاب ينكرون الذين المسلمون
القرآن في مكتوب.

للمسلمين السؤال:

قد كلمته بأن الباطلة التهمة بهذه القيامة يوم الله لمواجهة مستعدون أنتم هل
تغيرت؟
المحرف؟ غير الله كلام هو المقدس الكتاب بأن وتؤمنون الحقيقة ستقبلون أنكم أم

نفسه القرآن تكذيب دون المقدس الكتاب تكذيب يمكنكم لا :تذكروا ولكن ،لكم الخيار!

الفصل 20

الفصل العشرون: القرآن يُجبر المسلمين على قبول الكتاب المقدس ككلمة الله الإلهية

شهادة القرآن على قدسية الكتاب المقدس

يؤكد القرآن في مواضع عديدة أن الكتاب المقدس هو "كلمة الله الإلهية" ويصفه بأنه **"برهان على الحق"**. وهذا يؤكد أن **الكتب السماوية السابقة هي المصدر الأساسي للحقيقة الإلهية**. دعونا نحلل إحدى الآيات التي تثبت ذلك:

سورة طه 20:133
"وَقَالُوا۟ لَوْلَا يَأْتِينَا بِـَٔايَةٍ مِّن رَّبِّهِۦٓ ۚ أَوَلَمْ تَأْتِهِم بَيِّنَةُ مَا فِى ٱلصُّحُفِ ٱلْأُولَىٰ" (التفسير الميسر)

ترجمات مختلفة للآية:

◈ **"وقالوا: لماذا لم يأتِ بمعجزة من ربه؟ ألم تأتهم البراهين الكافية في الكتب السماوية السابقة؟"** (سروار)
◈ **"وقالوا: لماذا لا يجلب لنا آية من ربه؟ ألم تُعطَ لهم معجزات كافية في الكتب السابقة؟"** (العطاني طلعت)
◈ **"وقالوا: لماذا لا يأتي بمعجزة من ربه؟ ولكن ألم تأتهم الأدلة الواضحة للحق في الكتب السابقة؟"** (شبير أحمد)

ماذا تعني هذه الآية للمسلمين؟

◈ كان معاصرو محمد يطالبونه **بإثبات نبوته من خلال المعجزات**، تمامًا كما فعل الأنبياء السابقون في العهد القديم والعهد الجديد.
◈ **لكن محمد لم يستطع الإتيان بأي معجزة**. لذلك، تدخل الله للرد على مطالب الناس بالدليل.

الكتاب إلى أشار بل ،محمد لدعم معجزة أي يقدم لم الكبرى هي أن الله لكن المفاجأة ◈
!كافٍ كدليل المقدس

الله؟ رد من نستنتجه الذي ما

1 الحق على كافٍ دليل المقدس الكتاب

في الكافية البراهين تأتهم ألم" :عندما طالب الناس محمدًا بالمعجزات، كان رد الله
"السابقة؟ السماوية الكتب

- ☑ **!معجزة هو ذاته حد في المقدس الكتاب ،أخرى بعبارة**
- ☑ **.المقدس الكتاب فاقرأ ،الله معجزات على دليل عن تبحث كنت إذا**

2 الحقيقية المعجزات على يحتوي المقدس الكتاب

.إذا أراد محمد أن يُثبت وجود المعجزات، فعليه أن يُثبتها من خلال الكتاب المقدس

- ☑ **.المقدس الكتاب في فقط عليها العثور يمكن الحقيقية المعجزات أن يعني وهذا**

3 تمامًا موثوقة السابقة المقدسة الكتب

تُثبت أن الكتب **"الحق على برهان"** إن قدرة الله على الاستشهاد بالكتاب المقدس كـ
.السابقة موثوقة وغير محرفة

- ☑ **!الحق على كدليل الله استخدمها لما ،محرفة السابقة السماوية الكتب كانت لو لأنه**

4 القوة السلطوية للكتاب المقدس

ليس المقدس الاستشهاد بالكتب السماوية السابقة كدليل على الحق يُثبت أن **الكتاب**
.الإلهية للحقيقة الوحيد المصدر هو بل ،موثوقًا فقط

محرفًا؟ المقدس الكتاب يكون أن يمكن هل

الحق؟ على كدليل الله به يستشهد فلماذا ،محرفًا المقدس الكتاب كان إذا
!كشهادة قيمة بلا لكان ،محرفًا كان لو
الحق؟ لإثبات محرفًا مصدرًا الله يستخدم كيف

10:94 يونس سورة
''فَإِن كُنتَ فِي شَكٍّ مِّمَّا أَنزَلْنَا إِلَيْكَ فَسْـَٔلِ ٱلَّذِينَ يَقْرَءُونَ ٱلْكِتَٰبَ مِن قَبْلِكَ ۚ''

اليهود) الكتاب أهل إلى يلجأ أن فعليه ،شك في نفسه محمد كان هذه الآية تُؤكد أنه إذا
.الإجابة على للحصول (والمسيحيين
.محمد زمن في تمامًا موثوقًا كان المقدس الكتاب أن على يدل وهذا

- !بالتحريف المقدس الكتاب يتهمون اليوم المسلمين لكن
- لحل إليه يرجع أن محمد من سيطلب الله كان فهل ،محرفًا المقدس الكتاب كان إذا شكوكه؟
- ؟''الحق على دليل'' هو المقدس الكتاب إن قوله في مخطئًا الله يكون أن يمكن هل

.بالكذب الله تتهم فأنت ،محرف المقدس الكتاب أن تعتقد كنت إذا

المقدس بالكتاب يؤمن أن يجب الحقيقي المسلم :الخلاصة

5:68 المائدة سورة
''يَا أَهْلَ ٱلْكِتَٰبِ لَسْتُمْ عَلَىٰ شَىْءٍ حَتَّىٰ تُقِيمُوا ٱلتَّوْرَىٰةَ وَٱلْإِنجِيلَ وَمَآ أُنزِلَ إِلَيْكُم مِّن رَّبِّكُمْ ۗ''

- .والإنجيل بالتوراة بالتمسك والمسيحيين اليهود يأمر الله أن تثبت الآية هذه
- .''بالقرآن والإنجيل التوراة استبدلوا'' :أبدًا الله يقل لم
- .والإنجيل التوراة يتبعوا لم ما ''شيء على ليسوا'' أنهم أكد بل

.المحرفة غير الله كلمة هو المقدس الكتاب أن تقبل أن عليك ،صادقًا مسلمًا كنت إذا
.القرآن في مذكور هو كما نفسه الله كلام ترفض فأنت ،ذلك رفضت وإذا

البشر؟ تعاليم وتتبع الله ستكذب أم الله كلام ستصدق هل :الآن لك السؤال

للكتاب الإلهية السلطة يُثبت القرآن :العشرون الفصل المقدس

المقدس للكتاب العظمى القيمة يُظهر القرآن

- المقدس الكتاب يُقدر يزال لا الله أن المقال هذا في تقديمها تم التي الأدلة جميع تُظهر .القرآن نزول بعد حتى عنها غنى لا كسلطة
- **كتابًا ليس أنه تثبت منتقديه على للرد المقدس الكتاب سلطة استخدم الله أن حقيقة .الزمن عبر مغيَّبًا أو ضائعًا**
- **.الأشكال من شكل بأي تغييره أو تحريفه يتم لم**
- **لتأييد كمرجعٍ الله يستخدمه أن يمكن فكيف ،موثوق غير المقدس الكتاب كان إذا الحق؟**

لماذا لم يُجب الله على الذين طلبوا من محمد المعجزات **بدون :للمسلمين هام سؤال المقدس؟ الكتاب إلى الرجوع**

- ☑ لماذا لم يستخدم القرآن أو يُنزّل آية قرآنية جديدة للرد عليهم؟
- ☑ لماذا عندما واجه محمد تحديًا كبيرًا في نبوته، لجأ الله إلى الكتاب المقدس كسلطة نهائية؟
- ☑ **قيمة بلا** هل يمكن للمسلمين حقًا أن يؤمنوا أن الله سيجعل هذا الكتاب الذي يُقدره **كتابًا التحريف؟ بسبب**

سماوي كتاب المقدس الكتاب بأن يعترف القرآن

◈ ليس ،لذلك .المقدسة الكتب من مجموعة هو بل ،فقط واحدًا كتابًا ليس المقدس الكتاب
السماوية الكُتب" الجمع بصيغة القرآن في إليه يُشار أن المستغرب من".

◈ **أي – إلهي مصدره أن تؤكد "سماوية كتب" أنه على المقدس الكتاب إلى الإشارة نفسها السماء من.**

◈ **تغيير يستطيع إنسان أي أن تعتقد هل ،المقدس للكتاب الحقيقي المؤلف هو الله أن بما القدير؟ الله كلمة**

119:89 مزمور
"السماوات في ثابتة كلمتك ،يهوه يا ،الأبد إلى".

يُحرفها أو يُفسدها أن إنسان لأي يمكن فلا ،السماء في مُثبتة الله كلمة أن بما.

☑ **يحميها نفسه الله.**

☑ **كلمة تغيير يستطيع أحد لا أنه وتكرارًا مرارًا يُكرر القرآن أن في السبب هو وهذا الله.**

السابقة بالكتب بالإيمان المسلمين يأمر القرآن

4:136 النساء سورة
"ٱلَّذِي وَٱلْكِتَابِ رَسُولِهِ عَلَىٰ نَزَّلَ ٱلَّذِي وَٱلْكِتَابِ وَرَسُولِهِ بِاللَّهِ آمِنُوا آمَنُوا الَّذِينَ أَيُّهَا يَا" قَبْلُ مِن أَنزَلَ ۚ"

◈ **والإنجيل التوراة ذلك في بما ،السابقة بالكتب الإيمان على المسلمين تُجبر الآية هذه.**

◈ **المقدس بالكتاب الإيمان عليهم فيجب ،القرآن لتعاليم مخلصين المسلمون كان إذا المُحرّفة غير الله ككلمة.**

◈ **نفسه القرآن في واضح إلهي أمر هو بل ،خيارًا ليس هذا!**

للمسلمين السؤال:

☑ هل ستتبعون أمر الله بالإيمان بالكتب السابقة، أم ستتبعون أقوال العلماء الذين يُخالفون كلام الله؟

المقدس الكتاب لدراسة للمسلمين مفتوحة دعوة

- ضد المقدس الكتاب عن الدفاع في المسيحيين مساعدة فقط ليس المقال هذا من الغرض الأكاذيب التي ينشرها بعض المسلمين المدافعين، بل هو أيضًا دعوة **محبة للمسلمين للبحث عن الحق بأنفسهم.**
- **نحن ندعو كل مسلم صادق أن يدرس تعاليم الكتاب المقدس بعقل مفتوح.**
- **ابدأ بقراءة "الموعظة على الجبل" التي قالها يسوع المسيح في إنجيل متى، الإصحاحات 5-7.**
- **هذه الفصول الثلاثة ستُغيّر الطريقة التي تم تلقينك بها حول الإيمان بالله والحياة الروحية الحقيقية.**

جربها بنفسك. اقرأها بقلب صادق، واسأل الله أن يرشدك إلى الحق.

21 الفصل

القرآن يكشفها كما وحيه في محمد شكوك

- والتي ،**10:94 يونس سورة** هي القرآن في للمسلمين إزعاجًا الآيات أكثر من واحدة الله من حقيقيًا وحيًا حقًا يتلقى كان إذا ما حول الجادة محمد شكوك عن تكشف.
- **المشكلة هذه لمواجهة سريعة تدابير اتخاذ إلى اضطر الله** أن توضح هذه الآية **قبل نزلت التي السماوية الكتب يقرؤون الذين أولئك إلى باللجوء محمّد أمر إذ ،الكبيرة** والإنجيل التوراة أي ،**القرآن**.
- **الكتاب أصحاب** يستشير أن عليه كان ،وحيه صحة من محمد يتحقق لكي ،آخر بمعنى **المقدس.**
- فيما يلي ثلاث ترجمات مختلفة لهذه الآية:

10:94 يونس سورة

- **لَقَدْ ۚ قَبْلِكَ مِن الْكِتَابَ يَقْرَءُونَ الَّذِينَ فَاسْأَلِ إِلَيْكَ أَنزَلْنَا مِّمَّا شَكٍّ فِي كُنتَ وَإِن" ٱلْمُمْتَرِينَ مِنَ تَكُونَنَّ فَلَا رَّبِّكَ مِن الْحَقُّ جَاءَكَ"** (القرطبي)

- **السماوية الكتب يقرءون الذين فاسأل إليك أنزلنا مما ريب في النبي أيها كنت وإن" به جئتهم ما صحة على البينة عندهم لتجد قبلك من".** (الطبري)

- **المقدس الكتاب يقرؤون الذين الذكر أهل فاسأل ،إليك أوحينا مما شكّ في كنت فإن" المترددين من تكن فلا ربك من الحق جاءك فقد ،قبلك".** (البغوي)

اللاهوتية وأهميتها للآية شامل تحليل

- **جدًا خطيرة دلالات تحمل يونس سورة من 10:94 الآية:**

- **تأكيد على للحصول – والمسيحيين اليهود – الكتاب أهل إلى يلجأ أن محمدًا يأمر الله وحيه صحة بشأن.**
- **التوراة أي ،المقدس الكتاب هو آنذاك والمسيحيون اليهود يقرأه كان الذي "الكتاب"**

والإنجيل.

- ☑ **الكتاب يقرؤون الذين يستشير أن عليه كان فقد ،القرآن حول شكوك لمحمد كان إذا الشكوك هذه لإزالة المقدس.**
- ☑ **لما وإلا ،محمد فترة خلال وصحيحًا موجودًا كان المقدس الكتاب أن تكشف الآية هذه إليه يلجأ أن الله أمره.**

للقرآن؟ بالنسبة الآية هذه تعني ماذا

- ☑ **القرآن على للحكم معيارًا المقدس الكتاب من تجعل.**
- ☑ **لا أم صالحة محمد تعاليم كانت إذا ما لتحديد النهائي المرجع المقدس الكتاب يصبح.**
- ☑ **أن يجب نفسه القرآن لأن ،القرآن من أعلى سلطة لديه المقدس الكتاب أن يثبت المقدس الكتاب في جاء ما على بناءً يُختبر.**
- ☑ **المقدس الكتاب محل ليحل جاء القرآن بأن القائل الادعاء يدحض.**

الحقيقة؟ هذه إنكار للمسلمين يمكن هل

إليه بالرجوع محمدًا الله يأمر أن يمكن فكيف ،تحريفه تم قد المقدس الكتاب كان إذا وحيه؟ صحة من للتحقق

- ☑ إذا كان الكتاب المقدس محرفًا، فإن الأمر الإلهي في سورة يونس 10:94 يصبح بلا معنى!
- ☑ إذا كان محمد هو نبي الله، فلماذا كان عليه أن يلجأ إلى "المسيحيين العاديين" للحصول على التوجيه؟
- ☑ **الحقيقة الواضحة:** الكتاب المقدس لم يكن محرفًا في زمن محمد، بل كان هو المرجع الإلهي المطلق.

القرآن مقابل المقدس الكتاب سلطة

◆ هذه الآية تضع **الكتاب المقدس فوق القرآن**، لأن القرآن هو الذي يجب أن يُختبر بناءً على ما جاء في الكتاب المقدس، وليس العكس.

◈ إذا كان محمد بحاجة إلى الكتاب المقدس لتأكيد وحيه، فكيف يمكن للمسلمين اليوم إنكار الكتاب المقدس؟
◈ إذا كان محمد يحتاج إلى الإنجيل والتوراة لإزالة شكوكه، فكم بالحري يجب على المسلمين فعل نفس الشيء اليوم؟

موقف المسلمين اليوم يتناقض مع تعاليم القرآن نفسه!
☑ المسلمون يهاجمون الكتاب المقدس، بينما القرآن يقول إن الكتاب المقدس هو المرجع الذي يجب أن يعود إليه حتى النبي محمد نفسه!
☑ **إذا كان النبي نفسه قد لجأ إلى الكتاب المقدس للحصول على اليقين، فلماذا يرفضه المسلمون اليوم؟**

الكتاب المقدس هو الحل النهائي للشكوك

القرآن يوضح أن الكتاب المقدس يزيل الشكوك ويعيد الإيمان.
☑ **لم يقل الله لمحمد أن يسأل علماء الإسلام، بل قال له أن يسأل الذين يقرؤون الكتاب المقدس.**
☑ **إذا كان الكتاب المقدس قد تغير أو فُقد، فلماذا أمر الله محمدًا باللجوء إليه؟**
☑ **إذا كان المسلمون ينكرون الكتاب المقدس، فهم بذلك ينكرون القرآن نفسه، لأن القرآن يشهد للكتاب المقدس.**

السؤال الذي يجب أن يطرحه المسلمون على أنفسهم:
◈ هل تؤمنون بالله أم بآراء العلماء الذين يخالفون كلام الله؟
◈ إذا كان الله يأمر نبيه أن يلجأ إلى الكتاب المقدس، فلماذا ترفضونه أنتم اليوم؟
◈ هل تدركون أن رفض الكتاب المقدس هو رفض صريح لوحي القرآن نفسه؟

دعوة للتفكير العميق

◈ إذا كان القرآن يوجه المسلمين إلى الكتاب المقدس **كمصدر للحق**، فلماذا يرفضون قراءته ودراسته؟

- تحقيق؟ دون عليكم يُملى ما قبول من بدلاً بأنفسكم الحقائق لفحص مستعدون أنتم هل ◈
- بأنفسكم المقدس الكتاب تعاليم لدراسة ندعوكم نحن ◈.

5-7. الإصحاحات ،متى إنجيل في الجبل على الموعظة بقراءة ابدأ 🕮
صادق بقلب فيها وتأمل المسيح يسوع تعاليم اقرأ 🕮.

تنكرونه؟ فلماذا ،المقدس الكتاب لصحة يشهد نفسه القرآن :واضحة الحقيقة

الكتب تكون أن بد لا ،لذلك :والعشرون الحادي الفصل 🕮 بقيت قد – المقدس الكتاب – الإسلام قبل أُعطيت التي المقدسة محرفة وغير نقية

المقدس؟ الكتاب إلى بالرجوع محمدًا الله أمر لماذا

- الله أمر فلماذا ،المسلمون يدّعي كما المقدس الكتاب محل ليحل جاء قد القرآن كان إذا ◈ شكوكه؟ لإزالة المقدس الكتاب إلى باللجوء محمدًا
- الهالكين من فسيكون وإلا ،الأمر لهذا طاعته على تعتمد كانت محمد حياة ◈.
- محمد لتحذير مباشرة التالية الآية تأتي ،10:94 يونس سورة في التوجيه هذا بعد ◈ شديدًا تحذيرًا:

10:95 يونس سورة 🕮

✓ "ولا تكونن من الذين كذبوا بآيات الله فتكون من الخاسرين." (شبير أحمد)
✓ "ولا تكن من الذين ينكرون آيات الله ،وإلا ستكون من الهالكين." (سيد فيكار أحمد)

للمسلمين السؤال:

- شكوكه؟ لإزالة المقدس الكتاب إلى بحاجة محمد كان لماذا ◈
- محمد؟ شكوك لإزالة كافيًا يكن لم لماذا ،الكامل الكتاب هو القرآن كان إذا ◈

من الأخيرة السنوات في حتى الوحي في يشك كان محمد دعوته!

- متأخرة مكية سورة وهي ،"يونس" هو السورة اسم.
- عشر قرابة مرور بعد حتى وحيه في الشكوك من يعاني كان محمدًا أن يعني هذا دعوته بداية على سنوات.
- في يشك كان الحقيقة في ولكنه ،الإلهي الوحي يتلقى أنه يُفترض الذي الله نبي تخيل الوحي هذا صحة!
- المقدس الكتاب في كان محمد لمشكلة الوحيد الحل أن توضح **10:94** الآية.

10:94 يونس سورة

- "...قبلك من الكتاب يقرؤون الذين فاسأل ،إليك أنزلنا مما شك في كنت فإن"

- المقدس؟ الكتاب غير آخر حلًا محمد يُعطَ لم لماذا
- الكتاب من خارجي دليل إلى محمد احتاج فلماذا ،وكاملاً مستقلاً كتابًا القرآن كان إذا المقدس؟

ذلك؟ معنى ما

- تمامًا العكس تُثبت الآية هذه فإن ،المقدس الكتاب محل ليحل جاء قد القرآن كان إذا.
- المقدس الكتاب إلى بالرجوع الله أمره لذا ،محمد شكوك لإزالة كافيًا يكن لم القرآن.

شكوكه؟ تُزيل آية محمد إلى الله يُوحِ لم لماذا

- شكوك تزيل جديدة آية الله ينزل لم لماذا ،"النهائية الله كلمة" هو القرآن كان إذا محمد؟
- وحيه؟ صحة لمحمد ليؤكد ذاته القرآن الله يستخدم لم لماذا
- وحيه صحة لإثبات محمد إليه لجأ الذي الوحيد المصدر هو كان المقدس الكتاب!

للمسلمين الأهم السؤال:
- المقدس؟ الكتاب على يعتمد كان محمد إيمان أن تدركون هل
- إليه؟ بالرجوع أمر نفسه محمد بينما محرفًا المقدس الكتاب يكون أن يمكن كيف
- اليوم؟ المسلمون بالحري فكم ،المقدس الكتاب إلى بحاجة محمد كان إذا

المقدس؟ الكتاب إلى بالرجوع مطالبون المسلمون هل

كتبهم إلى بل محمد إلى الرجوع بعدم الكتاب أهل يأمر القرآن:

5:43 المائدة سورة

"الله؟ حكم فيها التوراة وعندهم للتحكيم إليك يأتون كيف"

5:47 المائدة سورة

".الفاسقون هم فأولئك الله أنزل بما يحكم لم ومن ،فيه الله أنزل بما الإنجيل أهل وليحكم"

الآيات؟ هذه تعني ماذا
- .والمسيحيين لليهود الأساسي المرجع يبقيا أن يجب والإنجيل التوراة
- .المقدسة كتبهم إلى بل محمد إلى الرجوع والمسيحيين اليهود من يُطلب لم
- .الكتاب لأهل الوحيد المرجع أنهما يؤكد بل ،والإنجيل التوراة يلغي لا القرآن

النهائي الاستنتاج:
- .المقدس الكتاب إلى بالعودة يأمرك فالقرآن ،صادقًا مسلمًا كنت إذا
- !بنفسك اقرأه .محرف المقدس الكتاب بأن بخداعك لأحد تسمح لا
- اليوم؟ المسلمون بالحري فكم ،المقدس الكتاب إلى بالرجوع محمدًا أمر الله كان إذا

بجدية للتفكير دعوة

- المسلمون؟ يرفضه فلماذا ،المقدس الكتاب يُلغي لا القرآن كان إذا
- نفسه؟ القرآن به يعترف ما إنكار على المسلمون يصر لماذا
- القرآن؟ منك طلب كما المقدس الكتاب لقراءة استعداد على أنت هل

.5-7 الإصحاحات ،متى إنجيل في الجبل على الموعظة بقراءة ابدأ
.صادق بقلب فيها وتأمل المسيح يسوع تعاليم اقرأ

ستتبعه؟ فهل ،المقدس الكتاب إلى يوجهك القرآن

22 الفصل

يقولون عندما المسلمون يكذب :والعشرون الثاني الفصل المقدس الكتاب محل ليحل أُرسل القرآن إن

المقدس؟ الكتاب محل ليحل القرآن أُرسل هل

- قد المقدس الكتاب لأن المقدس الكتاب محل ليحل جاء القرآن أن المسلمون يدّعي
.مصداقيته وفقد محرفًا أصبح
- .المقدس الكتاب نبوءات في مذكور محمد قدوم أن يزعمون ،الوقت نفس في لكن
- محمد؟ نبوة لإثبات به يستشهدون فكيف ،محرفًا المقدس الكتاب كان إذا
- الباقي؟ ويتجاهلون تناسبهم التي الأجزاء فقط يختارون لماذا

:المشكلة لهذه المسلمين علماء قدمه الذي الحل

- ☑ .صحيح فهو القرآن مع يتفق المقدس الكتاب من جزء أي إن يقولون
- ☑ .محرفة باعتبارها رفضها فيجب ،القرآن مع تتناقض التي الأجزاء أما

!النهج هذا في ضخمة مشكلة هناك لكن

- محرف؟ غير هو وما محرف هو ما تحديد يمكننا كيف
- المعيار؟ هو المقدس الكتاب أن أم ،المعيار هو القرآن هل
- لم تعجبهم التي الأجزاء أن المسلمون عرف فكيف ،محرفًا المقدس الكتاب كان إذا
أيضًا؟ تُحرَّف

- .القرآن من فقط واحدة آية باستخدام المنهج هذا خطأ سنثبت ،الآن

الحقيقة يكشف القرآن في خطأ

2:145 البقرة سورة

،قبلتهم بتابع أنت وما ،قبلتك تبعوا ما آية بكل الكتاب أوتوا الذين أتيت أنك ولو"
(يوسف علي) ".بعض قبلة بتابع بعضهم وما

:أخرى ترجمة

أحد ولا ،قبلتهم تقبل ولن ،قبلتك يقبلوا فلن ،الكتاب لأهل دليل كل جلبت لو حتى"
(مالك) ".الآخر قبلة يتبع منهم

ما هي القبلة؟

- القبلة هي الاتجاه الذي يجب على المسلمين مواجهته عند الصلاة، وهو الكعبة في مكة.
- هذه الآية تقول إن "أهل الكتاب" (اليهود والمسيحيين) لديهم قبلة، لكن هذا خطأ واضح!
- اليهود لديهم قبلة – وهي القدس. ولكن ماذا عن المسيحيين؟
- الحقيقة هي أن المسيحيين لم يكن لديهم قط قبلة!

إذن، لماذا يقول القرآن إن اليهود لن يتبعوا قبلة المسيحيين والعكس؟

- إذا لم يكن للمسيحيين قبلة من الأساس، فكيف يمكن لليهود أن يرفضوا اتباعها؟
- هذه ليست فقط مغالطة دينية، بل أيضًا خطأ تاريخي واضح في القرآن.

هل للمسيحيين قبلة؟

الكتاب المقدس يُعلم المسيحيين ألّا ينظروا إلى أشياء مرئية عند الصلاة:

"ونحن غير ناظرين إلى الأشياء التي ترى، بل إلى التي لا ترى. لأن التي ترى وقتية، وأما التي لا ترى فأبدية." (2 كورنثوس 4:18)

- المسيحيون يصلون مباشرة إلى الله دون الحاجة إلى اتجاه معين.
- المسيحية ليست مرتبطة بأي مكان مادي محدد للعبادة، بل بالعلاقة الروحية مع الله.
- إذن، كيف يمكن أن يقول القرآن إن المسيحيين لديهم قبلة؟

ما هي الدروس التي يمكن تعلمها من هذا الخطأ في القرآن؟

- يثبت أن القرآن ليس مصدرًا موحى به من الله، لأنه يحتوي على أخطاء تاريخية وعقائدية.
- يثبت أن محاولات المسلمين لجعل القرآن معيارًا لتقييم الكتاب المقدس غير منطقية.
- يثبت أن الكتاب المقدس ليس محرفًا، لأن القرآن نفسه يقع في أخطاء عند الحديث عنه.

هامة استنتاجات

- ◈ هذه؟ مثل تاريخية أخطاء على يحتوي فكيف ،الله من به موحى القرآن كان إذا
- ◈ محرف؟ أنه يدّعون مقدس كتاب باستخدام محمد نبوة إثبات المسلمون يحاول لماذا
- ◈ المقدس؟ الكتاب بتحريف قام ومن وكيف متى تحديد المسلمون يستطيع لا لماذا
- ◈ الله؟ ككلمة والإنجيل التوراة بوجود يعترف نفسه القرآن أن يتجاهلون لماذا

:النتيجة

- ☑ .عليه يؤكد بل ،المقدس الكتاب محل ليحل يأتِ لم القرآن
- ☑ .نفسه القرآن مع تتناقض كذبة هو محرف المقدس الكتاب أن المسلمين ادعاء
- ☑ .لمنافسته فاشلة محاولة إلا ليس والقرآن ،الحقيقية الله كلمة هو المقدس الكتاب

!الحقيقة واكتشف بنفسك المقدس الكتاب اقرأ

للإيمان الإلهي التصور :والعشرون الثاني الفصل للمسيحيين قبلة وجود واستحالة الحقيقي المسيحي

الحقيقي المسيحي للإيمان الإلهي التصور

- ◈ .الله عبادة عند مادي كيان أي نحو التوجه فكرة تمامًا يرفض المسيحي الإيمان
- ◈ .الوثنية إلى تؤدي أن يمكن مادي شيء وأي العبادة بين للربط محاولة أي

:5:7 كورنثوس 2

☑ ".بالعيان لا بالإيمان نسلك لأننا"

القضية؟ هذه من يسوع موقف هو ما

:4:19-24 يوحنا

☑ "،الجبل هذا في سجدوا آباؤنا .نبي أنك أرى ،سيد يا» :السامرية المرأة له قالت

يسوع لها قال «.أورشليم في هو فيه يُسجد أن يجب الذي المكان إن تقولون وأنتم:
أنتم .للآب تسجدون أورشليم في ولا الجبل هذا في لا ساعة تأتي ،المرأة أيتها صدّقيني»
تأتي ولكن .اليهود من هو الخلاص لأن ،نعلم لما فنسجد نحن أما ،تعلمون لا لما تسجدون
الآب لأن ،والحق بالروح للآب يسجدون الحقيقيون الساجدون حين ،الآن وهي ،ساعة
بالروح يسجدوا أن يجب له يسجدون والذين ،روح الله .له الساجدين هؤلاء مثل يطلب
والحق.«''

◈ مرتبطة ليست الحقيقية العبادة أن يوضح السامرية والمرأة يسوع بين الحوار هذا
معين بمكان.

◈ الإيمان خلال من بل ،مقدسة أماكن إلى التوجه أو الطقوس خلال من يُعبد لا الله
الداخلي.

◈ الكعبة نحو التوجه خلال من وليس ،''والحق بالروح'' يعبدونه عبّاد عن يبحث الله
مقدسة مدينة أي أو.

المسيحيين قبلة حول القرآن خطأ 📌

◈ محمد ظهور من قرون خمسة من أكثر قبل المقدس الكتاب في الآيات هذه كتابة تمت.

◈ له قيمة لا معين مكان نحو العبادة توجيه أن بالفعل يسوع أوضح لقد.

◈ الله مع مباشرة علاقة على قائمة ،روحية بل طقسية ليست المسيحية العبادة.

📌 الرئيسي السؤال:

🤔 يسارًا؟ أو يمينًا الجسد تحريك بمجرد الحقيقية التقوى تحقيق يمكن هل

☑ لا بالطبع!

◈ والاستقامة بالبر الله نحو القلب اتجاه في بل ،الجسد اتجاه في ليست المسألة.

📖 إشعياء 29:13:

✅ قلبه وأما ،بشفتيه ويكرمني ،بفمه مني يقترب الشعب هذا لأن :الرب السيد قال''
فمبتعد عني بعيدًا ،فعبادتهم لي وصايا الناس التي تعلموها.''

◈ مخلصة قلوبًا يريد بل ،الفارغة الطقوس على القائمة العبادة يقبل لا الله.

قبلة؟ إلى المسيحيون يحتاج هل

6:6: متى

في الذي أبيك إلى وصلِّ ،بابك وأغلق ،مخدعك إلى فادخل صليت فمتى أنت وأما" ".علانية يجازيك الخفاء في يرى الذي وأبوك .الخفاء

- **الصلاة أثناء معينًا اتجاهًا يواجهوا أن قط منهم يُطلب لم المسيحيون.**
- **العالم في مكان أي من الصلاة يسمع الله لأن ،قبلة إلى يحتاجون لا.**

145:18: مزمور

".بالحق يدعونه الذين لكل ،يدعونه الذين لكل قريب الرب"

للمسلمين التحدي

- **!قبلة للمسيحيين أن خطأً القرآن يقول**
- **،البعض بعضهم قبلة يتبعوا لن والمسيحيين اليهود إن يقول أن للقرآن يمكن كيف الأساس؟ من قبلة لديهم يكن لم المسيحيون بينما**
- **!المقدس الكتاب من ذلك يثبتوا أن المسلمين فعلى ،قبلة للمسيحيين كان إذا**

:التحدي

عن تتحدث المقدس الكتاب في واحدة آية ولو بإظهار المسلمين علماء نطالب نحن .المسيحيين قبلة

.قط قبلة لديهم يكن لم المسيحيين لأن ،شيء أي يجدوا لن

القرآن في المزدوج الخطأ

قبلة لديهم المسيحيين أن افتراض في تاريخيًا خطأً ارتكب القرآن ،أولًا.
صلاتهم توجيه من المسيحيين يمنع الذي الروحي المبدأ فهم في فشل القرآن ،ثانيًا مادي شيء أي إلى.

فادح؟ خطأ هذا لماذا

- أثناء معين مكان أي نحو التوجه أن كما ،مادي كيان أي يعبدون لا المسيحيين لأن الوثنية أشكال من شكلًا يعتبر الصلاة.
- تمامًا الأمر هذا يرفض المقدس الكتاب.

خروج 20:4-5:

"لا تصنع لك تمثالًا منحوتًا ،ولا صورة ما مما في السماء من فوق ،وما في الأرض من تحت ،وما في الماء من تحت الأرض. لا تسجد لهن ولا تعبدهن."

إذن ،لماذا يفرض الإسلام على أتباعه التوجه نحو الكعبة عند الصلاة؟
هذا يتناقض مع مفهوم العبادة الحقيقية التي يريدها الله.

هامة استنتاجات

- لم يكن للمسيحيين قبلة أبدًا ،والقول بعكس ذلك خطأ في القرآن.
- المسيحيون يعبدون الله بالروح والحق ،وليس من خلال التوجه نحو أماكن معينة.
- العبادة الحقيقية ليست مرتبطة بأي اتجاه مادي ،بل هي علاقة شخصية مع الله.
- القرآن يتناقض مع الكتاب المقدس عندما يتحدث عن قبلة للمسيحيين.
- الكتاب المقدس يرفض أي شكل من أشكال العبادة المرتبطة بالأماكن المقدسة.

إذن ،لماذا يحتاج المسلمون إلى قبلة؟ ولماذا يفرض الإسلام اتجاهًا معينًا للصلاة؟
هل يتطلب الإيمان الحقيقي التوجه نحو الكعبة؟ أم يتطلب قلبًا نقيًا متوجهًا نحو الله؟

إشعياء 55:6:

"اطلبوا الرب ما دام يوجد ،ادعوه وهو قريب."

!تخدعك الأكاذيب تدع ولا ،بنفسك الحقيقة عن ابحث

الفصل الثاني والعشرون: تحذير من الله عبادة الأصنام وأخطاء القبلة في الإسلام

تحذير من الله عبادة الأصنام

- **.الوثنية من الخفي النوع هذا في الوقوع خطر من إسرائيل إله يهوه حذر ،البداية منذ**
- **يفعل كما تمامًا ،بها يعترفون لا يمارسونها الذين العابدين لأن خفية وثنية إنها اليوم المسلمون.**
- **أو الكعبة نحو وليس ،الله نحو قلوبهم يوجهون ،الصلاة أثناء بأنهم المسلمون يجادل الوثنية صفة عنهم ينفي مما ،الأسود الحجر.**

يتجهوا أن يجب المسلمين أن على القرآن يصر فلماذا ،صحيحًا الادعاء هذا كان إذا الصلاة؟ عند الكعبة إلى

- **الكعبة؟ إلى التوجه من الفائدة فما ،يهم لا المكان كان إذا**
- **الصلاة؟ في إلزاميًا شرطًا الكعبة نحو التوجه الإسلام يجعل لماذا**
- **القرآن؟ في بها الأمر فلماذا ،عبادتهم في أهمية أي تحمل لا كانت إذا**

✓ ،الإسلامية العبادة من أساسي جزء هي بل اتجاه مجرد ليست الكعبة أن يثبت هذا مقنّعة وثنية عبادة يجعلها مما.

القياس بين تبريرات المسلمين والخطيئة الأخلاقية

- **الكعبة إلى وليس ،الله إلى موجهة نيتهم بأن الكعبة باتجاه صلاتهم يبررون المسلمون نفسها.**

أثناء زوجته في يفكر كان إنه بقوله الزوجية خيانته يبرر رجلًا تمامًا يشبه هذا ◈
الفعل ارتكاب.
!لا بالطبع الخيانة؟ يبرر هذا هل ◈
.وثنيًا فعلًا كونها تنفي لا الكعبة باتجاه الصلاة فإن ،وبالمثل ◈

:10:14 كورنثوس 1 📖
".الأصنام عبادة من اهربوا ،أحبائي يا لذلك" ☑

.النية عن النظر بغض ،الوثنية هي الوثنية ◈
العواقب في بجدية ويفكر التشبيه هذا في يتأمل أن الصادق المسلم على يجب ◈
.لأفعاله الروحية

وثني؟ عمل هو هل :الأسود الحجر تقبيل 📌

.احترام بكل وتقبيله الأسود الحجر بلمس المسلمون يقوم ،الحج أثناء ◈
.الحج أثناء الإسلامية الطقوس لجميع المحورية النقطة هو الأسود الحجر ◈
قيمة؟ بلا كان إن المسلمون يقبّله لماذا ◈

:26:1 لاويين 📖
مقدسًا حجرًا تقيموا ولا ،منحوتًا تمثالًا لكم تقيموا ولا ،تافهة أصنامًا لكم تصنعوا لا" ☑
".إلهكم يهوه فأنا ،أمامه لتنحنوا أرضكم في

:20:4-5 خروج 📖
الأرض في وما ،فوق من السماء في مما صورة ولا ،منحوتًا تمثالًا لك تصنع لا" ☑
".تعبدهن ولا لهن تسجد لا .الأرض تحت من الماء في وما ،تحت من

بحب؟ الأسود الحجر المسلمون يقبل لماذا ،إذن 📌
.الوثنية على واضح دليل نفسه الفعل هذا ◈
عملًا الأسود الحجر تقبيل يكون فكيف ،مادي شيء لأي الاحترام أو السجود حرّم الله ◈
مشروعًا؟

الإسلامية؟ للوحدة وسيلة القبلة هل

نفس نحو جميعًا يتوجهون حيث ،المسلمين توحّد القبلة بأن المسلمين بعض يجادل ◈
الصلاة أثناء النقطة.
القلب؟ توجيه من أم الجسم توجيه من تأتي الحقيقية الوحدة هل ،لكن ◈
يقتلون ،القبلة لنفس توجيههم من الرغم على ،المسلمين أن هي الواضحة الحقيقة ◈
والسياسية الطائفية النزاعات في البعض بعضهم.

البعض؟ بعضهم قتل من المسلمين منعت القبلة هل

◈ لا :واضحة الإجابة.
◈ الصلاة أثناء الاتجاه لنفس مواجهتهم رغم ،بشدة منقسمون المسلمون.
◈ باطل ادعاء هو المسلمين توحّد القبلة بأن الادعاء ،إذن.

☑ نقطة نحو الجسدي التوجه مجرد وليس ،الحقيقية الوحدة يحقق ما هما والحق الحب
محددة.

يوحنا 13:34-35:

☑ أيضًا أنتم تحبون أنا أحببتكم كما ،بعضًا بعضكم تحبوا أن :أعطيكم أنا جديدة وصية"
لبعض بعض حب لكم كان إن ،تلاميذي أنكم الجميع يعرف بهذا .بعضًا بعضكم".

كما الحقيقية المحبة تطبيق من بل ،الكعبة إلى التوجه من تأتي لا الحقيقية الوحدة ◈
المسيح يسوع علّمنا.

قبلة؟ للمسيحيين يكن لم لماذا

6:6: متى

في الذي أبيك إلى وصلِّ ،بابك وأغلق ،مخدعك إلى فادخل ،صليت فمتى أنت وأما" علانية يجازيك الخفاء في يرى الذي وأبوك ،الخفاء."

هذا؟ من نتعلم ماذا

- **التوجه إلى الحاجة دون ،وقت أي في ،مكان أي من الله إلى يصلي أن للمسيحي يمكن معين مكان نحو.**
- **للمسيحيين قبلة إلى إشارة أي المقدس الكتاب في يوجد لا.**

145:18: مزمور

"بالحق يدعونه الذين لكل ،يدعونه الذين لكل قريب الرب"

الصلاة؟ ليسمع معين باتجاه محدود الله هل

لا بالطبع!

للصلاة؟ معين اتجاه على الإسلام يصر لماذا ،إذن

- **صلاتهم؟ ليقبل معينًا مكانًا يواجهوا أن المسلمين إلى الله يحتاج هل**
- **مكان أي من الصلاة سماع على قادر روحاني ككائن الله طبيعة مع يتناقض هذا.**

55:6: إشعياء

"قريب وهو ادعوه ،يوجد دام ما الرب اطلبوا"

- **مادية بقعة أي أو المدينة أو مكة في ليس الله.**
- **بصدق يطلبه من لكل قريب إنه.**

نهائية استنتاجات

- **معين مكان مواجهة على المسلمين إجبار يتم حيث ،خفية وثنية هي الإسلامية القبلة الله لعبادة.**

◈ الأصنام عبادة ممارسات يشبه وثني طقس هو الأسود الحجر تقبيل.
◈ قبلة لديهم يكن لم المسيحيين لأن ،للمسيحيين قبلة عن يتحدث عندما يخطئ القرآن أبدًا.
◈ الله نحو القلب توجه في بل ،الكعبة نحو الجسد توجه في ليست الحقيقية العبادة.
◈ الجغرافية بالمواقع المرتبطة العبادة أشكال من شكل أي يرفض المقدس الكتاب.

عباده؟ صلوات ليقبل الكعبة إلى الله يحتاج هل
☑ لا بالطبع!

يوحنا 4:24:
☑ "يسجدوا أن ينبغي والحق فبالروح ،له يسجدون والذين ،روح الله".

◈ آخر مكان أي أو الكعبة إلى التوجه تتطلب لا الله عبادة.
◈ معين جسدي اتجاه خلال من وليس ،والحق بالروح العبادة تكون أن يجب.

ابحث عن الحقيقة بنفسك، ولا تدع الأكاذيب تخدعك!

الكتاب تعاليم بين التناقض :والعشرون الثاني الفصل نتبع؟ أن يجب أيهما - والقرآن المقدس

القرآن؟ أم المقدس الكتاب نتبع؟ أن يجب من

◈ القرآن وتعاليم المقدس الكتاب تعاليم بين واضح تعارض هناك ،الآن.
◈ الآن؟ المسيحيون يفعل أن يجب ماذا ،إذن
◈ عن والتخلي المسلمين المدافعين بعض اقتراحات إلى الاستماع عليهم يجب هل المقدس؟ للكتاب العميقة التعاليم
◈ يواجهونه وثني مقدس حجر عن يبحثوا أن ،المسلمين غرار على ،عليهم ينبغي هل الصلاة؟ أثناء

بالروح الله ويعبدوا المقدس للكتاب الإلهية التعاليم يتبعوا أن لهم الأفضل من أليس
والحق؟

4:24 يوحنا

"يسجدوا أن ينبغي والحق فبالروح ،له يسجدون والذين ،روح الله."

القلب إخلاص إلى تحتاج بل ،معين مكان نحو التوجه تتطلب لا الحقيقية الله عبادة
والروح.

المسلمين على الأسئلة بعض هنا نطرح:

قبلة؟ اتباع في المسيحيون بدأ متى (1)
بالمسيحيين؟ الخاصة القبلة هي ما (2)
الصلاة؟ المسيحيين من يُطلب اتجاه أي في (3)
توجد لا أنه يعلم يكن لم فلماذا ،القرآن يدعي كما بالإنجيل أوحى الذي هو الله كان إذا (4)
المسيحية؟ في قبلة

المقدس؟ الكتاب مع القرآن يتعارض أن يجب لا لماذا

94 يونس سورة

"فَإِن كُنتَ فِي شَكٍّ مِمَّا أَنزَلْنَا إِلَيْكَ فَسْأَلِ الَّذِينَ يَقْرَءُونَ الْكِتَابَ مِن قَبْلِكَ لَقَدْ جَاءَكَ الْحَقُّ مِن رَّبِّكَ فَلَا تَكُونَنَّ مِنَ الْمُمْتَرِينَ."

المقدس الكتاب صحة على يعتمد نفسه القرآن أن يؤكد هذا.

تعاليم مع تام توافق في يكون أن يجب بل ،يقيمه الذي الكتاب القرآن يقيم ألا يجب
المقدس الكتاب.

باطل ادعاء هو المقدس الكتاب محل ليحل أتى القرآن بأن الادعاء ،لذلك.

2:13 تسالونيكي 1

"سمعتموها التي الله كلمة تلقيتم عندما لأنه ،انقطاع بلا الله نشكر أيضًا نحن لذلك
منا، لا قبلتموها ككلمة بشر، بل كما هي بالحقيقة، كلمة الله."

آخر كتاب بأي استبداله يتم ألا ويجب ،الحقيقية الله كلمة هو المقدس الكتاب.

46 العنكبوت سورة

"وَلَا تُجَادِلُوا أَهْلَ الْكِتَابِ إِلَّا بِالَّتِي هِيَ أَحْسَنُ إِلَّا الَّذِينَ ظَلَمُوا مِنْهُمْ وَقُولُوا آمَنَّا بِالَّذِي أُنزِلَ إِلَيْنَا وَأُنزِلَ إِلَيْكُمْ وَإِلَٰهُنَا وَإِلَٰهُكُمْ وَاحِدٌ وَنَحْنُ لَهُ مُسْلِمُونَ."

أحسن هي بالتي إلا الكتاب أهل مجادلة بعدم المسلمين يأمر الله.

بكتابهم التمسك في الحق لديهم الكتاب أهل أن على دليل هذا.

في المسلمين يضع المقدس والكتاب القرآن بين التناقض مأزق

إلهي وحي هي والمسيحيين لليهود أعطيت التي الكتب أن على يشهد القرآن.

بينهما؟ جوهرية اختلافات يوجد فلماذا ،الله عند من كلاهما كان إذا ولكن

من أنه المسلمون وجد ،الإسلام لصالح التناقض هذا لحل يائسة محاولة في بالتحريف المقدس الكتاب اتهام الضروري.

خطير مأزق في وقعوا ،المحاولة هذه في لكن:

كلمته حفظ على القدرة بعدم الله اتهموا!

لا الله كلام إن يقول لأنه كاذبًا يصبح القرآن فإن ،تحرف قد المقدس الكتاب كان إذا يتغير.

على هجوم الحقيقة في هو المقدس الكتاب تحريف عن ادعاء كل فإن ،وبالتالي نفسه القرآن مصداقية.

27 الكهف سورة

"وَاتْلُ مَا أُوحِيَ إِلَيْكَ مِن كِتَابِ رَبِّكَ لَا مُبَدِّلَ لِكَلِمَاتِهِ وَلَن تَجِدَ مِن دُونِهِ مُلْتَحَدًا."

34 الأنعام سورة

"وَلَقَدْ كُذِّبَتْ رُسُلٌ مِّن قَبْلِكَ فَصَبَرُوا عَلَىٰ مَا كُذِّبُوا وَأُوذُوا حَتَّىٰ أَتَاهُمْ نَصْرُنَا وَلَا مُبَدِّلَ لِكَلِمَاتِ اللَّهِ وَلَقَدْ جَاءَكَ مِن نَّبَإِ الْمُرْسَلِينَ."

الآيات؟ هذه إنكار المسلمون يستطيع هل
المقدس الكتاب أن يدّعون فكيف ،تتغير لا الله كلمات أن بوضوح يعلن القرآن كان إذا
تغير؟ قد
كاذب القرآن أن أو ،محرف غير المقدس والكتاب صادق القرآن أن إما.
معًا الأمرين يدّعوا أن للمسلمين يمكن لا.

،القرآن اكتمال بعد تحريفه تم قد المقدس الكتاب أن على يصرّون المسلمون كان إذا
المستقبل يجهل كان بأنه الله يصفون بذلك فإنهم!
المستقبل؟ في تغييرها سيتم كلماته أن مدرك غير الله يكون أن يمكن هل
تتبدل؟ لا كلماته إن قال فلماذا ،يعلم كان إذا
العلم كلي ليس لأنه ،الحقيقي الله ليس أنه يعني فهذا ،يعلم لا كان إذا.

119:89 مزمور
"السماوات في مثبتة كلمتك ،رب يا ،الأبد إلى."

تغييرها؟ يستطيع فمن ،السماوات في مثبتة الله كلمة كانت إذا
محفوظًا يزال لا المقدس الكتاب أن يؤكد مما ،ذلك يستطيع أحد لا.

نهائية استنتاجات

الله على يكذبون المقدس الكتاب محل ليحل جاء القرآن أن يزعمون الذين المسلمون
أنفسهم وعلى.
تغييره يمكن ولا ،الله كلام هو المقدس الكتاب بأن يشهد نفسه القرآن.
القرآن في طعن الحقيقة في هي المقدس الكتاب في للطعن محاولة كل.
منفتحة بقلوب المقدس الكتاب قراءة فعليهم ،الحق اتباع المسلمون أراد إذا.

،المقدس الكتاب اقرأوا ثم ،كتابكم اقرأوا .يخدعكم أحدًا تدعوا لا ،المسلمون أيها
الحقيقة؟ يقول من :أنفسكم واسألوا

استحالة على القاطعة الأدلة :والعشرون الثاني الفصل 🕮 المقدس الكتاب تحريف

المقدس؟ الكتاب تحريف المستحيل من لماذا

- **المقدس الكتاب تحريف استحالة قاطع بشكل تثبت المقال هذا في المقدمة الأدلة.**
- **محمد زمن بعد المقدس الكتاب تحريف استحالة تثبت أدلة تقديم تم كما.**
- **منطقياً القضية هذه تحليل سنواصل ،نهائي بشكل الموضوع هذا لتعزيز ،ذلك ومع ولاهوتياً.**

السؤال هذا تأمل:

القديمة المقدس الكتاب نسخ تكون أن يمكن فكيف ،محمد زمن بعد التحريف حدث إذا ☐ اليوم؟ لدينا الموجودة المقدس الكتاب لنسخ تمامًا مطابقة محمد قبل ما إلى تعود التي كان الذي نفسه هو اليوم أيدينا بين الذي المقدس الكتاب أن على قاطعًا دليلًا هذا أليس ☐ محمد؟ زمن قبل موجودًا

46 المائدة سورة 🕮

✔ "وَقَفَّيْنَا عَلَىٰ آثَارِهِم بِعِيسَى ابْنِ مَرْيَمَ مُصَدِّقًا لِّمَا بَيْنَ يَدَيْهِ مِنَ ٱلتَّوْرَىٰةِ وَآتَيْنَاهُ ٱلْإِنجِيلَ فِيهِ هُدًى وَنُورٌ وَمُصَدِّقًا لِّمَا بَيْنَ يَدَيْهِ مِنَ ٱلتَّوْرَىٰةِ".

- **."ونور هدى" على يحتويان وهما ،الله وحي هما والإنجيل التوراة بأن يشهد القرآن**
- **بوضوح؟ التحريف هذا القرآن يذكر لا فلماذا ،تحرفت قد الكتب هذه كانت إذا**
- **أي أن يعني مما ،محمد زمن في الكتب هذه صحة يؤكد القرآن أن نجد ،العكس على صحيحة تزال لا اليوم معها متطابقة نسخة.**

محمد؟ زمن بعد المقدس الكتاب تحريف يمكن هل

1 الأول الدليل:

◈ أنحاء جميع في وانتشر ،محمد زمن قبل اللغات من العديد إلى تُرجم المقدس الكتاب العالم.

◈ ،اليونانية ،اللاتينية إلى مترجمًا وكان ،وأفريقيا ،آسيا ،أوروبا في موجودًا كان اللغات من وغيرها ،الأرمينية ،الإثيوبية ،السريانية ،القوطية ،القبطية.

◈ والمسيحيين اليهود أن يعني فذلك ،القرآن اكتمال بعد المقدس الكتاب تحريف تم إذا كل في ،العالم أنحاء جميع في المقدس الكتاب من نسخة كل نصوص تغيير من تمكنوا أصلية نسخة أي يتركوا أن دون ،لغة كل وفي ،بلد!

◈ أثرًا يتركوا أن دون الهائل العمل هذا تحقيق من البشر ملايين يتمكن أن يُعقل فهل للتحريف؟ واحدًا

2 الثاني الدليل:

◈ فإن ،ومحتواها رسالتها في متطابقة اليوم الموجودة المقدس الكتاب نسخ أن بما أيضًا كانت السابقة المحرفة النسخ أن يعني سابقًا محرفة نسخ من جاءت بأنها الافتراض محتواها في متطابقة.

◈ نفس أجروا قد السابقة النسخ "حرفوا" الذين أولئك يكون أن يجب ،وبالتالي اللغات وجميع البلدان جميع في المقدس الكتاب نسخ جميع في تمامًا التعديلات!

◈ والمسيحيين اليهود جميع بين عالمية مؤامرة وجود من بد لا كان أنه يعني وهذا على دليل أي يتركوا أن دون ،الوقت نفس في ،مكان كل في المقدس الكتاب لتغيير الأصلية النصوص.

◈ ومنطقًا عقلًا مستحيل أمر وهذا!

الاختلاف؟ تثبت واحدة أصلية نسخة نجد لا فلماذا ،صحيحة الادعاءات هذه كانت إذا

المقدس الكتاب صحة على التاريخية الأدلة

هل تعلم أن لدينا آلاف المخطوطات القديمة للكتاب المقدس التي تعود إلى مئات السنين قبل زمن محمد؟

◈ هذه المخطوطات محفوظة في متاحف حول العالم ويمكن لأي شخص فحصها بنفسه.

أي يتغير لم أنه نجد ،القديمة المخطوطات بهذه الحديث المقدس الكتاب مقارنة عند ◈ المقدسة النصوص في جوهري شيء.

119:89 مزمور 📖
"السماوات في مثبتة كلمتك ،رب يا ،الأبد إلى" ☑

!أحد لا تغييرها؟ يستطيع فمن ،السماوات في مثبتة الله كلمة كانت إذا ◈

40:8 إشعياء 📖
"الأبد إلى فتثبت إلهنا كلمة وأما ،ذبل الزهر ،يبس العشب" ☑

كلمته؟ بحفظ وعده في الله يُخطئ أن يمكن هل ◈

24:35 متى 📖
"يزول لا كلامي ولكن تزولان والأرض السماء" ☑

والإنجيل التوراة يشمل وهذا ،تزول لا الله كلمات ◈.

تحرف؟ قد المقدس الكتاب أن المسلمون يزعم لماذا

تعاليمه أن هو محرف المقدس الكتاب بأن المسلمين ادعاء وراء الرئيسي السبب ◈ القرآن تعاليم مع تتناقض.

التناقض هذا على التغطية المسلمون يحاول ،أخطأ قد القرآن بأن الاعتراف من بدلًا ◈ تغير قد المقدس الكتاب أن بادعاء.

يمكن لا الله كلمة أن يؤكد نفسه القرآن لأن ،خطير مأزق في يضعهم الادعاء هذا لكن ◈ تتغير أن.

27 الكهف سورة 📖
"مُلْتَحَدًا دُونِهِ مِن تَجِدَ وَلَن لِكَلِمَاتِهِ مُبَدِّلَ لَا رَبِّكَ كِتَابِ مِن إِلَيْكَ أُوحِيَ مَا وَاتْلُ" ☑

34 الأنعام سورة 🕮
"وَلَقَدْ كُذِّبَتْ رُسُلٌ مِّن قَبْلِكَ فَصَبَرُوا عَلَىٰ مَا كُذِّبُوا وَأُوذُوا حَتَّىٰ أَتَاهُمْ نَصْرُنَا ۚ وَلَا مُبَدِّلَ لِكَلِمَاتِ اللَّهِ ۚ وَلَقَدْ جَاءَكَ مِن نَّبَإِ الْمُرْسَلِينَ". ✅

تغير؟ قد المقدس الكتاب يكون أن يمكن فكيف ،يتبدل لا الله كلام كان إذا 📌
فهم ،محمد زمن بعد تحرف قد المقدس الكتاب أن على يصرون المسلمون كان إذا 📌
!سيحدث ذلك أن يعلم يكن لم الله إن يقولون بذلك
.الإلهية صفاته مع يتناقض مما ،العلم كلي ليس الله أن يعني وهذا 📌

نهائية استنتاجات 📌

- .بعده ولا محمد زمن قبل لا ،يتحرف لم المقدس الكتاب أن تؤكد الأدلة كل
- الكتاب مع التناقضات من القرآن لحماية فاشلة محاولة مجرد هو التحريف ادعاء .المقدس
- .نفسه القرآن في طعن الحقيقة في هي المقدس الكتاب في للطعن محاولة كل
- .منفتحة بقلوب المقدس الكتاب قراءة فعليهم ،الحق اتباع المسلمون أراد إذا

،المقدس الكتاب اقرأوا ثم ،كتابكم اقرأوا .يخدعكم أحدًا تدعوا لا ،المسلمون أيها 📌
الحقيقة؟ يقول من :أنفسكم واسألوا

بأن المسلمين ادعاء كذب :والعشرون الثاني الفصل 🕮
المقدس الكتاب محل ليحل جاء القرآن

أن دون عالميًا المقدس الكتاب تحريف الممكن من هل أحد؟ يلاحظ

- المخطوطات جميع تغيير من تمكنوا مجهولين أشخاصًا هناك أن المسلمون يتخيل وأنهم ،شاسعة جغرافية مناطق على وموزعة متعددة بلغات مكتوبة كانت التي المقدسة !تغيير أي أحد يلاحظ لا بحيث متطابقة وبطريقة الوقت نفس في جميعًا غيروها
- .ومنطقيًا بشريًا مستحيل عمل هو بل ،سخيف افتراض مجرد ليس هذا
- الله بكلام التلاعب تم بينما صامتين المؤمنين والمسيحيين اليهود جميع ظل ولماذا !أعينهم؟ أمام
- !ذاته حد في معجزة سيكون "التحريف" هذا فإن ،صحيحًا هذا كان إذا

هل يمكن أن يكون هناك مؤامرة عالمية بين ملايين اليهود والمسيحيين على مر القرون لتغيير نصوص الكتاب المقدس في كل اللغات، وكل المناطق، وفي كل المخطوطات في نفس اللحظة؟!

هذا السيناريو ليس فقط غير قابل للتنفيذ لوجستيًا، ولكنه مستحيل أخلاقيًا.

- لكي يحدث هذا التحريف، كان يجب أن يشارك فيه آلاف الأشخاص الأتقياء الذين كرسوا حياتهم لحفظ كلمة الله. هل يعتقد المسلمون حقًا أن هؤلاء المؤمنين سيختارون عن طيب خاطر تغيير النصوص المقدسة؟!

شهادة من القرآن نفسه عن أمانة أهل الكتاب

سورة آل عمران 113

"لَيْسُوا سَوَاءً ۗ مِّنْ أَهْلِ ٱلْكِتَٰبِ أُمَّةٌ قَآئِمَةٌ يَتْلُونَ ءَايَٰتِ ٱللَّهِ ءَانَآءَ ٱلَّيْلِ وَهُمْ يَسْجُدُونَ"

- يؤكد القرآن نفسه أن هناك أناسًا أتقياء بين أهل الكتاب يقفون بثبات من أجل الحق، ويتأملون في آيات الله طوال الليل ويسجدون له.
- كيف يمكن لهؤلاء المؤمنين الأتقياء أن يسمحوا بتحريف كتبهم المقدسة دون أن يعترضوا أو يفضحوا المتآمرين؟!

إذًا، من المستحيل أن يكون التحريف قد وقع دون أن يتصدى له هؤلاء المؤمنون الذين شهد لهم القرآن نفسه.

اكتمال بعد حدث التحريف أن المسلمون زعم لو ماذا القرآن؟

بعد تحرف ولكنه ،الإسلام قبل محرفًا يكن لم المقدس الكتاب أن المسلمون ادعى إذا
ذلك، فإنهم يعترفون ضمنيًا بأن الكتاب المقدس كان صحيحًا في زمن محمد.

غير" المقدس الكتاب من واحدة أصلية نسخة نجد لا فلماذا ،صحيحًا هذا كان إذا لكن
المحرف" بين الملايين من النسخ التي كانت متاحة قبل زمن محمد؟!

النصوص بين الفرق تثبت قديمة نسخ وجود من فلابد ،"تحريف" هناك كان إذا
الأصلية والنصوص المحرفة، ولكن لا يوجد أي دليل على ذلك حتى اليوم!

قبل ما إلى تعود التي المقدس للكتاب القديمة المخطوطات :تمامًا العكس هو حدث ما
الإسلام تتطابق تمامًا مع النسخ الحديثة، مما يثبت أن الكتاب المقدس لم يتغير!

محمد زمن في المقدس الكتاب صحة على يشهد القرآن

46 المائدة سورة

"وَقَفَّيْنَا عَلَىٰٓ ءَاثَٰرِهِم بِعِيسَى ٱبْنِ مَرْيَمَ مُصَدِّقًا لِّمَا بَيْنَ يَدَيْهِ مِنَ ٱلتَّوْرَىٰةِ ۖ وَءَاتَيْنَٰهُ ٱلْإِنجِيلَ
فِيهِ هُدًى وَنُورٌ وَمُصَدِّقًا لِّمَا بَيْنَ يَدَيْهِ مِنَ ٱلتَّوْرَىٰةِ."

القول على المسلمون يجرؤ فكيف ،محمد زمن بعد تحرف قد المقدس الكتاب كان إذا
إن القرآن كان يؤكد صحته؟!

كان وإذا .صحيحًا يزال لا المقدس الكتاب أن يعني فهذا ،صحيحًا القرآن كان إذا
الكتاب المقدس محرفًا، فهذا يعني أن القرآن أخطأ في تأكيده على صحته!

الأدلة التاريخية على استحالة تحريف الكتاب المقدس

هناك آلاف المخطوطات القديمة للكتاب المقدس التي تعود إلى قرون قبل الإسلام،
وهي محفوظة في المتاحف العالمية.

تُظهر هذه المخطوطات أن الكتاب المقدس لم يتغير عبر القرون، وأنه لم يحدث أي
تحريف كما يدعي المسلمون.

119:89 مزمور 📖
"اَلسَّمَاوَاتِ فِي مُثَبَّتَةٌ كَلِمَتُكَ ،رَبُّ يَا ،اَلْأَبَدِ إِلَى" ✔

40:8 إشعياء 📖
"اَلْأَبَدِ إِلَى فَتَثْبُتُ إِلَهِنَا كَلِمَةُ أَمَّا ،اَلزَّهْرُ ذَبُلَ ،اَلْعُشْبُ يَبِسَ" ✔

الأبد؟ إلى كلمته بحفظ وعد قد الله كان إذا المقدس الكتاب يتحرف أن يمكن كيف

24:35 متى 📖
"يَزُولُ لَا كَلَامِي وَلَكِنَّ ،تَزُولَانِ وَٱلْأَرْضُ ٱلسَّمَاءُ" ✔

والإنجيل التوراة يشمل وهذا ،تزول لا الله كلمات.

محرف؟ المقدس الكتاب أن المسلمون يزعم لماذا

- **المقدس الكتاب تعاليم يناقض القرآن أن هو الادعاء هذا وراء الحقيقي السبب.**
- **التناقض هذا على التغطية المسلمون يحاول ،أخطأ قد القرآن بأن الاعتراف من بدلًا تغير قد المقدس الكتاب أن بادعاء.**
- **لا الله كلام إن يقول الذي ،نفسه القرآن يناقض لأنه ،منطقي غير الادعاء هذا لكن تغييره يمكن.**

27 الكهف سورة 📖
"مُلْتَحَدًا دُونِهِۦ مِن تَجِدَ وَلَن لِكَلِمَٰتِهِۦ مُبَدِّلَ لَا ۖ رَبِّكَ كِتَابِ مِن إِلَيْكَ أُوحِيَ مَا وَٱتْلُ" ✔

قد المقدس الكتاب أن المسلمون يدعي فلماذا ،تغييره يمكن لا الله كلام كان إذا تحرف؟

34 الأنعام سورة 📖
"وَلَقَدْ كُذِّبَتْ رُسُلٌ مِّن قَبْلِكَ فَصَبَرُوا۟ عَلَىٰ مَا كُذِّبُوا۟ وَأُوذُوا۟ حَتَّىٰٓ أَتَىٰهُمْ نَصْرُنَا ۚ وَلَا مُبَدِّلَ لِكَلِمَٰتِ ٱللَّهِ ۚ وَلَقَدْ جَآءَكَ مِن نَّبَإِى۟ ٱلْمُرْسَلِينَ" ✔

يتحرف لم المقدس الكتاب أن يعني فهذا ،تغييره يمكن لا الله كلام كان إذا.

نهائي استنتاج

- بعده ولا الإسلام قبل لا ،يُحرف لم المقدس الكتاب أن تثبت الأدلة كل.
- الكتاب مع التناقض من القرآن لحماية يائسة محاولة من أكثر ليس التحريف ادعاء المقدس.
- المقدس الكتاب صحة على شهادته قبول فعليهم ،بالقرآن يؤمنون المسلمون كان إذا.

المقدس الكتاب اقرأوا ثم ،كتابكم اقرأوا .يخدعكم أحدًا تدعوا لا ،المسلمون أيها، الحقيقة؟ يقول من :أنفسكم واسألوا

أن زورًا المسلمون يزعم :والعشرون الثاني الفصل المقدس الكتاب محل ليحل جاء القرآن

الكتاب لصحة تشهد المسيح عن القديم العهد نبوءات المقدس

2:7 المزامير

"وَلَدْتُكَ ٱلْيَوْمَ أَنَا ،ٱبْنِي أَنْتَ :لِي قَالَ ،يَهْوَهُ بِمَرْسُومِ أُخْبِرُ".

7:14 الثاني صموئيل

"ٱبْنًا لِي يَكُونُ وَهُوَ ،أَبًا لَهُ أَكُونُ أَنَا".

- الممسوح كالمسيح الله ابن مجيء عن تتنبأ القديم العهد في الموجودة الآيات هذه، المسيح يسوع شخص في تحقق ما وهو.

وأن العهدين بين الترابط يثبت مما ،الجديد العهد في نفسها النبوءات هذه وردت وقد ◈
يُحرَّف ولم متكامل المقدس الكتاب.

1:5 عبرانيين 📖
أَبًا لَهُ أَكُونُ أَنَا» :وَأَيْضًا ؟«وَلَدْتُكَ ٱلْيَوْمَ أَنَا ،ٱبْنِي أَنْتَ» :قَطُّ قَالَ مَلاكٍ لِأَيِّ فَإِنَّهُ" ☑
"؟«ٱبْنًا لِي يَكُونُ وَهُوَ

على يتغير لم المقدس الكتاب أن يثبت الجديد العهد في القديم العهد نبوءات تحقيق
العصور مر.

الله؟ ابن عن تتحدث التي النصوص اليهود يحذف لم لماذا

◈ بذلك المسلمون يؤمن لا كما تمامًا ،ابنًا لله بأن يؤمنون لا اليهود.
◈ الله؟ ابن عن تتحدث التي النصوص يحذفوا لم فلماذا ،كتبهم حرّفوا قد اليهود كان إذا
◈ الإنجيل في الموجود القديم العهد نفسه هو اليهود عند الذي المقدس الكتاب
كتبهم؟ لتغيير والمسيحيين اليهود بين مؤامرة هناك يكون أن يُعقل فكيف ،المسيحي
◈ بينهم التواطؤ فإن لذا ،العقيدة في جوهريًا اختلافًا يختلفون والمسيحيون اليهود
مستحيل.

المقدس الكتاب حرّفوا اليهود بأن المسلمين ادعاء تُسقط وحدها الحقيقة هذه.

القديم العهد تحريف عدم على تاريخي دليل

،اليونانية اللغة إلى القديم العهد ترجمة تمت ،المسيح مجيء من عام 200 نحو قبل
وهي الترجمة المعروفة بـ "السبعينية" (Septuagint).
باليونانية الناطقين بين واسع نطاق على منتشرة الترجمة هذه كانت.
!أيضًا اليونانية الترجمة تغيير من بد لا لكان ،ذلك بعد العبرية النصوص تغيير تم لو

العبرية المخطوطات أقدم مع تمامًا يتطابق السبعينية الترجمة نص أن نجد لكننا
اليوم حتى الموجودة.
مطلقًا يُحرَّف لم القديم العهد أن على دامغ دليل وهذا.

شخص لأي ويمكن ،العالمية المتاحف من العديد في القديمة المخطوطات هذه تُعرض
الحالي المقدس للكتاب مطابقتها من بنفسه يتحقق أن.

ذلك؟ تثبت التي المحرّفة غير الأصلية النسخ فأين ،حُرِّف قد المقدس الكتاب كان إذا!

محمد زمن بعد المقدس الكتاب تحريف استحالة

:(19 ص) "للمسلمين موضحة المسيحية" كتابه في جونز-بيفان الكاتب يقول
بعد أو عند المقدسة كتبهم حرّفوا قد والمسيحيون اليهود يكون أن المستحيل من"
التالية للأسباب ،محمد زمن:
1 بحلول ذلك الوقت ،كان اليهود والمسيحيون منتشرين في جميع أنحاء العالم ،ولم يكن
من الممكن لهم الاجتماع والتآمر لتغيير الكتب المقدسة.
2 كان هناك عداء متبادل بين اليهود والمسيحيين ،ولو حاول أي طرف تغيير النصوص،
لكان الطرف الآخر قد كشف ذلك على الفور."

هذا يعني أي أن محاولة لتحريف الكتاب المقدس كانت ستُفضح فورًا.
كما أن المخطوطات القديمة التي تسبق زمن محمد تتطابق مع النصوص الحديثة،
مما يثبت أنها لم تتغير.

استنتاج نهائي

- الكتاب المقدس لم يتغير منذ كتابته ،سواء قبل الإسلام أو بعده.
- ادعاء المسلمين بأن الكتاب المقدس قد حُرِّف هو محاولة يائسة لتبرير الاختلافات
بين القرآن والكتاب المقدس.
- لكن القرآن نفسه يشهد لصحة الكتاب المقدس!

94 يونس سورة 📖
جَآءَكَ لَقَدْ ۚ قَبْلِكَ مِن ٱلْكِتَٰبَ يَقْرَءُونَ ٱلَّذِينَ فَسْـَٔلِ إِلَيْكَ أَنزَلْنَآ مِّمَّآ شَكٍّ فِى كُنتَ فَإِن" ✔
".ٱلْمُمْتَرِينَ مِنَ تَكُونَنَّ فَلَا رَّبِّكَ مِن ٱلْحَقُّ

أهل من يستفسر أن محمد من الله طلب فلماذا ،حُرِّف قد المقدس الكتاب كان إذا ✎
الكتاب؟
الكتاب لصحة شهادته يصدقوا أن فعليهم ،القرآن يصدقون المسلمون كان إذا ✎
المقدس.

يقول من :نفسك واسأل ،المقدس الكتاب اقرأ ثم ،جيدًا القرآن اقرأ ،المسلم أيها ◈
الحقيقة؟

تحريف حول للمسلمين أسئلة :والعشرون الثاني الفصل 📖 المقدس الكتاب

،محرّف المقدس الكتاب أن ادعائكم في صادقين كنتم إذا ✎ الأسئلة هذه على فأجيبوا:

◈ **(1)** غير الأصليان والتوراة الإنجيل كان ،التاريخ في زمنية فترة أي وإلى ،متى
الناس؟ بين متداولين المحرّفين
◈ **(2)** وجود ونثبت أين توجد النسخ غير المحرّفة اليوم حتى نقارنها مع النسخ التي لدينا
التحريف؟
◈ **(3)** الورقة لدينا يكون أن يجب ،مزورة الدولار ورقة أن لإثبات أنه صحيحًا أليس
للمقارنة؟ الأصلية
◈ **(4)** اليوم؟ لدينا التي بالنسخة ليقارنوه "الأصلي المقدس الكتاب" المسلمين لدى هل
◈ **(5)** الكتاب" يسمونه مما بما أن العالم الإسلامي كله غير قادر على إنتاج نسخة واحدة
دليل؟ بأي مدعوم غير محرّف المقدس الكتاب بأن الادعاء أن ذلك يثبت ألا ،"الأصلي
◈ **(6)** على معًا تآمرهم من الغرض هو فما ،مختلفتان ديانتان والمسيحيين لليهود كان إذا
المقدسة؟ كتبهم تحريف

◆ الخاص؟ كتابهم بتحريف المسيحيون يقوم لماذا **(7)**

◆ بأنفسهم؟ المقدسة كتبهم يحرّفون والمسيحيين اليهود يجعل الذي الدافع هو ما **(8)**

◆ حدث؟ قد التحريف هذا يكون أن المفترض من كان عندما الله كان أين **(9)**

◆ الأنعام) **''اللهِ لِكَلِمَاتِ مُبَدِّلَ وَلَا''** :يقول الذي القرآن في الإلهي للوعد حدث ماذا **(10)**
34)؟

◆ يزالون لا لماذا ،محرّف المقدس الكتاب أن يدّعون المسلمين أن من بالرغم **(11)**
محمد؟ بمجيء تنبأ أنه على يصرّون

◆ محمد؟ نبوة لإثبات نفسه "المحرّف" الكتاب هذا المسلمون يستخدم لماذا **(12)**

◆ هل من المنطقي أن يدّعي شخصٌ أن الطعام مسموم، ثم يأخذ أجزاءً منه ليأكلها؟ **(13)**

تم قد المقدس الكتاب بأن الإسلامي الادعاء في الواضح التناقض تُظهر الأسئلة هذه تحريفه.

المقدس الكتاب تحريف عدم على التاريخية الأدلة

''الكودية المخطوطات'' باسم تُعرف والتي ،المقدس للكتاب القديمة المخطوطات هذه أهم ومن .الميلادي السابع القرن أوائل في الإسلام قبل قرون إلى تعود ،(Codices) المخطوطات:

الميلاد قبل الثاني القرن – (Septuagint) السبعينية الترجمة (1)
المتحف في محفوظة ،اليونانية اللغة إلى العبري المقدس للكتاب ترجمة أقدم البريطاني.

الميلادي الرابع القرن – (Codex Vaticanus) الفاتيكانية المخطوطة (2)
روما في الفاتيكان مكتبة في محفوظة.

الميلادي الرابع القرن – (Codex Sinaiticus) السينائية المخطوطة (3)
البريطاني المتحف في محفوظة.

الخامس القرن – (Codex Alexandrinus) الإسكندرانية المخطوطة (4) الميلادي
البريطاني المتحف في محفوظة.

مع متطابقة وهي ،القرآن ظهور قبل موجودة كانت القديمة المخطوطات هذه كل
.اليوم لدينا الذي المقدس الكتاب

،الفاتيكانية والمخطوطة ،السبعينية الترجمة مثل المخطوطات هذه وجود
بين الذي المقدس الكتاب بأن يشهد ،الإسكندرانية والمخطوطة ،السينائية والمخطوطة
.مرة لأول تدوينه تم أن منذ يتغير لم اليوم أيدينا

الترجمات دقة من التحقق خلالها من يمكن موثوقة وثائق تُعتبر المخطوطات هذه
.الأصلية الله كلمة يقرؤون يزالون لا أنهم اليوم للمسيحيين يضمن مما ،الحديثة

الخلاصة

- .منطقية أو تاريخية أدلة بأي مدعوم غير تحريفه تم قد المقدس الكتاب بأن الادعاء
- .الإسلام قبل وُجدت التي نفسها هي الحالية النصوص أن تُثبت القديمة المخطوطات
- حُرّفا؟ قد إنهما يُقال فكيف ،والإنجيل التوراة لصحة يشهد نفسه القرآن
- لم ولماذا المحرّفة؟ غير الأصلية النسخ فأين ،تحريفه تم قد المقدس الكتاب كان إذا الآن؟ حتى أحد عليها يعثر
- تغيّر؟ قد المقدس الكتاب أن الادعاء يمكن فكيف ،كلماته بحفظ وعد قد الله كان إذا

"فَإِن كُنتَ فِى شَكٍّ مِّمَّآ أَنزَلْنَآ إِلَيْكَ فَسْـَٔلِ ٱلَّذِينَ يَقْرَءُونَ ٱلْكِتَٰبَ مِن قَبْلِكَ ۚ" (يونس 94)

أهل من يستفسر أن محمد من الله يطلب فلماذا ،محرّفًا المقدس الكتاب كان إذا
الكتاب؟

الكتاب لصحة بشهادته أيضًا يؤمنوا أن بالقرآن يؤمنون الذين المسلمين على
.المقدس

- .بنفسك الحقيقة عن وابحث ،المقدس الكتاب اقرأ ثم ،جيدًا القرآن اقرأ ،المسلم أيها

إثبات في يفشلون المسلمون :والعشرون الثاني الفصل
المقدس الكتاب تحريف

الكتاب تحريف على دليل أي يقدمون لا المسلمون
المقدس

- .تغييره تم قد المقدس الكتاب أن زُعِمَ متى محدد **تاريخ** أي المسلمون يحدد لا
- .المزعوم التحريف هذا بدأ أين محددة **أماكن** يذكرون لا
- .التغيير بهذا قاموا أنهم يُفترض الذين **الأشخاص** لا يذكرون **أسماء**
- .التحريف قبل "الأصلي المقدس الكتاب" يسمونه مما **واحدة نسخة** يقدمون لا
- !ومع ذلك، يصرّون بلا أي دليل على أن التحريف قد حدث بالفعل

من المسلمين تمنع ،كبيرة لكذبة تصديق هو محرّف المقدس الكتاب بأن الإيمان إن .صفحاته بين الموجود الإلهي الحق واكتشاف قراءة

للتحريف تعرّض قد المقدس الكتاب أن آياته من موضع أي في القرآن يصف لم .(للنص الفعلي التغيير) النصّي

لكان ،(والإنجيل التوراة تحريف) النصّي التحريف على فعلي دليل أي هناك كان لو .فورًا قدّموه قد المسلمون

الإسلام في "التحريف" لمفهوم البخاري تفسير

:يفسّر الإمام **البخاري** معنى "التحريف" كما يلي ،**"التوحيد كتاب"** في

- **حرف أي تغيير يستطيع أحد لا ولكن ،بالمعاني التلاعب أو التغيير يعني التحريف" ."الله كتاب في مكتوب**

المسلمين فإن ،المقدسة للكتب المكتوب النص يطال أن يمكن لا التحريف أن بما .بالتحريف المقدس الكتاب باتهام الخداع إلى يلجأون

الآيات بعض لمعاني اليهود تحريف عن تتحدث التي القرآنية الآيات يستخدمون أبدًا يحدث لم نصّي تحريف إلى ليشيروا.

تم قد المقدس الكتاب بأن للادعاء المسلمون يستخدمها محاولة أي فإن ،وبذلك الحقيقة عن بصدق يبحثون الذين للأشخاص تضليل محاولات إلا هي ما تحريفه.

إشارة أي هناك كانت فإذا .المقدس الكتاب لنزاهة يشهد ،وباستمرار ،نفسه القرآن التحريف إلى ،فسيكون القرآن متناقضًا مع نفسه.

الكتاب يقبل نفسه محمد كان ،الإسلام بداية منذ أنه تثبت للقرآن صادقة قراءة إن المتغيرة غير الله ككلمة المقدس.

الله يسمح فكيف ،الله كلمة هو المقدس الكتاب كان إذا بتحريفه؟

- بأن له يسمح أن لله يمكن فلا ،**الحقيقية الله كلمة** المقدس الكتاب كان إذا ،**منطقياً** يتحرّف في وقت لاحق.
- ،الله كلمات هي **الأخرى المقدسة والكتب والإنجيل** وبما أن القرآن يعترف بأن **التوراة** لاحقة فترة في فيها تغيير أي حدوث إمكانية يستبعد فهذا.
- الله لأنه يعلن **كلمة ليس القرآن أن يعني فهذا ،المقدس الكتاب تحريف تم لذلك، إذا** أن كتب الله محفوظة.

المقدس؟ الكتاب تحريف ادعاء على يصرّون فلماذا ،جيدًا هذا المسلمون يعلم
مأزق في لأنهم :الإجابة!

- **مخطئ القرآن أن يعني فهذا ،محرف المقدس الكتاب إن قالوا إذا.**
- **له لزوم لا الإسلام أن يعني فهذا ،محرف غير المقدس الكتاب إن قالوا إذا.**
- **والقرآن للإسلام كارثية النتيجة ،الحالتين كلتا في!**

المقدس الكتاب تحريف ادّعى من أول حزم ابن

م 632 عام في محمد مات.

وفاة بعد قرون أربعة أول خلال المقدس الكتاب بتحريف اتهامات أي هناك تكن لم **محمد**.

!عامًا من وفاة محمد **430** لم يتم الادعاء بتحريف الكتاب المقدس إلا بعد

حزم ابن كان المقدس الكتاب تحريف ادّعى من أول (م 994-1064).

خيار أمامه يكن لم ،المقدس والكتاب القرآن بين خطيرة تناقضات حزم ابن واجه عندما بالتحريف المقدس الكتاب اتهام سوى.

.تغييره تم قد المقدس الكتاب أن زعم ،خاطئ القرآن بأن الاعتراف من بدلًا

كان بل ،القرآن حتى أو محمد أو الله تعاليم على قائمًا الاتهام هذا يكن لم ،وهكذا الإسلام عن للدفاع عشر الحادي القرن في اختلاق مجرد!

،قرآني دليل أي على قائمًا ليس محرّف المقدس الكتاب بأن الاعتقاد فإن ،وبالتالي التناقضات من القرآن لحماية المسلمون اخترعها وسيلة مجرد ولكنه!

السابقة المقدسة للكتب "حارس" أنه يدّعي القرآن

48 المائدة سورة في القرآن يقول:

".عَلَيْهِ وَمُهَيْمِنًا الْكِتَابِ مِنَ يَدَيْهِ بَيْنَ لِّمَا مُصَدِّقًا بِالْحَقِّ الْكِتَابَ إِلَيْكَ وَأَنزَلْنَا"

القرآن أن يعني ذلك فإن ،تحرفا قد والإنجيل التوراة أن يؤمنون المسلمون كان إذا الكتب هذه على الحفاظ في فشل قد.

9 الحجر سورة:

".لَحَافِظُونَ لَهُ وَإِنَّا الذِّكْرَ نَزَّلْنَا نَحْنُ إِنَّا"

فهذا ،تغيرا قد والإنجيل التوراة كانت فإذا !رسالاته جميع بحماية وعد نفسه الله به الوثوق يمكن لا وبالتالي ،بوعده يفِ لم الله أن يعني.

إنكار ها المسلمون يستطيع لا منطقية استنتاجات

- والإنجيل التوراة لصحة يشهد القرآن لأن ،تحريفه يتم لم المقدس الكتاب.
- نزاهته تأكيد في مخطئًا يكون القرآن فإن ،تحرف قد المقدس الكتاب كان إذا.
- الكتاب صحة قبول من لهم بد فلا ،القرآن إنكار يستطيعون لا المسلمين أن بما المقدس.
- ثالث خيار يوجد لا .خاطئًا القرآن يكون أو ،صحيحًا المقدس الكتاب يكون أن إما.

بل ،احتمال مجرد ليس المحرّفة غير الله ككلمة المقدس الكتاب قبول فإن ،وبالتالي بالقرآن يؤمن من لكل منطقية ضرورة هو.

الكتاب تحريف ادعاء تفنيد :والعشرون الثاني الفصل الإسلام علماء خلال من المقدس

تحريف زعم على الأوائل الإسلام علماء أحد تعليق المقدس الكتاب

فخر الدين الرازي (1149-1209 م)، وهو عالم مسلم فارسي سنّي بارز في علم الكلام والفلسفة، أدلى بتصريح مهم فيما يتعلق بتحريف الكتاب المقدس استنادًا إلى **ابن عباس**، ابن عم النبي محمد، حيث قال:

"كان يُشتبه في أن اليهود والمسيحيين الأوائل قد قاموا بتحريف نص التوراة والإنجيل؛ ولكن، في رأي الأطباء والعلماء البارزين، لم يكن من الممكن عمليًا تحريف النص، لأن هذه الكتب المقدسة كانت معروفة على نطاق واسع ومتداولة بشكل كبير، حيث تم تناقلها من جيل إلى جيل. لذلك، لم يكن من الممكن إدخال أي تحريف فيها، رغم أن البعض قد

عمدوا إلى إخفاء معناها الحقيقي وتأويلها بطرق خاطئة."
(المقدس، الخطاب السابع، ص. 81 الكتاب على الإسلامي سيد أحمد، التعليق) 📖

المقدس الكتاب تحريف استحالة :المسلمين العلماء شهادة

◈ الرازي، وهو عالم مسلم بارز، يشير بوضوح إلى أن تحريف الكتاب المقدس أمر مستحيل.
◈ السبب الرئيسي الذي قدمه هو أن هذه الكتب كانت معروفة ومنتشرة على نطاق واسع، وتم تناقلها عبر الأجيال.
◈ العلماء المسلمون يعترفون بأن "تحريف النص لم يكن عمليًا" (not practicable)، أي:

✔ غير ممكن
✔ غير واقعي
✔ غير عملي
✔ غير مجدٍ
✔ غير قابل للتحقيق

بمعنى آخر، كان تحريف الكتاب المقدس أمرًا مستحيلًا تمامًا.

القرآن لا يحتوي على أي دليل على التحريف النصّي للكتاب المقدس

من المهم ملاحظة أن القرآن لم يصرّح أبدًا بأن نص الكتاب المقدس قد تعرّض للتحريف الفعلي.
بل إن الإسلام فقط "اشتبه" في أن اليهود والمسيحيين أخفوا المعاني الحقيقية أو حرّفوا التفسيرات، لكنه لم يقدّم أي دليل على التغيير الفعلي للنصوص.
وهذا يؤكد أن الإسلام ليس لديه أي دليل مادي يدعم زعمه بأن اليهود والمسيحيين قاموا بتحريف كتبهم المقدسة.

فخر الدين) **".واسع بشكل ومتداولًا معروفًا كان لأنه ،النص تحريف الممكن من يكن لم"** (الرازي

◈ **التي التحريف مزاعم تمامًا يدحض الإسلام علماء كبار من القوي الاعتراف هذا اليوم المسلمون يرددها.**

يخالفون المقدس الكتاب تحريف يدّعون الذين المسلمون نفسه الإسلام

لو كان القرآن يتحدث صراحةً عن تحريف نصوص الكتاب المقدس، لكان لذلك تأثير كبير على آراء علماء الإسلام الأوائل. ولكن، بما أن القرآن لم يشر إلى ذلك، **لم يجرؤ العلماء المسلمون على الادعاء بأن النصوص قد تم تحريفها.**

العلماء لكان ،القرآن في والإنجيل التوراة لتحريف صريح ذكر أي هناك كان إذا المسلمون قد أشاروا إليه، ولكنهم لم يفعلوا ذلك.

الكتب هذه تحريف الممكن من يكن لم أنه أكدوا ،العكس على.

،المقدس الكتاب حرّفوا والمسيحيين اليهود أن اليوم المسلمون يزعم عندما ،لذلك فإنهم يواجهون خطر التناقض مع القرآن نفسه!

◈ **القرآن صحة تثبت لأنها الأدلة بهذه سعداء يكونوا أن يجب المخلصون المسلمون عندما يقول: "لا مبدّل لكلمات الله" (سورة الأنعام 34).**

◈ **.المتغيرة وغير الأصيلة الله كلمة هو اليوم لدينا الذي المقدس الكتاب أن يعني وهذا**

◈ **المقدس الكتاب قبول المسلمين على فيجب ،التحريف فكرة يدعم لم القرآن أن وبما ككلمة الله الحقيقية، وهذا هو الحق المطلق.**

مزاعم على بناءً المقدس الكتاب لرفض ديني أو منطقي مبرر أي يوجد لا ،وبالتالي التحريف، لأنها ليست مدعومة من القرآن أو من تعاليم الإسلام الأصيلة.

الكتاب في الإلهية التحذيرات :والعشرون الثاني الفصل 🕮 المقدس

الكتاب – المقدّسة كلمته تغيير محاولة من بشدّة يحذّر الله 📌 المقدس

لكلمته الأبدية "النشر حقوق" يحمل الذي وهو ،المقدس للكتاب الحقيقي المؤلف هو الله الموحاة كلمته من جزء أي حذف أو لإضافة محاولة أي من بشدة الله يحذّر .المقدسة

🕮 تثنية 4:2:

"لا تزيدوا على الكلام الذي أنا أوصيكم به، ولا تنقصوا منه، لكي تحفظوا وصايا الرب إلهكم التي أنا أوصيكم بها."

🕮 سفر الرؤيا 22:18-19:

"أنا أشهد لكل من يسمع أقوال نبوة هذا الكتاب: إن كان أحد يزيد على هذه، يزيد الله عليه الضربات المكتوبة في هذا الكتاب. وإن كان أحد يحذف من أقوال كتاب هذه النبوة، يحذف الله نصيبه من سفر الحياة، ومن المدينة المقدسة، ومن المكتوب في هذا الكتاب."

📌 **الكتاب المقدس هو الإعلان النهائي من الله للبشرية.**
📌 **لا يحق لأي إنسان إضافة أي شيء إلى كلمة الله، ولا يحق لأي شخص حذف أي شيء منها.**
📌 **المسيحية هي آخر إعلان إلهي كامل ونهائي.**

🕮 يهوذا 3:

"اضطررت أن أكتب إليكم حاثًا إياكم على الاجتهاد لأجل الإيمان الذي سلم مرة للقديسين."

والنهاية البداية :المقدس الكتاب

الرؤيا هو كتاب النهاية. العلاقة بين هذين **التكوين** هو كتاب البداية، و**سفر** **سفر** السفرين مذهلة:

- **.نهائيًا يُدمَّر ،الرؤيا في .مرة لأول الشيطان يظهر ،التكوين في**
- **.الفردوس يُستعاد ،الرؤيا في .الفردوس يُفقد ،التكوين في**
- **.الخطيئة تُزال ،الرؤيا في .العالم إلى الخطيئة يدخل ،التكوين في**
- **.نهائيًا الموت يُزال ،الرؤيا في .البشرية إلى الموت يدخل ،التكوين في**

.الإلهي الترابط هذا يحقق أن يمكن المقدس الكتاب خارج كتاب أي يوجد لا
.المعادلة هذه مع يتناسب لا القرآن
تدّعي أخرى رسالة أي صحة على خلاله من نحكم الذي المعيار هو المقدس الكتاب .الله عند من أنها

المقدس الكتاب اختبار في القرآن فشل

،وبهذا .المقدس الكتاب إعلانات إلى يضيف أن يحاول ،قرون بعد جاء الذي ،القرآن .22:18-19 رؤيا في المذكور الإلهي الاختبار في يفشل فهو

:1:8-9 غلاطية

"ولكن إن بشرناكم نحن أو ملاك من السماء بغير ما بشرناكم به، فليكن ملعونًا. كما سبقنا فقلنا، أقول الآن أيضًا: إن كان أحد يبشركم بغير ما قبلتم، فليكن ملعونًا."

يناقضون فقط ليسوا ،المقدس الكتاب يناقض جديدًا وحيًا تلقّوا أنهم يدّعون الذين .الله قِبل من ملعونون هم بل ،المقدس الكتاب
.تحريف أو تغيير أي من وحماه المقدس الكتاب نقاوة ضمن قد نفسه الله

:119:89 مزمور

"السماوات في مثبتة كلمتك ،يهوه يا ،الأبد إلى".

للإنسانية الشامل الدليل هو المقدس الكتاب 📌.

📖 2 تيموثاوس 3:16-17:

"كل الكتاب موحى به من الله، ونافع للتعليم والتوبيخ والتقويم والتأديب الذي في البر، لكي يكون إنسان الله كاملاً، متأهبًا لكل عمل صالح."

وعد الله بحفظ كلمته 📌

📖 مزمور 12:6-7:

"كلام الرب كلام نقي ،كفضة مصفاة في بوطة في الأرض، ممحوصة سبع مرات. أنت يا رب، تحفظهم، تحرسهم من هذا الجيل وإلى الأبد."

📌 كلمة الله مثل الذهب النقي، تحمل في داخلها دليل نقاوتها.
📌 لا تحتاج إلى القرآن لإثبات مصداقيتها.
📌 ومع ذلك، فإن القرآن نفسه يشهد على صحة الكتاب المقدس، مما يجعل هذا الدليل أكثر أهمية للمسلمين أنفسهم.

📌 إذا أراد المسلمون فهم الحق، فعليهم قبول الأدلة القاطعة التي تثبت نزاهة الكتاب المقدس.

✝ الكتاب المقدس هو كلمة الله الحقيقية، ويبقى محفوظًا للأبد!

📖 الفصل الثاني والعشرون: دليل قاطع على أصالة الكتاب المقدس

للأبد محفوظة الله كلمة – 12:6-7 مزمور

12:6-7: مزمور

"أقوال يهوه أقوال نقية، كفضة مصفّاة في بوطة في الأرض، ممحوصة سبع مرات. أنت، يا يهوه، تحفظهم، تحرسهم من هذا الجيل وإلى الأبد."

كلمة الله نقية ومصفاة كأغلى المعادن.
وعد الله بحفظ كلمته إلى الأبد، فلا قوة على الأرض تستطيع تحريفها أو تغييرها.
الله نفسه يحرس كلمته المقدسة، لذلك لا يمكن أن تفسد أو تضيع.

الكتاب المقدس مثل الذهب النقي – لا يحتاج إلى تأكيد من أي مصدر آخر

الكتاب المقدس مثل قطعة ذهب خالص، يحمل في داخله دليل نقاوته.
يثبت نفسه بنفسه ولا يحتاج إلى شهادة أي كتاب آخر لإثبات صحته.
الكتاب المقدس هو نتاج يهوه، الخالق الأعظم، الذي حفظ كلمته من أي تغيير أو تحريف.

ولكن لماذا نستشهد بالقرآن هنا؟
لأن القرآن هو السجل الأول الذي يوضح معتقدات وممارسات المسلمين الأوائل، وبالتالي يمكن استخدامه لأغراض تاريخية فقط.
نستخدمه هنا لإثبات أن مصادر المسلمين نفسها تؤكد أصالة ومصداقية الكتاب المقدس.

يستفيد من – المقدس الكتاب صحة على القرآن شهادة منها؟

!المقدس الكتاب صحة على يشهد نفسه القرآن أن العجيب من
.أنفسهم المسلمون بل ،المسيحيون ليس الدليل؟ هذا من يستفيد من لكن

هذه قبول المسلمين واجب فمن ،المقدس الكتاب بصحة يعترف القرآن كان إذا الحقيقة.
نزاهة تثبت التي القاطعة البراهين قبلوا إذا إلا الأدلة هذه من يستفيدوا لن المسلمون المقدس الكتاب وأصالة.

القرآن شهادة يرفضون الحقيقة في فهم ،المقدس الكتاب صحة المسلمون رفض إن نفسه!

!للأبد محفوظًا ويبقى ،الحقيقية الله كلمة هو المقدس الكتاب

23 الفصل

الله من تحذير :والعشرون الثالث الفصل

المقدسة كتبه على الكذب من للمسلمين الله تحذير

المقدسة كتبه حول الأكاذيب نشر من المسلمين الله يحذر.
تحريفها تم قد المقدسة الله كتب بعض بأن الادعاء هي الأكاذيب هذه إحدى.
يتعلق فيما الجد محمل على الله تحذير تأخذ أن الضروري فمن ،مسلمًا كنت إذا المقدس الكتاب على بالكذب.

70-72: غافر سورة

"أَعْنَاقِهِمْ فِي الْأَغْلَالُ إِذِ يَعْلَمُونَ فَسَوْفَ رُسُلَنَا بِهِ أَرْسَلْنَا وَبِمَا بِالْكِتَابِ كَذَّبُوا الَّذِينَ يُسْجَرُونَ النَّارِ فِي ثُمَّ الْحَمِيمِ فِي يُسْحَبُونَ وَالسَّلَاسِلُ". (المودودي)

الله كتب على يكذب لمن خطير تهديد هذا.
المقدس الكتاب نزاهة حول الأكاذيب ينشر من كل بشدة يحذر الله.
يواجهون فإنهم وإلا ،الجد محمل على التحذير هذا يأخذوا أن المسلمين على يجب الآخرة في وخيمة عواقب.

بين الاختلاف مع يتعاملون كيف - المسلمين معضلة والقرآن؟ المقدس الكتاب

◈ كلاهما يكونا أن يمكن لا ،لذلك .جوهرية قضايا في يختلفان المقدس والكتاب القرآن صحيحين.
◈ خطأ على أحدهما يكون أن يتطلب المنطق.
◈ القرآن تعاليم مع يتوافق لا لأنه تحريفه تم قد المقدس الكتاب أن المسلمون يدّعي.
◈ 94 يونس سورة في للحقيقة كمقياس المقدس بالكتاب يعترف نفسه القرآن ،لكن.

📖 94: يونس سورة

"قَبْلِكَ مِن الْكِتَابَ يَقْرَؤُونَ الَّذِينَ فَسْئَلِ إِلَيْكَ أَنزَلْنَا مِّمَّا شَكٍّ فِي كُنتَ فَإِن"

يقرأون الذين خلال من الوحي صحة من يتحقق أن منه طُلب محمد النبي حتى المقدس الكتاب.
المقدسة الكتب صحة من للتحقق النهائية السلطة هو المقدس الكتاب يجعل هذا القرآن ذلك في بما ،الأخرى.
يحتوي الذي هو القرآن أن الواضح فمن ،المقدس الكتاب مع يتناقض القرآن كان إذا الخطأ على.

غير يصبح القرآن فإن ،تغيّر قد المقدس الكتاب كان إذا صحيح

◈ الله كلمة إن يقول لأنه خاطئًا كتابًا يصبح القرآن فإن ،تغيّر قد المقدس الكتاب كان إذا تتغير أن يمكن لا.
◈ يتناقض القرآن ولكن ،الصحيحة الله كلمة أنه يعني فهذا ،المقدس الكتاب يتغير لم إذا صحيح غير يجعله مما ،معه.
◈ حقيقي مأزق في الإسلام ،النتيجة عن النظر بغض.

:المعضلة خلاصة

- **يمكن لا الله كلمة أن يؤكد لأنه خاطئ القرآن فإن ،المقدس الكتاب تحريف تم إذا تغييرها.**
- **.معه يتناقض لأنه خاطئ القرآن فإن ،المقدس الكتاب تحريف يتم لم إذا**

.للمسلمين منها مفر لا خطيرة معضلة هذه

.الواضحة الأدلة على بناءً ويقرروا الحقيقة هذه في بعمق يفكروا أن عليهم

!تحريفه يتم ولم ،الحقيقية الله كلمة هو المقدس الكتاب – واضحة الحقيقة

24 باب

المُسْلِمِين قِبَلِ مِن لِلتَّأَمُّلِ أَخِيرَة فِكْرَةٌ 📖

أَلَّا يَجِبُ ،زُجَاجٍ مِنْ بَيْتٍ فِي يَعِيشُ مَنْ" :القديمة الحكمة 📌 "بِالْحِجَارَةِ يَرْمِيَ

◈ قد لأنهم ،الآخرين معاملة في حذرين نكون أن علينا يجب أنه تعني الحكمة هذه بالمثل يعاملوننا.

◈ تاريخ إلى يجب على المسلمين ألا يهاجموا الكتب المقدسة للمسيحيين دون أن ينظروا أولاً نصوصهم.

◈ سيكون من الحكمة أن يراجع المسلمون ما يقوله القرآن نفسه عن القرآن ذاته.

📖 سورة الحجر 90-93:

"كَمَا أَنْزَلْنَا عَلَى الْمُقْتَسِمِينَ ٱلَّذِينَ جَعَلُوا ٱلْقُرْآنَ عِضِينَ فَوَرَبِّكَ لَنَسْئَلَنَّهُمْ أَجْمَعِينَ عَمَّا كَانُوا يَعْمَلُونَ". (شاكر)

📌 به العبث تم قد بأنه يعترف القرآن.

📌 وهذا الاعتراف لا يأتي فقط من القرآن نفسه، بل تؤكده أيضًا مصادر إسلامية موثوقة.

📌 اعترافات مصادر إسلامية بتحريف القرآن

📖 عبد الله بن عمر، ابن الخليفة عمر بن الخطاب، قال:

"لاَ يَقُلْ أَحَدُكُمْ قَدْ أَخَذْتُ الْقُرْآنَ كَامِلًا، وَكَيْفَ يَعْلَمُ أَنَّهُ؟ كُلُّهُ فَقَدْ ضَاعَ كَثِيرٌ مِنَ الْقُرْآنِ، فَلْيَقُلْ: قَدْ أَخَذْتُ مَا مِنْهُ وَجَدْتُ". (السيوطي، الإتقان، الجزء ٣، ص ٧٢)

أُبَيٌّ بن كعب، وهو من أقرب أصحاب النبي محمد، ذكر: 📖

"قَالَ أُبَيٌّ لِأَحَدِ الْمُسْلِمِينَ: كَمْ آيَةً فِي سُورَةِ الأَحْزَابِ؟ قَالَ: اثْنَتَانِ وَسَبْعُونَ أَوْ ثَلَاثٌ وَسَبْعُونَ. قَالَ أُبَيٌّ: كَانَتْ تَقْرِيبًا بِحَجْمِ سُورَةِ الْبَقَرَةِ (286 آية)، وَكَانَتْ تَتَضَمَّنُ آيَةَ الرَّجْمِ". (السيوطي، الإتقان، الجزء ٣، ص ٧٢)

هذا يؤكد أن هناك آيات من القرآن قد فُقدت أو حُذفت.

فإذا كان القرآن قد تم تغييره، فكيف يلوم المسلمون المسيحيين على حفظ كتابهم المقدس؟

تحذير من الله إلى المسلمين

سورة المائدة 101: 📖

"يَا أَيُّهَا الَّذِينَ آمَنُوا لَا تَسْأَلُوا عَنْ أَشْيَاءَ إِنْ تُبْدَ لَكُمْ تَسُؤْكُمْ". (بيكثول)

هذا التحذير يكشف أن هناك أشياء في الإسلام لا يُسمح للمسلمين بالسؤال عنها لأنها قد تهز عقيدتهم.

من هذه الأمور، قضية تحريف القرآن نفسه التي يعترف بها علماء الإسلام الأوائل.

لماذا نستخدم القرآن؟

- **نحن لا نستخدم القرآن لأننا نؤمن به، بل لأن المسلمين يؤمنون به.**
- **نحن نستخدمه فقط لإثبات للمسلمين أن كتابهم يشهد على صحة الكتاب المقدس.**
- **لكن بمجرد إثبات ذلك، نستخدم الكتاب المقدس لإثبات لماذا القرآن لا يمكن أن يكون**

الله كلام.
الحق يعرفوا أن ونريدهم المسلمين نحب لأننا ذلك نفعل نحن.

المحبة بدافع كُتِب أنه اعلم فرجاءً ،مُزعجًا المقال هذا ورأيت ،مسلمًا كنت إذا.
عبر تكررت التي الأكاذيب لإزالة حازم أسلوب استخدام الضروري من يكون أحيانًا الأجيال.

المقدس للكتاب الحقيقي المؤلف تحديد

83:18: مزمور

"ٱلْأَرْضِ كُلِّ عَلَى ٱلْعَلِيُّ وَحْدَكَ ،يَهْوَهُ ٱسْمُكَ الَّذِي ،أَنَّكَ النَّاسُ وَيَعْلَمُ".

72:19: مزمور

"وَآمِينَ آمِينَ .ٱلْأَرْضِ كُلَّ مَجْدُهُ وَلْتَمْلَأْ ،ٱلْأَبَدِ إِلَى ٱلْمَجِيدُ ٱسْمُهُ وَيُبَارَكُ".

قط يُحرَّف ولم ،الحقيقية الله كلمة هو المقدس الكتاب.
جزئيًا وفقدانه تغييره تم قد أنه على عديدة إسلامية مصادر شهدت فقد ،القرآن أما.
بأنه نفسه كتابهم يعترف كتاب اتباع يريدون هل :أنفسهم يسألوا أن المسلمين على الحقيقة؟ عن البحث يريدون أم محفوظ؟ غير

الأبد إلى ثابت وهو ،الحقيقية الله كلمة هو المقدس الكتاب – واضحة الحقيقة.
منه أجزاء فقدان على نفسه الإسلامي التاريخ شهد فقد ،القرآن أما.

الأدلة؟ هذه ستتجاهل أم ،الحقيقة عن ستبحث هل – المسلم أيها لك الاختيار

الكريم القرآن تأليف في عمرو بن زيد دور

مقدمة

يُعد زيد بن عمرو بن نفيل أحد الشخصيات البارزة في العصر الجاهلي، والذي اشتهر بتوحيده ورفضه لعبادة الأصنام التي كانت سائدة في قريش. وبالرغم من أنه توفي قبل بعثة النبي محمد ﷺ، إلا أن هناك نقاشات ودراسات تناولت تأثير أفكاره ومعتقداته على الإسلام المبكر، بل وذهبت بعض الآراء إلى التساؤل عن دوره في نشوء النصوص القرآنية. في هذا الفصل، سنناقش شخصية زيد بن عمرو، تأثيره الفكري والديني، ومدى ارتباطه بنشأة القرآن الكريم.

الفكري ونشاطه سيرته :عمرو بن زيد

:وسيرته نسبه
زيد بن عمرو بن نفيل كان من قريش، وكان والد عمر بن الخطاب عمّه. وُلد في بيئة وثنية ولكنه نبذ عبادة الأصنام منذ وقت مبكر. كان من بين مجموعة قليلة من الجاهليين الذين رفضوا الوثنية، ويُعرفون بالحنفاء، الذين يُعتقد أنهم حافظوا على تقاليد التوحيد الإبراهيمي.

:الوثنية والديانات للأوثان رفضه
كان زيد بن عمرو يجهر برفضه لعبادة الأصنام، ويُقال إنه كان ينتقد قريشًا على تقديم القرابين للحجارة. روى ابن إسحاق عن زيد قوله:
".أنا لا آكل ما تذبحون على أنصابكم، ولا آكل إلا ما ذُكر اسم الله عليه"
وقد عُرف عنه أنه كان يبحث عن دين إبراهيم، وسافر إلى الشام بحثًا عن الحنيفية الصافية.

□□□□□ □□□ □□ □□□□ □□□ □□□□□□□ □□□□□□

:بأفكاره ﷺ محمد النبي تأثر
.عمرو بن زيد بشخصية تأثر ﷺ محمد النبي أن إلى التاريخية الروايات بعض في إشارات هناك
احترامًا يُبدي وكان ،البعثة قبل التقاه محمد النبي أن هشام لابن "النبوية السيرة" في ورد فقد
:يقول كان عمرو بن زيد أن الطبري ذكر كما .الدينية لمواقفه كبيرًا
".أعلم لا ولكني ،به عبدتك إليك أحبّ الوجوه أيّ أعلم لو إني اللهم"

يُطرح التساؤل هنا: هل كان لزيد أي تأثير فكري أو لغوي على القرآن؟ وهل كان لمعتقداته دور في تطور المفاهيم التوحيدية التي طرحها الإسلام لاحقًا؟

القرآني والمحتوى عمرو بن زيد

القرآن وتعاليم زيد أفكار بين التشابه:

يُلاحظ أن العديد من المبادئ التي كان ينادي بها زيد بن عمرو تتقاطع مع تعاليم القرآن الكريم، ومنها:

1. **الأصنام عبادة رفض:**
   - زيد: "لا أعبد اللات والعزى، ولا آكل ما يذبح لغير الله."
   - القرآن: **"فَاجْتَنِبُوا الرِّجْسَ مِنَ الْأَوْثَانِ وَاجْتَنِبُوا قَوْلَ الزُّورِ"** (الحج: 30).
2. **إبراهيم دين عن البحث:**
   - زيد: "أنا على دين إبراهيم."
   -
3. **عليها الله اسم يُذكر لم التي الذبائح أكل رفض:**
   - زيد: "إني لا آكل مما ذبح على النُصب."
   - القرآن: **"وَلَا تَأْكُلُوا مِمَّا لَمْ يُذْكَرِ اسْمُ اللَّهِ عَلَيْهِ"** (الأنعام: 121).

القرآنية؟ المفاهيم لبعض مصدرًا زيد يكون أن يمكن هل

هناك احتمالية أن أفكار زيد بن عمرو عن التوحيد والأخلاق قد تسربت إلى الإسلام عبر النبي محمد ﷺ أو عبر الصحابة الذين عرفوه قبل الإسلام. لكن الادعاء بأنه كان له دور مباشر في تأليف القرآن يفتقر إلى دليل قاطع، لا سيما أنه توفي قبل بعثة النبي محمد بفترة قصيرة.

الإسلامية والنصوص عمرو بن زيد

تُشير بعض الروايات إلى أن زيد بن عمرو كان يحفظ بعض النصوص الدينية أو يعيد صياغتها بناءً على فهمه للحنيفية. وفي هذا السياق، يرى بعض الباحثين أن هذه النصوص ربما أثرت في الخطاب الديني القرآني، خاصة فيما يتعلق بالدعوة إلى التوحيد ونبذ الشرك.

والتفاسير الأحاديث من أدلة:

1. **زيد عن النبي حديث:**
   جاء في صحيح البخاري أن النبي محمد قال عن زيد بن عمرو:

"إنه يُبعث يوم القيامة أمة وحده". "
وهذا يدل على احترام كبير لمعتقداته، وربما يلمّح إلى تأثيره الفكري.

2. **عمرو بن زيد في المسلمين العلماء رأي:**
   - قبل التوحيد على بقوا الذين الأفراد من كان عمرو بن زيد" :الذهبي الإمام الإسلام. "
   - دعوة يشبه إليه دعا ما أن ريب ولا ،إبراهيم ملة على كان" :كثير ابن الإسلام. "

القرآن تأليف في ساهم عمرو بن زيد بأن الادعاء نقد

على الرغم من التشابهات بين تعاليم زيد بن عمرو وبعض المفاهيم القرآنية، إلا أنه لا يوجد دليل تاريخي واضح يثبت أن زيد كان له دور مباشر في تأليف القرآن. الأسباب التي تدحض هذه الفرضية تشمل:

1. **الوحي نزول قبل زيد توفي:**
   - بدأﷺ محمد النبي أن يُفسَّر فكيف ،القرآن كتابة في ساهم قد زيد كان لو بسنوات؟ وفاته بعد دعوته
2. **والبلاغية اللغوية الناحية من معجز القرآني النص:**
   - الخطاب مستوى يتجاوز القرآني والنص ،بارعًا شاعرًا يكن لم زيد آنذاك المعروف.
3. **السلام عليه جبريل عبر الوحي نزول:**
   - مستوحى بشريًا نصًا وليس ،إلهي وحي القرآن أن تؤكد الإسلامية الرواية غيره أو زيد من.

خاتمة

لا شك أن زيد بن عمرو بن نفيل كان شخصية فريدة في تاريخ الجزيرة العربية، وكان من أوائل الموحدين الذين رفضوا عبادة الأصنام. لكن الادعاء بأنه كان له دور مباشر في تأليف القرآن لا يستند إلى أدلة قوية. ومع ذلك، يمكن القول إن أفكاره حول التوحيد ونبذ الوثنية ربما مهدت الطريق لبعض المفاهيم الدينية التي أصبحت فيما بعد جزءًا من التعاليم الإسلامية.

والمصادر المراجع 🕮:

- هشام ابن، **السيرة النبوية.**
- الطبري، **تاريخ الأمم والملوك.**
- البخاري صحيح، كتاب **فضائل الصحابة.**
- كثير ابن، **البداية والنهاية.**
- الذهبي، **سير أعلام النبلاء.**

هل كان لزيد تأثير على الإسلام؟ ربما، لكن لا دليل على أنه كان له دور مباشر في تأليف القرآن. 🔍

المتغيرة وغير الحقيقية الله كلمة هو اليوم المقدس الكتاب

مقدمة

لطالما كان هناك جدل حول ما إذا كان الكتاب المقدس قد تعرض للتحريف أو التغيير عبر الزمن، ولكن الأدلة التاريخية واللاهوتية والعلمية تثبت بما لا يدع مجالاً للشك أن الكتاب المقدس اليوم هو نفس الكتاب المقدس الذي أوحى به الله لأنبيائه ورسله. في هذا الفصل، سنناقش الحجج التي تثبت أن الكتاب المقدس لم يتغير، من خلال تحليل المصادر التاريخية، والدلائل اللاهوتية، والمنطق العقلي.

القسم الأول: الأدلة التاريخية على عدم تحريف الكتاب المقدس

١- المخطوطات القديمة ودورها في الحفاظ على النصوص المقدسة

تُعد المخطوطات القديمة للكتاب المقدس من أقوى الأدلة التي تثبت أن نصوصه لم تتغير عبر الزمن. فلدينا اليوم آلاف المخطوطات التي تعود إلى فترات زمنية مختلفة، والتي تؤكد أن النص الذي نقرأه اليوم هو نفس النص الذي تم تدوينه منذ القدم.

أهم المخطوطات القديمة للكتاب المقدس:

- **مخطوطات البحر الميت (القرن الثالث قبل الميلاد - القرن الأول الميلادي):**
  - اكتُشفت في كهوف قمران بين عامي 1947 و1956، وهي تحتوي على أجزاء من العهد القديم تتطابق تمامًا مع النصوص الحديثة.
- **المخطوطات السينائية والفاتيكانية (القرن الرابع الميلادي):**
  - أقدم المخطوطات الكاملة للعهد الجديد، وهي محفوظة في المكتبة البريطانية والفاتيكان، وتُطابق النصوص المعاصرة للإنجيل.
- **البرديات القبطية واليونانية للعهد الجديد (القرن الثاني الميلادي):**
  - التي تحتوي على أجزاء من إنجيل يوحنا، مثل بردية "ريالاندس P52" وتُطابق النص الحديث.

٢- الترجمات القديمة ودورها في توثيق النصوص الأصلية

تمت ترجمة الكتاب المقدس إلى لغات مختلفة في فترات مبكرة، مما يثبت أن النص الأصلي لم يتغير عند انتقاله من لغة إلى أخرى.

أشهر الترجمات القديمة:

- **الترجمة السبعينية (القرن الثالث قبل الميلاد):** تُعتبر من أقدم الترجمات للعهد القديم، وقد تطابقت مع النسخ العبرية الحديثة.
- **الترجمة اللاتينية (الفولجاتا، القرن الرابع الميلادي):** ترجمها القديس جيروم مباشرة من النصوص العبرية واليونانية، وهي متوافقة مع النصوص الحالية.

٣- اقتباسات آباء الكنيسة من الكتاب المقدس

اقتباسات آباء الكنيسة الأوائل من الكتاب المقدس توفر دليلًا قاطعًا على أن النص لم يتغير. فمن القرن الأول حتى الرابع الميلادي، نجد أن شخصيات مثل القديس إيريناوس، والقديس أغسطينوس، والقديس يوحنا الذهبي الفم قد اقتبسوا من الكتاب المقدس في كتاباتهم، ونصوصهم متوافقة تمامًا مع النص الحالي.

القسم الثاني: الأدلة اللاهوتية على حفظ الكتاب المقدس

١- وعد الله بحفظ كلمته المقدسة

تحريف أي من كلمته سيحفظ أنه المقدس الكتاب أكد الله في:

مزمور ١٢: ٦-٧ 📖

"يا أنت .مرات سبع ممحوصة ،الأرض في بوتقة في مصفاة فضة ،نقية كلمات الرب كلمات" الأبد إلى الجيل هذا من تحرسهم ،تحفظهم رب ".

إشعياء ٤٠: ٨ 📖

"الأبد إلى فتثبت إلهنا كلمة أما ،يذبل الزهر ،ييبس العشب".

١٨ :٥ متى 📖

"الناموس من واحدة نقطة أو واحد حرف يزول لا والأرض السماء تزول أن إلى :لكم أقول الحق" الكل يكون حتى".

٢- استشهاد المؤمنين بالكتاب المقدس كدليل على أصالته

لقد ضحّى المسيحيون الأوائل بحياتهم من أجل الدفاع عن الكتاب المقدس ونشره، فلو كان محرفًا، لما ضحوا من أجله بهذه الدرجة من الإيمان والإخلاص.

القسم الثالث: الأدلة العقلية والمنطقية على عدم تحريف الكتاب المقدس

١ - استحالة تغيير نص منتشر في العالم

من الناحية العملية، كان الكتاب المقدس منتشرًا في أنحاء الإمبراطورية الرومانية وأوروبا وآسيا وأفريقيا منذ القرن الأول الميلادي. كان هناك آلاف النسخ في لغات متعددة مثل اليونانية واللاتينية والسريانية والقبطية. فكيف يمكن تحريفه بدون أن يلاحظ أحد، وبدون أن تبقى نسخ من النص الأصلي؟

٢ - مقارنة الأديان وشهادة الإسلام للكتاب المقدس

:الله كلام هو المقدس الكتاب بأن يشهد ،بقرون حتى القرآن، الذي أتى بعد المسيحية

سورة المائدة ٤٦-٤٧ 📖

"هدى فيه الإنجيل وآتيناه التوراة من يديه بين لما مصدقًا مريم ابن بعيسى آثارهم على وقفّينا
".ونور

- .هنا يؤكد القرآن أن الإنجيل (والتورات) هما كلام الله، ولم يذكر أي تحريف

سورة يونس ٩٤ 📖

"قبلك من الكتاب يقرءون الذين فاسأل إليك أنزلنا مما شك في كنت فإن ".

- هنا يُطلب من النبي محمد أن يستشهد بالكتاب المقدس الموجود في وقته، مما يدل على عدم تحريفه.

٣ - إذا كان الكتاب المقدس محرفًا، فمن المسؤول؟

لو كان الكتاب المقدس قد حُرِّف، فمن الذي قام بتحريفه؟ هل اليهود والمسيحيون اتفقوا على ذلك؟ كيف يحدث هذا رغم اختلافاتهم العقائدية الشديدة؟ ولماذا لم يُكشف هذا التحريف من قبل الباحثين والمؤرخين؟

خاتمة

جميع الأدلة التاريخية، اللاهوتية، والعقلية تثبت بما لا يدع مجالاً للشك أن الكتاب المقدس لم يُحرَّف عبر الزمن، وأن النص الموجود بين أيدينا اليوم هو نفس النص الذي أُوحي به للأنبياء والرسل. فالله الذي أوحى بالكتاب المقدس هو نفسه الذي حفظه، وهو نفسه الذي سيحكم على من يرفضه.

٢ تيموثاوس ٣: ١٦-١٧ 📖
"كل الكتاب هو موحى به من الله، ونافع للتعليم والتوبيخ والتقويم والتأديب والبر في، لكي يكون إنسان الله كاملًا متأهبًا لكل عمل صالح."

وبذلك يبقى الكتاب المقدس اليوم، وإلى الأبد، كلمة الله الحية، النقية، وغير المتغيرة.

www.ingramcontent.com/pod-product-compliance
Lightning Source LLC
LaVergne TN
LVHW050643051026
849532LV00002B/498